- 번역개정판 -

교실현장에서 가져온

개별화
수업

1 실천편

번역개정판

교실현장에서 가져온

개별화 수업

① 실천편

캐롤 앤 톰린슨 지음 | 홍완기 옮김

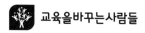
교육을바꾸는사람들

시골 고등학교에서 교직생활을 시작한 첫날부터 나는 내가 가르치는 학생들이 서로 다른 식으로 배운다는 것을 깨달았습니다. 빠르게 움직이는 도시지역의 아동발달센터에서 센터장으로 두 번째 경력을 시작했을 때도 아이들이 보이는 그 차이는 명확했습니다. 이제 막 대도시의 교외로 발전하고 있던 마을의 중학교에서 가르치기 시작했을 때도 마찬가지였습니다. 지리적 위치나 학생들의 연령대를 막론하고, 내가 만나는 학생 중 일부는 언어발달에서 매우 앞서 있었고 일부는 아주 뒤처진 모습을 보였습니다. 어떤 아이들은 배움에 열의를 보이는 반면, 또 어떤 아이들은 가능한 한 학교에서 요구하는 것들을 피해 가려는 기색이 역력했습니다. 아이들에게 훌륭한 지원을 해주고 함께 나눌 자원이 풍부한 가정의 아이들이 있는가 하면 난장판이 된 가족, 아이를 학대하거나 아이에게 필요한 것을 적절히 제공하지 못하는 가정의 아이들도 있었습니다. 어떤 아이들은 매우 창의적인 사고와 산출능력을 보였습니다. 또 다른 아이들은 주어진 과제가 확산적이기보다는 수렴적일 때 기대 이상의 성취를 거뒀습니다. 자신감으로 탄탄히 무장한 아이들이 있는 반면, 안타깝게도 그 특질이 결여된 아이들도 있었습니다. 교실의 재간꾼으로 활보하는 아이가 있는 한편, 그보다는 미술, 연극,

토론, 작문, 만들기, 아이디어 내기, 기획 등에서 더 재능을 보이는 아이도 있었습니다. 이와 더불어 학생들은 눈에 띄거나 띄지 않는 다양한 범주의 학습문제를 안고 있기도 했습니다.

이와 같은 차이를 학생들에게서 매번 인지했지만, 그 차이가 학습자로서 학생 각자의 성장에 깊은 영향을 미친다는 것, 그리고 그 차이는 거꾸로 교사로서의 내 가르침에도 깊은 영향을 미쳐야 한다는 것을 깨닫기 시작한 것은 교직생활 3년째 되던 해였습니다. 여러 순간 중에서도 내가 자주 회상하는 특별한 기억이 하나 있습니다. 금요일이었고, 첫 학기 중간고사 분기의 마지막 날이었습니다. 성적표가 그날 아침 부모님께 발송되리라는 것을, 그래서 자신이 받은 점수와 교사의 코멘트가 전부 전달되리라는 것을 아이들은 모두 알고 있었습니다. 수업을 마치는 종이 울린 뒤 아이들은 교실을 빠져나가기 시작했고, 문가에 선 나는 아이들에게 작별인사를 하며 즐거운 주말을 보내라고 말했습니다. 그때 불현듯 이런 생각이 들었습니다. '오늘 내가 퇴근한 뒤 집에 돌아가서 앞으로의 성적을 추정해 올해 작성할 세 개의 성적표를 작성하더라도 그 정확도가 제법 높지 않을까?' 첫 아홉 주 동안 잘 해낸 학생들은 앞으로도 계속 잘할 가능성이 컸습니다. 성적이 나쁜 학생들은 으레 그 길을 계속 걸을 것입니다. 그 중간에 든 학생들도 아마 같은 지점에서 한 해의 마지막을 맞을 터였습니다.

그 깨달음은 충격이었습니다. 내 가르침은 아이들의 기존 상태를 조금도 뒤집지 못하고 있었습니다. 내게 오는 아이들에게서 가시적인 성장을 일으키지 못하고 있다면, 내 교수 관행을 어딘가 변화시켜야 한다는 사실이 순간 너무나 명확해졌습니다.

이후 긴 이야기가 펼쳐지지만 줄여 말하자면, 동료교사 몇 명과 나는 방과 후에 정기적으로 만나기 시작했습니다. 적어도 일주일에 한 번, 혹은 두 주에 한 번씩은 만나서 우리가 어떻게 가르치면 지금보다 더 많은 학생에게 가닿고 영향을 미칠 수 있을지, 어떻게 하면 그들이 학업에서도 성공을 거두고 자신감을 다지고 배움의 보람을 깨우칠 수 있을지에 대해 머리를 맞대고 생각했습니다. 우리는 10년 이상을 꾸준히 만났습니다. '개별화수업'은 바로 그 모임에서 탄생했습니다.

우리는 교실에서 벌어지는 일의 어떤 측면도 놓치지 않고 질문을 던졌습니다. '1년에 150명의 학생을 맡는 상황에서, 어떻게 우리의 교수 실천에 반영할 수 있을 만큼 각 학생에 대한 이해를 깊이 할 수 있을까? 모든 아이를 존중하고 그들이 서로를 존중하게 돕는 학습환경은 어떻게 창조할 수 있을까? 교육과정에 활기를 불어넣어 학생 하나하나가 배움에 전심으로 참여할 수 있도록 우리는 어떤 선택지를 쓸 수 있을까? 주어진 시간에 각 학습자가 이룬 (혹은, 이루지 못한) 학업적 진전을 어떻게 파악할 수 있을까? 학급 전체뿐만 아니라 개별 학생이나 소모둠에도 관심을 기울이는 교수를 설계한다면 그것은 어떤 모습일까? 과거에 깊이 뿌리 내리고 있는 채점체계를 복제하기보다는 교수와 학습에 대한 우리의 믿음을 기반으로 평가를 설계한다면 그건 어떤 형식이 될까? 개개의 아이들에게 성장의 토대가 되는 교실을 창조하려는 우리의 열망을 아이들에게 어떻게 이해시킬 수 있을까? 그리고 어떻게 그들의 협력을 얻어 그 비전을 함께 실현시킬 수 있을까? 교실 안에 안

정성과 융통성을 균형있게 갖추고 어느 한쪽에도 기울어지지 않으려면 어떻게 해야 할까?'

동료교사들과의 정기적인 토론은 우리의 사고에 연료가 되었습니다. 그 만남을 통해 우리는 뜻이 맞는 동지를 얻게 되었고, 시간이 흐르며 서로에게 대단한 힘과 용기, 지혜의 원천이 되어주었습니다. 무엇보다 우리는 훨씬 더 나은 교사가 되도록 서로를 견인해주었습니다. 그리고 마침내는, 개별화수업이 우리 학생들에게 발휘한 성과를 우리 스스로 관찰한 내용을 넘어서 그 성과가 실제로 일어나고 있음을 증명하는, 체계적인 조사연구 또한 진척시킬 수 있었습니다.

이 책은 한 모둠의 중학교 교사였던 우리가 수년 동안 함께 만나며 터득한 것을 담고 있습니다. 또한 내가 버지니아대학교에 재직하는 동안 축적해온 지식의 층을 반영하고도 있습니다. 버지니아대학교에서 나는 사려 깊은 동료들과 함께 개별화 관련 연구를 진행하고, 전 세계 개별화수업의 현장을 관찰연구자로 지켜보고, 수백 명의 교사들과 대화를 나누며, 전문적 관심사와 주제가 내 것과 교차하는 다른 연구자들의 작업을 폭넓게 읽고, 내가 배운 것을 책을 통해 독자들과 함께 널리 나눌 기회를 가질 수 있었습니다.

지난 세기 가장 유명한 음악가 중 한 명인 파블로 카잘스(Pablo Casals)에게 누군가 이렇게 물었습니다. 여든이 넘어 아흔이 가까워 오는 나이에도 매일 첼로 연습을 놓지 않는 이유가 무엇이냐고 말입니다. 그는 대답했습니다. "왜냐하면 내가 지금도 계속 진전을 이루고 있다고 생각하기 때문이지요." 내가 느끼는 바도 그렇습니다. 나는 학습자 각자의 필요를 충족시킬 수 있도록 설계된 교실을 만드는 것, 그리고 그들이 각자 현재 있는 위치에서 끈기 있게 나아가도록 지도해 각자가 최대의 성장을 이룰 수 있게 하는 것, 그것이 무엇을 의미하는지에 대해 거듭 생각하고 새롭게 배우는 데서 힘을 얻습니다. 나는 우리가 그 방향으로 지금도 진전을 이루고 있다고 생각합니다. 이 책이 여러분으로 하여금 개별화수업의 철학과 원리에 대해, 그리고 이를 어떻게 활용해야 가르침이라는 예술이자 과학을 실천함에 있어 계속 성장할 수 있을지 고심하게 하는 촉매가 되길 바랍니다. 배움의 동료가 되어준 한국의 독자 여러분에게 감사를 전합니다.

버지니아대학교에서
캐롤 앤 톰린슨

제2판 서문

그녀는 학생들이 평소 앉았던 자리에
앉을 때까지 기다렸다. 그리고 물었다.
"내가 너희들을 선택했니, 아니면 너희들이 나를 선택했니?"
모든 영혼들이 "예!"라고 답했다.[1]

E. L. 코닉스버그, 『토요일 풍경』

이 책은 이제 내게는 두 부분으로 구성된 여행이 되었다. 1999년에 출간된 제1판은 내가 교육자로서, 그리고 한 인간으로서 성장할 수 있는 토양을 마련해준 20여 년간의 공립학교 교단을 떠난 직후에 썼다. 교사시절이 생생히 떠오르며 향수에 흠뻑 젖어있던 때였다. 버지니아대학으로 옮긴 뒤 새로 만난 동료에게 '나는 영원히 중학교 교사일 것'이라고 말했는데, 공립학교 교사로 지낸 세월만큼 앞으로의 대학교수 생활이 길지 않으리라는 이유에서였다. 내 예측은 자주 그렇듯 약간 빗나

---

1 코닉스버그(E. L. Konigsburg)의 '퍼즐' 동화 『토요일 풍경(View from Saturday)』의 마지막 장에서 가장 핵심적인 부분. 에바 마리 올린스키 선생은 그녀가 경시대회 대표팀으로 발탁한 네 명의 아이들, 일명 '영혼들(The Souls)'이 대회에서 우승을 거둔 뒤 재회한 자리에서 이렇게 묻는다. 이 질문은 "닭이 먼저냐, 달걀이 먼저냐" 같은 '아무 의미 없는 질문'으로, 이에 학생들이 "네, 그래요!"라고 대답한 것-옮긴이

갔다. 이 책의 개정 제2판을 마무리하는 지금 나는 교사로서의 재직기간보다 더 오랜 세월을 대학에서 보내고 있다.

지난 15년간 많은 변화가 있었다. 영어학습자(영어를 모국어로 하지 않는 이민자 학생들을 가리킴-옮긴이)가 거의 없었던 교실에 이제는 세계 각국에서 온 학생들이 모여 있다. 교사와 학생들이 교실에서 쓸 수 있는 그럴싸한 기술(technology)이 거의 없었던 1999년과는 달리 지금은 교실에서 기술을 사용해 바깥세상을 탐색하고 교수·학습 관련 아이디어를 일상적으로 접할 수 있다. 과거보다 교수·학습 원리에 대해 더 많이 알게 되었고, 미국과 세계 각국의 교육자들은 아이들에게 가르칠 내용과 방식에 초점을 맞춰 전국적인 토론을 이어나가고 있다. 그러다 보니 더 많은 교육자가 개별화수업에 친숙해졌고, 개별화수업은 교사들이 필수적으로 알고 시행해야 하는 교수방식이라 생각하는 이들도 생겨났다.

이런 변화에도 불구하고 나나 교실이나 학교는 많은 것이 그대로이다. 나는 마음 깊은 곳에서는 여전히 중학교 선생이고, 내 직업의 연구자적 측면에서 새로 알고 배울 기회를 갖는 점을 감사히 여긴다. 그러나 학교의 실제 수업은 교수법 스펙트럼의 한쪽 극단인 획일적인 일체식 수업(one-size-fits-all)에 여전히 경도되어 있음이 분명하다. 끈질기게 시험점수를 올리는 데 초점을 두다 보니 교육과정과 수업은 15년 전보다 확실히 역동성이 떨어졌다. 저소득층과 비(非)백인계 자녀가 겪는 학교경험과, 경제적으로 안정된 집안과 백인의 자녀가 겪는 경험 사이에는 변명의 여지가 없는 차이가 여전히 존재한다.

내 처지와 교육계의 상황이 비슷하기도 하고 다르기도 해서 이 책의 제2판 집필이 더 매력적이었고 흥미로웠다. 더 많이 생각해야 했고, 더 많이 배웠으며, 바로잡을 기회도 더 많았다.

제1판을 쓸 때 문득 '가르침'이란 부분적으로는 역사를 쓰는 일임을 깨달았다. 교사로서 살아온 역사를 돌아보면서 교실 한 칸이 전부인 학교 건물에서 가르쳤던 선배교사와 나 자신이 연결되어 있음을 느꼈다. 당시 교사들은 학교에 오는 모든 아이를 받아들이면서, '배우러 온 너희들 하나하나에 감사한다. 너희들 모두가 다르지만 우리는 가르칠 수 있다.'라는 마음을 행동으로 보였다. 또 교직생활 초창기 동료교사의 집에서 늦은 밤까지 함께 연구하며 다양한 학생들에게 절실히 필요했던 다중과제수업을 이해하려고 무던히 애를 썼던 기억도 떠올랐다. 내가 가르치기는 했지만 언제나 내게 더 많은 가르침을 주었던 학생들의 이름과 얼굴이 떠올랐다. 고등학생, 중학생, 취학 전 아동들이었다. 그들은 서로 비슷했고, 그러면서도 매우 달랐다. 학생들은 우리에게 많은 역할을 요구했지만, 그 역할을 어떻게 해내면 좋을지를 알려주기도 했다. 버지니아 주(州) 포키어 카운티의 동료교사들도 생각이 났다. 그들은 열심히 일했고, 교직의 어려움도 감수했으며, 기존의 틀을 벗어나 생각하면서 교실에서 즐거움을 찾았을 뿐 아니라 직접 만들어내기도 했다. 그곳은 당시에는 작은 시골마을로 바깥사람들의 흥미를 끌지는 않았지만 매우 세련된 학구였다. 또 아이들을 위해 혁신하기를 권장하는 등 교직을 훈련하는 데 더할 나위 없이 훌륭한 곳이었다.

이 책의 개정 제2판을 집필하면서 나는 버지니아대학과 미국 및 해

외 학교에서 지낸 내 '제2의 인생'의 발자취를 돌아보게 되었다. 지금은 영광스럽게도 전 세계 교사와 미래세대인 다양한 학생들과 함께 연구하고 있다. 대학동료들 덕택에 내 생각과 모델이 다듬어졌다. 학생들은 여전히 내 최고의 선생이다. 그들은 "왜죠?"라고 묻고서는 아니나 다를까 곧바로 "왜 아니죠?"라고 묻는다.

여러 지역 교사들이 질문한 것을 토대로 이들이 공통으로 이해하는 것과 모호하다고 생각하는 것이 무엇인지를 태피스트리(tapestry, 여러 색실로 그림이나 무늬를 짜 넣은 직물-옮긴이)처럼 엮어 알 수 있었고, 이를 발판으로 성장할 수 있었다. 제2판을 집필하며 그동안 내 생각이 어떻게 바뀌었는지를 돌아보게도 되었다. 15년 전에 쓴 구절이 여전히 합리적으로 보일 때는 위안이 되었고, 내 사고가 좀 더 예리해졌음을 깨닫고는 용기를 내서 원본 일부를 보강하고 초점을 조정하기도 했다. 또 15년간 꾸준히 학습자의 필요(needs)에 대응하는 가르침(teaching)에 관해 대화를 나누었음에도, 여전히 15년 전 아니 반세기 전에 우리 수업을 지배했던 친숙하고 편리하며 편안한 패턴에 끌린다는 것을 깨닫고는 겸손해질 수밖에 없었다.

교사가 가르침과 개별화에 대해 주로 하는 질문은 제1판이 나왔을 때와 달라진 바가 없다. "성적을 어떻게 매기지요?" "목표는 표준화시험인데 어떻게 수업을 개별화할 수 있지요?" "공부하는 내용이 서로 다르면 학생들이 화를 내지 않을까요?" "숙제, 시험의 버전, 학습을 완료하는 시간 등이 서로 다르면 불공평하지 않나요?"

지난 15년 동안 교사로서 우리는 성장했다. 과거에는 어쩌면 더 나은 것에 초점을 맞추지 못했고 미심쩍은 성공척도에 대해서도 책임지려 하지 않았지만, 이제는 기꺼이 책무성(accountability)을 받아들이고 그에 초점을 맞춘다. 예전처럼 미숙하지도 않다. 일부 교사는 기술을 잘 다룬다. 많은 학교에서 교사들은 교직의 실질적 측면에 대해 더욱 많이 알고 더 지속적으로 대화를 나눈다.

그렇지만 여전히 학생들은 근본적으로 다 비슷하다는 식으로 가르친다. 학생들의 본질적인 인간성을 보지 못한 채 이들을 평가하고 꼬리표를 붙이고 분류하는 것도 여전하다. 훌륭한 교수법이 소수 있기는 하지만 도저히 옹호할 수 없는 많은 교수법이 멀지 않은 학교에, 심지어는 같은 학교 학급에도 여전히 횡행한다. 소수의 학생만 잘 가르치고 많은 학생은 형편없이 못 가르치는 것도 여전하다. 교과목과 세상에 대한 지식을 갖추고 학생들이 이를 탐구하도록 이끌기보다는 주어진 교육과정의 '진도를 빼는' 경우가 훨씬 많다.

예나 지금이나 내가 낙관주의자가 된 것은 학생들 덕이라 생각한다. 나는 교직에서 벌어진 긍정적 변화의 증거와 변화에 대한 저항의 증거 양쪽을 모두 기회로 여기고, 교사가 되는 좀 더 인간적이고 생산적인 방식에 기여할 수 있을 언어와 이미지들을 계속 고민하고 찾아나가기로 했다. 개정 제2판의 원리들은 이들을 처음 활자화했던 때, 그리고 중학교 학생들의 도움으로 이를 처음으로 시도했을 때만큼이나 여전히 설득력 있다.

제1판이 나왔던 때나 지금이나 흔히 듣는 또 다른 질문은 "수업을 개별화할 시간이 어디 있어요? 어려운 일이에요. 지금도 너무 바빠요!"이다. 시간과 경험을 통해 확신하게 된 내 유일한 대답은 "경력을 쌓으세요. 오늘보다 나은 내일을 계획하되, '이게 최종 완성본이야' 또는 '이 정도면 충분해'라는 식으로 계획하지는 마세요."이다. 어떤 교사가 학생에게 이렇게 말하는 것을 들은 적이 있다. "물론 어렵지. 그러니까 시간을 쏟을 가치가 있는 거야. 그리고 넌 어려운 일을 해낼 수 있어."

가르침은 배움을 위함이고, 배움은 무언가 되어가기 위함이다. 그리고 역사를 만드는 것은 소명을 택하고 삶을 만들어나가기 위함이다. 이 책의 목적은 교사로서 여러분이 한 번에 하루씩, 한 번에 하나의 작은 성장을, 그리고 한 번에 하나의 협력적 동반관계를 이루어나가는 자신의 역사를 쓰게 하는 것이다. 그런 탐색에 이 책이 도움이 되기를 바란다.

시작하기에 앞서 내 삶을 보다 낫게 만들어주신 선생님들께 감사를 표하고 싶다. 일부는 동료라고 부르기도 하고, 또 일부는 학생, 편집자, 저자 그리고 친구라고 부르기도 한다. 그러나 그들 모두가 내게는 선생이고 그들이 이 세상에 있어 내가 훨씬 더 강해질 수 있다.

마지막으로 전 세계 곳곳에서 현재 자신이 도달한 능력과 전문성의 수준에 절대 안주하지 않고 계속해서 발전하고 향상하려는 선생님들께 깊은 존경심을 표한다. 당신들이 우리의 삶을 만들어가는 사람들이다.

Contents

01

개별화수업은
무엇인가

많은 학생이 교실에 앉아는 있지만, 마음은 콩밭에 가 있다.

40퍼센트 정도는 수업을 듣는 시늉을 하지만 건성이다.

아예 수업을 빼먹는 학생에, 부정행위를 해서라도 졸업을 하려는 학생도 많고

수업이 어려워 흥미를 잃은 학생이 있는가 하면, 반면에 너무 쉬워 지겨워하는

학생도 많다. 능력보다도 노력이 중요하다는 것을 모르는 학생이 너무 많다.

중퇴자의 반 정도는 수업이 재미없었다고 하고, 3분의 2 정도는 자기들이

학업을 잘 따라오는지에 관심 있는 교사가 한 명도 없었다고 한다.

학교와 교사 그리고 가르침에 대해 모두가 희망을 품고 있지는 않다.

John Hattie, 『Visible Learning』

한 세기보다도 더 전 미국과 세계 여러 나라에서 학교란 교실 한 칸이 전부였다. 이런 학교의 교사가 직면한 도전적인 과제는 수준 차이가 너무 심한 다양한 연령대의 학생들을 한 교실에서 동시에 가르치는 것이었다. 즉, 책을 잡아본 적이라곤 없는 거의 문맹에 가까운 다양한 연령대의 초급학습자와, 알고 싶은 내용이 각기 다른 다양한 연령대의 상급학습자를 어떻게 시간과 노력을 쪼개어 가르칠 것인가였다. 오늘날의 교사도 그들과 본질적으로는 같은 도전에 직면해 있다. 학습준비도와 개인적 관심사도 다 다르고, 어느 문화권에 속해 있느냐에 따라 세상에 대한 인식과 경험 양식 그리고 이를 표현하는 방식도 다 다른, 매우 다양한 학생들을 어떻게 효과적으로 가르칠 것인가 하는 과제는 여전히 도전적이다.

물론 요즘은 나이가 거의 같은 학생들이 한 교실에 앉아 있지만, 아이들의 학습필요(needs)는 분명 100년 전보다 훨씬 다양하다. 그러니 교사들은 100년 전과 똑같이 "교사로서 모든 학생의 재능을 극대화할 효과적인 촉매가 되기 위해서 시간과 자원 그리고 나 자신을 어떻게 나눌 것인가?"를 자문할 수밖에 없다.

이 질문에 교사가 어떻게 대처하는지 살펴보자.

- 핸들리 선생님이 학생들을 꾸준히 살펴보는 이유는 학생을 잘 알아야 잘 가르칠 수 있다고 생각해서이다. 그녀는 매일매일 모든 학생이 학습에 참여하고 기여하면서 성장하는 것이 눈에 보여야 교사로서의 직업적 성취를 거둔 것이라 믿는다. 핸들리 선생님은 먼저 학년 초에 열심히 노력해서 학생들의 신뢰를 얻은 후에 그 신뢰가 헛되지 않음을 증명하기 위해 부단히 힘을 쏟는다. 그녀는 개별 학생의 학습필요를 파악하는 가장 주요한 수단으로 공식적 또는 비공식적인 형성평가를 활용한다. 학생의 학습필요를 교육과정과 연계하고 수업에 반영해 학생의 성장을 도모한다. 그녀의 말에 따르면, 형성평가를 활용하면 그때그때 모든 학생에게 가장 적합한 수업을 어떻게 준비해야 하는지 알 수 있다고 한다.

- 위긴스 선생님은 3학년 학생이 모두 철자학습 목록3을 공부해야 한다고 생각하지는 않기 때문에 사전평가 결과를 바탕으로 복수의 철자학습 목록을 만들어 학생들에게 할당한다.

- 오웬 선생님은 가능하면 학생의 필요에 맞춘 다양한 숙제를 내 각자에게 의미 있는 연습문제를 풀게 한다. 자신에게 가장 도움이 되는 숙제를 학생 스스로 선택해 수학적 개념과 원리를 이해하고 적용할 수 있게 하려는 것이다.

- 저니건 선생님의 수학수업은 학급 전체를 대상으로 하기도 하지만, 날마다 형성평가를 통해 얻은 정보를 토대로 직접 가르칠 모둠, 연습문제를 풀 모둠, 응용문제를 풀 모둠 등으로 나누어 수업하는 경우가 훨씬 더 많다. 연습문제 풀이활동과 이해활동은 학생들의 각기

다른 학습준비도에 맞게 제공하고, 실생활에 수학을 적용하는 활동을 구안할 때는 학생들의 흥미나 선호하는 학습유형을 고려해 모둠을 구성한다. 저니건 선생님에 따르면 학생들은 그런 식으로 또래로부터 배우고 학습에도 기여하게 된다고 한다.

- 엔리코 선생님은 단원을 갈무리할 때 학생에게 2-3가지 선택사항을 주어 최종 학습결과물을 제출하게 하거나 참평가(authentic assessment, 학생의 수행을 실제 생활에서 '의미 있고 중요하고 유용한 과제'와 관련지어 실시하는 평가-옮긴이)를 완성하게 한다. 즉, 학습한 내용이 학생 개개인에게 의미 있고 중요한 사항과 연계될 수 있도록 한다. TV프로그램 〈렛츠 메이크 어 딜(Let's Make a Deal)〉에서처럼 학생이 자신의 학습결과물 구성방식을 제안할 수도 있다. 단, 유념할 점이 있다. 무엇을 선택하든 학생들이 입증할 학습성과(learning outcome, 교육을 통해 성취해야 하는 궁극적인 목표로, 가네(Gagne)는 그의 목표분류체계에서 5대 학습성과 영역으로 언어정보, 지적 기능, 인지전략, 태도, 운동기능을 언급함-옮긴이)는 변함없이 일정해야 한다는 것이다. 학생들은 위키스페이스 교실(Wikispaces Classroom, 교사와 학생이 함께 사용하는 온라인 교과학습 관리도구-옮긴이)을 사용해 프로젝트를 진행하고, 교사는 해당 사이트에서 학생들의 프로젝트 진행과정을 추적·관찰할 수 있다.

- 라울즈 선생님은 영어학습자인 학생들에게 모국어로 생각을 표현하는 게 쉬우면 쓰기과제의 초안은 모국어로 작성하라고 한다. 또 기회가 닿는 대로 모국어로 된 온라인 사이트나 유인물을 활용해

중요한 개념을 더욱 쉽게 파악하도록 한다.

- 월러비 선생님은 핵심적인 내용을 가르쳐야 할 때는 '거꾸로 수업 (flipped learning)'을 활용한다. 즉, 학생들이 새로운 내용은 집에서 탐구하고 새로 배운 스킬(skills)과 개념은 수업시간에 익히게 한다. 그런 다음, 입실카드(entry card, 수업 직전에 학생들의 학습상태를 알 아보기 위한 짤막한 질문이나 지시가 들어 있는 카드-옮긴이) 등의 형성 평가를 통해서 학생들의 이해 정도를 주의 깊게 파악한다. 이를 토 대로 모둠을 구성해 공통의 학습목표를 달성하기 위한 공동작업을 수행할 수 있게 한다. 교사는 모둠 사이를 돌아다니거나 함께 앉아 서 학업을 진행할 수 있도록 지도하고 조언이나 도움을 준다.

- 엘리스 선생님은 주기적으로 소모둠 활동을 구안하여 학생들이 현 수준의 지식·이해·스킬을 좀 더 향상하도록 돕는다. 일정에 따라 교사와 면담 중인 학생을 제외한 나머지 학생들은 혼자서나 짝과 함께 또는 소모둠을 구성해 공부한다. 각자의 실력에 맞는 연습문제 풀이나 내용이해 과제를 수행하기도 하고, 자신의 흥미와 연계된 과 제를 풀기도 한다. 엘리스 선생님은 형성평가를 바탕으로 이와 같은 수업을 계획한다.

위의 모든 교사가 수업을 개별화하고 있다. 아마도 개별화라는 용어 가 생기기 이전부터 이미 수업을 개별화하고 있었을 것이다. 이 선생님 들은 성적과 관계없이, 그리고 문화적 배경과 경험이 어떠하든지, 모든 학생이 최대한 배우고 성장할 수 있도록 매일, 매주, 아니, 일 년 내내 자신들의 힘이 닿는 데까지 열심히 노력할 뿐이다.

개별화수업 교실의 특징

개별화수업 교실에는 두 가지의 바꿀 수 없는 '기정사실'이 있다. 하나는 학습의 최종 목적지에 해당하는 필수 교과내용, 즉 '성취기준'이고 나머지 하나는 필연적으로 서로 다를 수밖에 없는 학습자, 즉 '학생'이라는 존재다. 그러므로 개별화수업 교실의 교사는 학생들의 다양한 학습유형과 각양각색의 관심사를 고려해 수업을 개별화하고, 또 학습내용의 복잡도와 상이한 지원체계를 감안, 수업의 진행속도를 달리해서 학생들을 수업에 참여시켜야 한다는 전제를 받아들인다. 또 개별화수업 교실에서 교사는 모든 학생이 수업목표를 향해, 혹은 종종 그 이상을 향해 나아가되 서로 경쟁하기보다는 자기 자신과 경쟁하면서 성장 발전해가는 것임을 분명히 해야 한다.

다시 말해, 개별화수업을 진행하는 교사는 특정 학생에 적합한 학습 경로가 다른 학생에게도 똑같이 적용될 수 없다는 전제 하에 각각의 학생이 최대한 심도 있게, 그리고 최대한 빠른 시간 내 배울 수 있는 여러 가지 구체적인 대안을 준비한다. 교사는 학생들이 달성해야 할 성취 기준을 낮추지 않고 높게 유지해야 한다고 믿는다. 교사 자신이 부지런히 애를 써서 학생이 처음 작정한 것보다 더 열심히 공부하고, 학생 스스로 예상했던 것보다 더 높은 성적을 내며, 학습이란 과감히 모험도 하고 실패도 경험하면서 마침내 성취감을 맛보는 것임을 믿게 한다. 또한, 학습내용을 제대로 알고 열심히 공부하면 누구나 성공적으로 배울 수 있다는 사실을 모든 학생이 지속적으로 경험하도록 부단히 노력한다.

수업을 개별화하는 교사는 시간을 유연하게 운용하고 수업전략을 다양하게 동원할 뿐 아니라 학생들과 동반자 관계를 형성해 학습내용과 학습환경 둘 다 학습자와 학습에 도움이 되도록 한다. 또 학습자를 표준화라는 틀에 강제로 끼워 맞추려 하지 않고 학생을 알고자 노력한다. 전문의처럼 학생들이 핵심 내용을 어디까지 터득했는지 파악해 진단한 후, 이를 자신의 교과지식과 연계해 학생들에게 가장 적합한 수업전략을 처방한다. 또한 예술가처럼 예술도구를 활용해 학생들의 필요를 충족시킨다. 이들이 대량생산식의 표준화된 수업에 절대 연연하지 않는 것은 학생들은 개별적인 존재이며 각자에게 꼭 맞는 수업이 필요하다는 것을 잘 알고 있기 때문이다. 이들의 목표는 학생들이 배우면서 만족감을 느끼게 하는 것이지 진도빼기가 결코 아니다.

개별화수업을 하는 교사는 우선 효과적인 교육과정과 매력적인 수업이 무엇인지를 명확하고 확실하게 이해한다. 그런 다음, 교육과정과 수업을 어떻게 조정해야 학생들이 다음 단계의 학습으로 넘어가는 데 필요한 지식·이해·스킬을 습득할 수 있는지 자문한다. 무엇보다도 개별화수업 교실의 교사는 학생들이 공통점도 많지만 본질적인 차이점을 지닌 개별적 존재라는 사실을 기꺼이 수용하고 이에 대한 계획을 세운다.

개별화수업 교실은 상식이 구현되는 곳이다. 논리적인 흐름은 다음과 같다. 즉, 학습을 장려하는 교육환경을 조성한다. 양질의 교육과정에는 명확하고 매력적인 학습목표가 존재하고 이를 학생들이 흥미를 갖고 이해할 수 있게 사용한다. 지속적으로 형성평가를 실시해 교사와 학생 모두가 핵심 교육목표를 달성하도록 이끈다. 수업은 내용목표와 긴밀하게 연계해 공식·비공식 형성평가를 통해 파악한 학생들의 학습 필요를 충족시키는 방향으로 설계했을 때 가장 효과적이다. 수업운용은 예측 가능하면서도 유연해야 다양한 학생들이 수업의 핵심목표를 달성할 수 있다. 거의 상식 수준의 논리이지만, 상식이 종종 그러하듯이 실행하기는 쉽지 않을 수도 있다. 좋은 실례가 많지 않아서 수업을 효과적으로 개별화하는 것이 어렵다 할 수도 있겠지만, 실제로는 좋은 수업사례들도 있다. 이들을 살펴보는 것이 좋은 출발점이 될 것이다.

학교의 모습들

교사들은 학습준비도, 흥미 그리고 선호하는 학습유형이 각기 다른 학생들을 하나도 놓치지 않기 위한 수업방안을 찾느라 매일같이 열심이다. 개별화수업 교실을 효과적으로 조성하는 단 하나의 '올바른 방식'이란 존재하지 않는다. 오히려 교사는 자신의 성격 및 교수방식에 어울리면서도 학생들의 다양한 필요에 대응하는 학습공간을 공들여 만들면 된다. 다음 중 일부는 필자가 직접 관찰한 학교들에서 뽑은 개별화수업의 모습이고, 또 몇몇은 여러 개의 수업현장을 짜깁기한 것 혹은 교사들과의 대화를 정리한 것들이다. 모두가 개별화수업이 어떤 모습이고 어떤 느낌을 주는지 알 수 있도록 선별된 것이다.

학생들의 차이를 고려하지 않은 수업과 이를 염두에 둔 수업의 차이를 곰곰이 생각해보자. 현재 여러분이 가르치는 구체적인 학생들을 떠올리면서 어떤 수업이 더 적합한지 그 이유는 무엇인지 생각해보자.

초등학교 교실 들여다보기

제스퍼 선생님이 담당하는 1학년 교실에서는 매일 일정 시간, 학생들이 학습센터를 돌아다니면서 공부한다. 선생님은 수년 동안 열심히 노력해 여러 교과용 학습센터를 다양하게 만들었다. 학생들이 같은 수업을 받는 것이 공평하다고 여겨서 모든 학생이 학습센터 전부를 방문하게 하고 있다. 학생들은 센터를 옮겨 다니면서 독자적으로 공부하는 것을 좋아한다.

이사벨은 학습센터 과제를 수월하게 해나간다. 반면, 제이미는 어떻게 해야 할지 몰라 쩔쩔매곤 해서 선생님이 수시로 도와준다. 1학년 수준을 훨씬 넘어선 실력으로 과제를 정확하고 손쉽게 마무리 짓는 이사벨에 대해서는 걱정이 별로 없다. 오늘은 모든 학생이 복합어 학습센터에서 공부하는 날이다. 10개의 복합어 중 5개를 골라 이를 그림으로 설명하는 과제다. 그런 다음 자원자들이 각자 그림을 발표하는데, 학생들이 10개의 복합어에 대한 설명을 전부 공유할 때까지 계속한다.

복도 끝 1학년 교실에서 커닝햄 선생님도 학습센터를 활용하고 있다. 선생님도 많은 시간을 투자해서 여러 교과용 흥미로운 학습센터를 개발했다. 그러나 선생님의 학습센터는 개별화수업의 원리 일부만을 활용한다. 가끔은 전체 학생이 특정 학습센터에 모여 새로운 개념이나 스킬을 공부하기도 하지만, 그보다는 선생님이 각 학생의 학습준비도를 계속 파악해가면서 각자에게 맞는 학습센터 또는 특정 학습센터 내의 개별 과제를 지정해주는 경우가 훨씬 많다.

오늘 커닝햄 선생님 반 학생들도 센터에서 복합어를 공부한다. 학생들의 명단이 센터에 붙어 있고, 각 이름 옆에는 4가지 색상 중 한 가지 색상으로 된 스티커가 부착되어 있다. 학생들은 각자 스티커의 색깔과 같은 색깔의 폴더를 골라 그 안의 과제를 수행한다. 예를 들어, 샘은 자기 이름 옆에 부착된 스티커와 같은 색깔인 빨간색 폴더를 골라, 그 안에 제시된 여러 쌍의 단어들을 갖고 올바른 순서를 정해 친숙한 복합어를 만든다. 그런 다음 각 단어와 그것들로 새롭게 만든 복합어의 뜻을 보여주는 포스터를 만든다. 제나는 파란색 폴더를 골라 교실과 책 속에서 복합어를 찾아 옮겨 적은 뒤, 이를 그림과 함께 설명하는 소책자를 만든다. 보라색 폴더를 고른 튜아나는 자신이 만든 복합어로 재미있는 시나 소설을 쓴 다음, 삽화를 넣어서 읽기에는 물론 보기에도 흥미로운 작품을 만든다. 초록색 폴더의 과제를 수행하는 딜런은 교사가 적절한 복합어와 부적절한 복합어를 섞어서 쓴 이야기를 읽으면서 '악당'(부적절한 복합어)과 '좋은 시람'(직질한 복합어)을 가려내는 '어휘 형사' 역할을 수행한다. 그리고 이 둘을 포함한 차트를 만들고, '악당'을 바로잡는다.

이튿날 모둠활동시간(circle time)에는 모든 학생이 각자의 복합어

과제를 공유한다. 발표를 들으면서 단원 학습목표 점검표를 바탕으로 각 발표자의 과제에서 어떤 점이 가장 좋은지를 말한다. 커닝햄 선생님은 간혹 학생들 앞에서 발표하기를 꺼리는 몇몇 학생을 돋보이게 하려고 그들의 발표내용을 칭찬하거나 그들이 간단하게라도 대답할 수 있는 질문을 던진다.

초등학교 교실 사례 두 가지

설린즈초등학교 5학년 학생들은 '위인'이라는 주제어를 갖고 사회와 국어 연계수업을 하는 중이다. 학습목표는 탐구방법 개발 및 적용, 논리적인 글쓰기 및 학습결과 공유 등이다. 학생들은 문학이나 역사 수업에 등장하는 위인 한 명을 골라 그의 전기를 읽는다. 그런 다음 학교 도서관이나 인터넷 등에서 정보를 수집해 그의 문화적 배경, 유년시절, 교육, 도전, 그리고 세상에 기여한 내용이 담긴 보고서를 각자 작성한다. 보고서에는 자신이 직접 그리거나 (인터넷 등에서) 찾은 삽화를 싣도록 한다. 엘리엇 선생님은 연구자원 사용법, 보고서 얼개 및 적절한 언어사용 등이 담긴 지도기준(coaching rubric)을 알려준다.

자신이 맡은 5학년 학급에서 메이 선생님은 스포츠, 예술, 의학, 야외활동, 글쓰기 및 봉사 등에 관한 흥미검사를 통해 학생들이 특출한 재능을 보이거나 특별히 좋아하는 분야를 확인한다. 이는 결국 위인의 특징을 다룰 다음 단원에서 학생들이 특별히 흥미나 호기심을 느껴 각자 집중적으로 파고들 영역을 선정할 때 도움을 줄 것이다.

메이 선생님 반 학생들은 오늘날 우리가 모든 분야에서 이해하고 실천하는 바는 여러 문화권의 위인들이 온갖 영역에서 열심히 노력한 덕분이었다는 사실을 논의한다. 선생님은 정치인, 음악가, 우주비행사, 지역사회 조직가, 과학자 및 예술가 등의 일생을 간략하게 소리 내어 읽어준다. 이들은 남자와 여자, 다양한 민족 및 문화권을 대표한다. 종합적으로 교사와 학생이 함께 위인과 관련된 특징과 일반적 원리를 기술한다. 예를 들면, '위인들은 종종 창의적이다', '발전을 위해서 위험도 감수한다', '처음에는 배척을 당하지만 결국 사람들의 존경을 받는다', '항상 성공하는 것은 아니다', '집요하고 끈질긴 면이 있다' 등이다. 학생들은 역사적 인물, 작가, 그리고 오늘날 뉴스에 나오는 인물들에 관해 토의하면서 위 원리들의 진위를 가늠해본다. 마침내 학생들은 '도덕적으로 올바르기 때문에' 유명할 수도 있지만, '옳지 않아서'도 유명해질 수 있다는 결론을 내린다. 이렇게 결론을 지은 학생들은 세상에 긍정적인 영향을 끼친 위인에 대해 조사하기로 한다.

미디어 전문교사는 학생들이 각자의 흥미분야에서 '세상을 이롭게 한' 위인 목록을 작성하게 돕는다. 다양한 시공간에서 활약한 위인 관련 자료를 찾는 방법(인터뷰가 가능할 인물에 대해 브레인스토밍하는 것을 포함)도 알려준다. 교사는 대화를 통해 학생 자신이 명확하게 이해할 수 있는 자료를 구하는 것이 중요하다는 것을 알게 한 후, 너무 쉽지도 어렵지도 않은 자기 수준에 적합한 자료를 찾는 방법을 알려준다.

메이 선생님과 학생들은 정보를 기록하는 방식을 알아본 뒤, 연구를 수행하는 동안 다양한 방식으로 기록을 해본다. 예를 들어, 단어망(word-web), 개요, 스토리보드, 매트릭스(matrix) 등을 접하게 한 뒤,

각자에게 가장 적합한 방식을 찾도록 한다. 그런 다음 에세이, 역사소설, 독백, 인물 특징묘사 중 어떤 양식으로 학습결과물을 발표할 것인지 정하게 한다. 선생님은 내용조사, 계획수립, 효과적인 글쓰기 특성 등 평가항목을 알려준다. 학생들은 메이 선생님과의 개별 면담을 통해 학습내용 이해수준, 과제수행 프로세스, 최종 학습결과물에 대한 각자의 목표를 설정한다.

학생들이 할당된 과제를 수행하는 동안 메이 선생님은 개별 학생 또는 소모둠과 함께 활동하면서 학생들의 이해도와 진척상황을 평가하거나 개별적으로 지도한다. 학생들도 평가기준과 개인별 목표를 기준으로 서로의 과제를 평가한다. 모든 과제에는 세상을 이롭게 한 인물에 대한 설명이 있어야 한다. 최종 결과물은 학급 전원이 참여해 교실 밖 복도에 퍼즐맞추기 형식의 벽화를 완성하는 것인데, 벽화는 위인과 관련된 원리를 담고 있다. 각 퍼즐조각에는 학생 각자가 조사한 위인과 관련된 원리를 써넣거나 이를 설명하는 그림을 넣는다. 그리고 학생들은 그 원리가 자기 삶과 현재 어떻게 연결되는지 또는 앞으로 어떻게 연결될 것인가를 덧붙인다.

중학교 교실 사례 두 가지

코넬 선생님의 과학수업에는 일정한 순환과정이 있다. 먼저 학생들은 교과서 한 챕터를 읽고, 그 끝에 제시된 질문에 답한다. 그리고 읽은 내용에 대해 토의하고 실험을 진행한 후 쪽지시험을 본다. 학생들은 4명이 한 모둠이 되어 실험하고 보고서를 작성한다. 실험실 모둠은 문제행동을 최소화하고자 가끔 선생님이 배정하기도 하지만, 학생들 스스로 모둠을 구성하는 경우가 더 많다. 교과서 읽기와 질문에 답하기는 개별적으로 진행하고, 학급토론은 보통 한 챕터에 2-3회 실시하며, 챕터시험 전에 학급이 함께 복습할 시간을 갖는다. 학생들은 가을학기 또는 겨울학기에 배운 주제를 토대로 프로젝트를 완성해 이듬해 봄 과학제전에 참가한다.

산토스 선생님의 과학수업에서는 종종 읽기 수준이 비슷한 학생들로 '읽기모둠'을 만들어 텍스트나 온라인 자료를 함께 읽도록 한다. 텍스트의 핵심 개념을 이해하는 데 필요한 구조와 내용의 구체성 정도가 모둠별로 다르다고 생각하는 산토스 선생님은 그래픽 오거나이저(graphic organizer)와 학습일지 길잡이(learning-log prompt)도 여러 개를 만들어 각 모둠에 배정한다. 수준이 다른 인터넷 자료 역시 모둠의 독해능력을 보고 달리 제공한다. 독서방식도 급우들끼리 소리 내어 읽게 하거나 묵독을 권장하는 등 변화를 준다. 그래픽 오거나이저는 모둠원과 함께 완성하지만 글쓰기 유도질문이나 블로그 등의 쓰기항목은 개별적으로 답하게 한다. 선생님은 모둠 사이를 돌아다니거나, 개별 학생과 면담하면서 주요 단락을 읽어주거나, 학생에게 읽어보라고 말한다. 산토스 선생님은 항상 좀 더 깊이 있게 이해시키려 하고 학생들이 자기 생각을 명확히 할 수 있도록 돕는다.

챕터의 내용이 복잡하고 추상적일 경우 실험실 실험, 비디오 시청, 온라인상의 모델이나 다이어그램 검색, 보조자료 읽기 같은 활동을 앞에 배치해 학생들이 단원의 지도원리를 명확히 이해할 수 있게 한다.

가끔은 텍스트 읽기, 실험하기, 시연 보기, 다시 텍스트 읽기 순으로 수업을 진행하기도 하고, 텍스트를 완전히 이해시킨 후 실험과 보조자료 읽기 순서로 수업을 하기도 한다. 소모둠 구성원의 흥미영역 또는 추상적 개념의 난이도를 보고 활동순서를 바꾸기도 한다. 실험실 실험은 종종 두 가지 형태로 준비한다. 하나는 구체적인 경험을 통해 필수 원리를 이해할 수 있는 학생들을 위해 스캐폴딩(scaffolding, 일명 '비계(飛階)'라고도 하며 학습을 촉진하기 위해 학습자에게 적절한 지원을 제공하는 것-옮긴이)을 넣은 실험이고, 나머지 하나는 이미 주요 원리를 알고 있을 뿐 아니라 복잡하고 불확실한 상황에서도 그 원리를 다룰 수 있는 학생들을 위한 실험이다.

한 단원을 진행하면서 산토스 선생님은 수시로 형성평가를 실시한다. 단원의 필수 학습성과와 밀접하게 연계된 형성평가를 통해 선생님은 항상 모든 학생의 현재 위치를 파악한다. 즉, 단원의 목표로 제시된 핵심 지식·이해·스킬을 배우기 위해 추가학습이 필요한 학생이 누구이고, 단원 초반에 고급 응용단계로 넘어가도 될 학생은 누구이며, 개념이나 스킬을 이해는 하지만 새로운 상황에 적용하지 못하는 학생이 누구인지 등을 파악한다. 교사는 복수의 수행평가 양식을 준비하되, 어떤 양식을 택하든 필수 학습성과를 진단할 수 있어야 한다. 학생들이 총괄평가용 프로젝트를 완성하면, 교사는 아래의 선택과제 모두에 적용될 수 있는 성공기준(criteria for success)을 반영한 채점기준표(rubric)를 알려준다.

- 혼자서 혹은 급우와 함께 지역에서 연구주제와 관련된 문제 하나를 선정해 조사하고 해결하라.
- 지역의 멘토가 될 지역주민 한 명 또는 집단과 함께 시사문제를 활용해 지역의 문제를 해결하라.
- 연구주제에 긍정적인 영향을 끼친 과거와 현재의 과학자들을 조사하라.
- 연구주제와 관련한 공상과학 소설을 쓰되 과학적 내용이 정확해야 한다.
- 연구주제의 특정 분야가 세상에서 작동하는 방식을 어린 학생들이 이해할 수 있도록 카메라를 사용해 이야기가 있는 포토에세이를 만들어라.
- 이외의 프로젝트를 제안하되 산토스 선생님과 협의해 과학에서 배운 이해와 스킬을 보여줄 수 있도록 하라.

오라일리 선생님의 8학년 영어시간에는 모든 학생이 같은 소설을 읽고 함께 토론한다. 학생들은 읽은 소설에 대해서 일지를 작성한다. 숙제는 대개 날마다 소설 일부를 읽고 이를 요약하거나 주어진 질문에 답하는 것이다.

윌커슨 선생님의 8학년 영어수업에서 학생들은 '용기'나 '갈등해소'처럼 주제가 같은 4-5권의 소설 중에서 하나를 택해 읽는다. 이를 위해 선생님은 한 종류의 책을 여러 권씩 교실에 비치한다. 학생들의 읽기수준 편차, 각기 다른 흥미분야, 그리고 다양한 출신 문화권 등을 고려해 소설을 구비한다.

월커슨 선생님 반 문학동아리는 같은 소설을 읽은 학생들이 수시로 만나 서로의 생각을 나누는 곳이다. 독해수준이 다르기는 하지만 각 동아리 안에서 학생들이 주도적으로 수행하는 역할은 '토론감독관', '삽화가', '역사조사원', '문학권위자', '어휘의 달인' 등으로 동등하며, 역할은 서로 바꿔가면서 진행한다. 역할별 해야 할 일을 인쇄물로 배부해 각자 책임을 완수하도록 한다. 학습일지의 길잡이 질문과 블로그의 기재항목을 다양하게 만들어 학생마다 다른 것을 배정하기도 하고, 학생들 자신이 쓰고 싶은 일지와 블로그 서식을 택하게 하기도 한다. 모든 소설에 공통되는 주제에 관해 학급토론을 자주 하다 보면 학생들은 자신이 읽은 소설과 일상에서 그 주제가 어떻게 발현되는지를 이해하게 된다.

고등학교 교실 사례 두 가지

호튼 선생님의 스페인어 I 수업시간에 학생들이 공부하는 내용은 거의 항상 같다. 같은 언어패턴과 대화문을 연습하고, 번역본과 문화 관련 글도 같은 것을 읽고, 시험 치는 내용도 같다. 수업 중 과제는 개별적으로 수행하는 경우가 많지만, 가끔은 짝 활동 또는 소모둠 활동으로 어려운 과제를 마무리하기도 한다.

애덤스 선생님의 프랑스어 I 수업시간에 학생들이 푸는 연습문제는 난이도도 다르고 교사가 도와주는 양도 다르다. 구어체 연습자료도 기본 구조는 같지만 언어의 정교함 수준이 다르다. 때로는 학생들이 복습과제를 '하지 않고' 대신에 프랑스어로 대화문을 구성한다거나 프랑스어 잡지를 읽는다거나 프랑스어 원어민과 이메일을 주고받는다. 애덤스 선생님이 '기초문제'라 부르는 과제를 풀 때는 학습준비도가 서로 다른 학생끼리 짝을 정해줘 풀게 하고, 원하는 학생만 자기가 짝을 골라 '실력문제'를 풀게 한다. 이를 다 풀어 학습내용을 완전히 이해했다고 인정되는 학생에게는 숙제 면제권을 준다. 학생들은 형성평가 과제를 스스로 평가해, 프랑스어 구사력을 향상시킬 개인적 목표를 정할 뿐 아니라 목표달성에 가장 도움이 되는 숙제를 선택할 수 있다. 게다가 조사할 프랑스어 사용지역을 스스로 '선정'해 일 년 내내 '자기' 지역의 문화·사회·언어·지리를 조사한 뒤, 각 지역에서 프랑스어가 끼친 영향에 대해 모둠활동을 통해 비교·대조한다.

매더슨 선생님의 대수학 Ⅱ 수업에서는 대개 숙제가 같아서 전체 학급이 함께 숙제를 확인한다. 수업시간에 개인적으로 푸는 문제도 같고 시험문제도 같다.

대수학 Ⅱ를 담당하는 왕 선생님은 학생들이 챕터마다 핵심 개념, 원리 또는 대개념(big idea)과 스킬을 파악하도록 돕는다. 다양한 종류의 형성평가와 총괄평가를 거친 후, 학생들은 평가결과를 보고 자신이 잘 몰랐던 부분을 명확히 이해하기 위해 숙제와 수업 내 미니워크숍을 선택할 수 있다. 한 챕터를 마무리할 때쯤 왕 선생님은 학생별로 각기 다른 '도전과제'를 부여한다. 학생들은 혼자서 또는 급우와 짝을 이뤄 이를 해결할 수 있다. 과제는 개별 학생이 최대한으로 머리를 쓰면 해결할 수 있는 이해력 최대치(mental reach)에 맞춰져 있다. 학생들은 다양한 문제해결 방식을 검토하고 문제를 해결해가면서 각자의 생각을 명확하게 설명해야 한다. 챕터를 마무리하는 시험을 보면서 학생들은 도전과제가 이전 과제와 비슷하기는 하지만 똑같지는 않다는 것을 알게 된다. 30명 가까운 학급에 5-6개의 도전과제를 나누어준다.

체육시간에 보웬 선생님의 반 아이들은 대개 모두가 같은 운동을 하고 농구연습을 한다. 반면에 와튼 선생님은 여러 가지 운동과 농구 스킬에서 아이들이 자신의 출발선을 진단하고, 각자 기량을 향상하기 위한 높은 목표를 세우며, 자신의 진척상황을 기록할 수 있게 해준다. 선생님은 특히 강점과 약점 두 영역 모두에서 발전하라고 강조한다.

미국사 수업시간에 로버슨 선생님과 학생들은 교과서 내용을 차례대로 공부한다. 교과서 내용을 보충하고자 강의식 수업도 하고 종종 인터넷에서 찾을 수 있는 1차자료를 활용해 학생들이 역사적 사건에 대한 관점을 비교하도록 한다. 여성과 아프리카계 미국인의 역사를 강조하는 학기에는 이들을 특별히 다루는 수업도 포함시킨다.

워싱턴 선생님의 미국사수업에서 학생들은 역사의 각 시기에 고유한 핵심 개념과 '대개념'뿐만 아니라 그들이 공부하는 역사 전반에 걸쳐 반복적으로 등장하는 핵심 개념과 원리 또는 대개념을 찾고 있다. 문화적·경제적으로 다르고 성별도 다른 집단 간에 공유하는 다양한 관점과 경험을 공부한다. (영어학습자를 위해) 여러 언어로 된 다양한 수준의 교재와 비디오, 오디오 및 인터넷 자료를 활용한다.

강의할 때 워싱턴 선생님은 시각적 학습자(visual learners)를 돕기 위해 핵심 어휘 및 개념을 강조한 파워포인트나 화이트보드를 항상 사용한다. 또한 설명을 잠깐 멈추고 학생들끼리 핵심 개념에 대해 의견을 나누거나 반 전체 토의를 하게 해 이를 확실히 이해하도록 한다.

에세이나 프로젝트 수업을 통해 학생들은 공부하고 있는 미국역사의 특정 시기에 대한 이해를 바탕으로 이를 동시대의 다른 문화권 또는 다른 지역의 사건과 대조하곤 한다. 프로젝트 과제는 학생들이 자신의 지식과 스킬 그리고 이해한 바를 어떤 식으로 표현할지 선택할 수 있도록 항상 다양하게 제시한다. 학기말에는 총괄평가용 시험을 보거나, 워싱턴 선생님의 지도와 승인을 받아 아이들이 자체적으로 수정한 평가를 통해 학기말 점수의 50퍼센트를 책정할 수 있다. 어떤 선택을 하든지 학생들은 단원의 필수 목표로 제시된 지식·이해·스킬을 입증해야 한다.

———○———

개별화수업 교실에서는 배우는 방식과 속도도 다르고 재능과 흥미 분야도 다른 학생들의 학습을 지원한다. 한층 의미 있는 점은 학생들의 구성이 다양할 때 개별화수업이 일체식 수업보다 훨씬 효과적이라는 것이다. 개별화수업 교실에서 교사는 학생들과 더 깊이 교감하며, 가르침이란 것을 기계적인 연습이 아니라 예술로 여긴다.

학생들의 유사점과 차이점을 동시에 유념하면서 가르치는 수업은 절대로 간단치가 않다. 다음에 이어질 장에서는 개별화되고 학생의 필요에 대응하는 수업을 상세히 다룰 것이다. 또한 여러분의 교실과 학교에서 이를 어떻게 점차 실현할 수 있을지에 대한 실질적인 조언도 제공한다.

02

개별화수업의 토대

시간을 초월하여 모든 학습자에게 효과가 있는 공식이나 비책은 없다.
한 교실에 모여 있는, 학습스타일과 학습방법도 다르고
지능도 다양한 학생 모두의 주의를 사로잡을 수업은 없다.

William Ayers, 『To Teach: The Journey of a Teacher』

대부분의 유능한 교사는 가끔 학생을 위해 수업의 일부를 조정한다. 이런 교사들 다수가 이것이 바로 수업을 개별화한 것이라 말하는데, 어느 정도 맞는 말이다. 그러나 이런 교사들이 가끔 조정하는 것, 예를 들어 어떤 학생을 점심시간에 도와준다거나 학급토론 시간에 특별히 우수한 학생에게 어려운 질문을 하는 것과 같은 조정사례를 열거하는 것이 이 책의 목적은 아니다. 이 책은 학생들의 학습방식이 서로 다를 것을 예상하고, 이에 대응하여 탄탄하고 일관된 수업을 꾸준히 개발하고 실천하려는 교육자들에게 지침을 제공하고자 한다.

개별화수업의 본질

개별화수업 교실의 모습을 하나의 이미지로 이야기할 수는 없지만, 학생 개개인의 성공에 초점을 둔 개별화수업에는 공통적인 특징이 있다. 이런 특징들을 살펴보면 개별화수업의 본질을 파악할 수 있고 정의도 내릴 수 있다. 또한 개별화수업 교실의 핵심적 특징을 고찰하다 보면 개별화수업의 본질과 의도를 이해하게 된다.

학습환경은 학습자와 학습을 적극적으로 지원한다

개별화수업에서 학습환경은 성공적으로 학습하는 데 핵심적인 요소이다. 교사는 교육과정을 설계하고 수업을 실시할 때만큼 의식적으로, 그리고 목적의식을 갖고 학습환경을 매력적으로 유지하려 노력한다. 실제로 그들은 학습환경·교육과정·수업이라는 세 가지 요소가 매우 긴밀하게 연결되어 있다고 본다. 교사는 학습환경이 학생의 정의적(情意的, 정서·태도·신념·의지·가치관·인성 등을 포함하는 심리적 특성-옮긴이) 욕구에 영향을 끼치고 그 영향이 결국 인지와 학습에 중요한 역할을 한다는 것을 안다. 이를 위해 개별화수업 교실의 교사는 학생들이 다음 사항을 이해하도록 돕는다.

- 교사는 학생을 있는 그대로 수용하고 존중한다.
- 학생에게는 배울 수 있는 능력이 있다고 확신하며 교사는 학생의 학습을 적극 지원한다.
- 학생들은 함께 공부하며 서로의 성장을 북돋운다.
- 학습하는 과정에서 성공과 실패를 피할 수는 없지만 교실은 이 둘을 경험하기에 안전한 곳이다.
- 열심히 공부하면 누구나 눈에 띄게 성장한다.
- 학급의 루틴(routine, 날마다 규칙적으로 하는 일이나 절차-옮긴이)과 프로세스는 모든 학생이 성공적으로 학습하는 데 필요한 것을 제공하도록 고안된 것이다.

교사는 학생들의 차이에 관심을 갖고 적극적으로 보살핀다

아주 어릴 때부터 아이들은 누가 축구를 잘하고, 누가 재미있는 이야기를 잘하며, 누가 숫자를 잘 다루고, 누가 주변 사람을 행복하게 해주는지 알고 있다. 또 글을 잘 읽지 못하는 아이가 누구이고, 자기 성질을 누르지 못하는 아이가 누구이며, 팔다리가 약해서 힘들어하는 아이가 누구인지도 안다. 아이들은 서로 다른 사람들이 살아가는 세상을 수용하는 듯하다. 아이들이 얻으려고 애쓰는 것은 동일성이 아니라 개인적인 승리감이다. 자신이 존경받고 존중받으며 보살핌을 받았을 때, 또는 자신의 능력으로는 어렵다고 여겼던 것을 누군가의 격려로 성취했을 때 찾아오는 승리감을 원한다.

개별화교실의 교사는 모든 인간에게는 영양, 주거지, 안전, 소속감, 성취, 기여 및 실현에 대한 기본적 욕구가 공통으로 존재함을 잘 안다. 또 이를 얻기 위한 노력도 다르고 일정도 다를 뿐 아니라 지원체계도 다름을 안다. 이들은 자신이 이런 차이에 관심을 두고 살펴야 개별 학생들이 인간의 공통적인 욕구를 충족하는 데 가장 큰 도움이 된다는 것을 안다. 우리의 경험, 문화, 성별, 유전자코드 그리고 신경회로망 모두가 학습의 내용과 방식에 영향을 끼친다. 이들은 단 하나의 수업이 모든 학생에게 효과적일 것이라 착각하지도 않으며, '배우든지 말든지(take it or leave it)'라는 식으로 수업하려는 의도도 없다. 오히려, 개별화수업 교사는 핵심 학습목표에 도달하는 경로를 다양하게 제공하여 학생들이 자신에게 가장 적합한 길을 찾도록 하는 것을 당연하게 여긴다.

교사는 작년에 배운 수학을 좀 더 확실하게 이해하려면 추가적인 지도가 필요한 학생이 있는 반면에, 올해 배울 수학을 너무 쉽다고 느낄 만한 학생이 있음을 안다. 영어학습자 중 일부는 영어를 쉽게 배울 테지만, 일부는 큰 어려움을 겪을 것을 안다. 개별 학생의 고유한 재능을 인지해서 이를 활용하고 개발시켜야 함을 알고 있을 뿐 아니라 이들 재능이 같은 것도 아닐 것이며 또 학교에서 전통적으로 인정받아왔던 재능이 아닐 수 있다는 것도 안다. 개별화수업을 실천하는 교사들은 또한 일부 학생은 수시로 용기를 북돋워야 집에서 잃은 자신감을 만회할 수 있음을 안다. 훈계보다는 부드러운 유머에 훨씬 더 반응하는 학생도 있지만 심각함이 존경심을 표하는 것으로 생각하는 학생도 있음을 안다. 극도로 수줍음을 타는 학생은 '할 말'을 종이 위에 써보고 나서야 학생들 앞에서 말을 할 수 있지만, 다른 학생은 열정이 넘치며 교실을 무대로 여긴다는 것을 안다. 급우들과 소원하지 않게 지내는 방법을 지도해주면 좋아지는 학생이 있는가 하면 과도한 유머를 자제하라는 조언을 해주어야 하는 학생도 있다. 다시 말해 학습자 개개인에게 영향을 주려는 교사는 필연적으로 서로 다를 수밖에 없는 학생들의 인지적·정의적 차이에 대응하려고도 노력한다.

교육과정은 학습을 지원하도록 구성한다

특정 내용영역이나 교과는 말할 것도 없고 각 교과서의 내용을 전부 배울 수 있는 사람은 아무도 없다. 아무리 능력 있는 사람이라도 뇌는 대부분의 주제에 관해 기억하는 것보다는 잊어버리는 것이 더 많게 구조화되어 있다. 그래서 주어진 영역에서 학습자가 반드시 알아야 할 것, 이해해야 할 것, 그리고 할 수 있어야 할 것을 교사가 명확하게 밝혀주는 것이 매우 중요하다.

개별화교실에서 교사는 각 과목의 핵심 지식·이해·스킬을 중심으로 신중하게 교육과정을 구성한다. 수업이 끝났을 때 학생들은 알아야 할 지식 전부를 정복했다는 느낌이 아니라 위의 핵심 지식·이해·스킬을 확실히 이해한 채 교실을 나서야 한다.

특정 주제에서 가장 중요한 것이 무엇인지 명료하게 알면 이를 각자 의미 있고 재미있으며 적절하다고 생각하는 방식으로 소개할 가능성이 높다. 명료성이 확보되면 학습에 어려움을 겪는 학습자들은 서로 관련 없는 사실과 정보 속에서 허우적대지 않을 수 있고, 상급학습자들은 같은 내용을 반복하거나 단순히 정보를 축적하기보다는 중요한 복합 문제를 푸는 데 시간을 쓸 수 있을 것이다. 명료성이 있어야 교사, 학생, 평가, 교육과정 및 수업이 서로 긴밀하게 연결되어 종국에는 개개의 학생이 성장하고 성공적으로 학습할 수 있다.

교사가 핵심 내용영역의 학습 진행상황이나 수업 순서를 이해하고 있다면 학생들의 진입지점(entry point)과 현 위치를 고려하여 다음 단계의 수업을 결정할 수 있다. 비유적으로 표현하면, 마이애미에서 출발해서 최종 목적지인 보스턴으로 가는 학생들이 있을 때, 교사는 매일 각자의 진행상황을 주시한다. 어떤 학생은 애틀랜타까지만 가게 하고 또 다른 학생은 로스앤젤레스까지만 가게 하지는 않는다. 또한 보스턴으로 가는 길은 다양하고 교통수단도 여럿 있고 시간표도 다양하기 때문에 결코 모든 학생이 매일 정확히 같은 거리를 이동하고 같은 교통수단을 이용해야 한다고 생각하지 않는다.

평가와 수업은 불가분의 관계에 있다

개별화수업에서 평가는 진단평가의 성격을 띠고 계속 진행된다. 평가를 통해 교사는 특정 개념과 스킬에 대한 학생의 학습준비도·흥미·학습방법 관련 데이터를 매일 얻는다. 개별화수업의 교사들은 평가란 단원을 마무리할 때 학생들이 무엇을 배웠고 무엇을 모르는가를 파악하기 위한 도구라고 생각하지 않는다. 그보다는 내일의 수업을 어떻게 조정해야 할지 파악하기 위한 오늘의 수단이라고 생각한다.

형성평가 자료를 수집하는 통로는 다양하다. 교사와 학생들의 소모둠 토론, 학급토론, 학습일지, 포트폴리오, 출구카드(exit card, 수업 직후에 학생들의 학습상태를 알아보기 위한 짤막한 질문이나 지시가 들어 있는 카드-옮긴이), 보유스킬 목록(skill inventory), 사전시험, 과제물, 학생 의견 또는 흥미분야 조사, 목표역량 목록을 사용한 교사의 학생관찰 등 여러 방식이 있다. 이런 공식적·비공식적 형성평가를 통해 교사는 누가 핵심 개념을 이해하는지, 누가 얼마나 능숙하게 그리고 어느 정도의 흥미를 갖고 목표스킬을 수행할 수 있는지 파악한다. 그러면 교사는 개별 학생이 지금보다 더 발전할 수 있도록 내일의 수업을 구상하거나 오늘의 수업을 재구성하기도 한다. 교사는 수업의 중요한 목표는 학생이 자신의 학습에 책임을 지도록 하는 것임을 알고 있다. 즉, 학생들이 학습목표를 의식하고, 목표 대비 현 위치를 점차 자각하여, 목표를 향해 (때로는 이를 넘어서까지) 꾸준하게 나아가는 계획을 수립하게 하는 것이 수업의 목표다. 학생들에게 명확하게 서술된 목표와 성공기준에 비춰 자신의 학습을 분석하게 권장하면 학습자로서의 독립성(independence), 행위주체성(agency), 자기유능감(self-efficacy) 등이 꾸준히 성장한다.

학습의 기준점(benchmark points)이 되는 시점(예를 들어, 단원 또는 단원 일부의 종료시점)에 개별화수업의 교사는 대부분의 다른 교사처럼 총괄평가로 학생들의 성장을 공식적으로 기록한다. 그러나 그때에도 개별화수업의 교사들은 모든 학생이 자신의 스킬과 이해를 충분히 보여줄 수 있도록 다양한 평가방법을 동원한다. 평가는 항상 학생들의 실수를 기록하는 것이 아니라 학생들이 '알고 있고 이해하고 할 수 있는' 것을 보여주도록 돕는 것이다.

학습준비도, 흥미, 학습양식을 토대로 학습 내용·과정·결과물을 바꾼다

개별화수업의 교사는 평가데이터를 심사숙고해서 참고해 학습내용·학습과정·학습결과물 또는 학습환경을 바꾼다. 학습내용(content)이란 교사가 학생이 교과의 특정 영역에서 배우기를 바라는 것, 또는 중요한 정보에 접근할 수 있는 교재 또는 메커니즘이다. 학습과정(process)은 학생들이 핵심 스킬을 사용해 필수 지식·이해를 알고 적용하고 전이할 수 있도록 고안된 활동이다. 학습결과물(product)이란 학생들이 학습한 내용을 보여주고 확장하는 매개체이다. 학생들의 학습준비도, 흥미, 학습양식은 다르다.

학습준비도(readiness)란 특정 지식·이해·스킬과 관련한 학생들의 진입지점을 의미한다. 학습준비도가 미흡한 학생들에게는 다음 사항이 필요할 수 있다.

- 이전에 배운 내용에서 부족한 부분이 무엇인지 확인하고 이를 보충해 진도를 나갈 수 있게 도와줄 사람
- 교사로부터 직접 지도를 받거나 연습할 더 많은 기회
- 더욱 구조화되고 구체적이면서 단계는 적고 학생의 경험과 가까우면서도, 간단한 읽기스킬만 있으면 되는 활동 또는 학습결과물
- 좀 더 계획적으로 학습속도 조절하기

학습준비도가 상급인 학습자에게 필요한 것은 다음과 같다.

- 이전에 숙달한 스킬과 이해를 연습하지 않고 건너뛰기
- 고급 독해자료를 사용한 복잡하고 추상적이면서 다면적인 개방형 활동 및 학습결과물
- 학습속도를 빠르게 하기, 혹은 주제를 깊이 탐구할 때는 학습속도를 느리게 하기

학습준비도는 고정적이지 않아서 매우 많은 학생이 어려워하는 때가 있는가 하면, 많은 학생이 상급학습자처럼 배우는 때도 있다. 학습준비도는 능력과 동의어가 아니다!

흥미(interest)란 특정 주제 및 스킬에 대한 학습자의 친밀도, 호기심, 열정이다. 음악에 상당히 흥미가 있는 여학생이라면 수학교사로부터 분수가 음악과 관련되어 있다는 설명을 듣고 나서 분수를 배우고 싶어 할 수 있다. 의학에 각별한 흥미를 갖고 있는 학생이라면 학습결과물 주제로 미국 독립혁명 시기의 의학을 선택하게 함으로써 미국 독립혁명 연구에 흥미를 갖게 할 수 있다. 또 모국문화(primary culture)에서 친숙하게 들었던 이야기와 『로미오와 줄리엣』이 비슷하다는 점을 알고 나서야 이에 공감할 수도 있다.

학습양식(learning profile)은 학습방식과 관련이 있으며, 우세한 지능, 성별, 문화 또는 학습스타일에 따라 결정될 수 있다. 급우들과 토의를 해야 개념을 더 잘 이해하는 학생이 있는 반면, 모둠토의보다는 혼자서 글을 써보면서 공부해야 더 잘되는 학생도 있다. 부분에서 전체로 공부를 하는 것이 쉬운 학생이 있는가 하면, 전체에 대한 큰 그림을 보고 나서야 구체적인 부분을 이해할 수 있는 학생이 있다. 논리적이고 분석적인 학습을 선호하는 학생도 있고, 창의적이고 응용지향적인 학습방식을 좋아하는 학생도 있다. 심지어 한 학생이라도 영어나 역사를 공부할 때와 수학을 공부할 때의 선호하는 학습법이 다르고, 또 친숙한 주제를 다룰 때와 낯선 주제를 다룰 때 선호하는 학습법이 다른 경우도 흔하다. 목표는 학생들을 특징 '유형'의 학습자로 꼬리표를 붙이거나 분류하지 말고, 교사가 다양한 학습방식을 제시해(또는 학생들이 제시할 수도 있다) 학생들 스스로가 주어진 시간에 가장 효율적으로 학습할 수 있는 방식을 선택하도록 돕는 것이어야 한다.

교사는 한 과 또는 한 단원 학습의 어느 시점에든 학생의 특성(학습 준비도, 흥미, 학습양식) 중 한 가지 혹은 그 이상을 토대로 교육과정 요소(학습내용, 학습과정, 학습결과물)를 어느 것이든 바꿀 수 있다(도표 2.1 참조). 단원마다 모든 요소를 개별화할 필요는 없다. 수업을 효과적으로 개별화하려면 반 전체 대상의 개별화하지 않은 수업이 일상적으로 많아야 하고, 때에 따라서는 학생들의 흥미를 기반으로 개별화하기도 하고, 학습준비도가 서로 다른 학생들을 모둠으로 신중하게 구성하기도 해야 한다. 교육과정 요소를 바꾸는 것은 다음 두 가지 경우일 때만 타당하다. 첫째는 교육과정 요소를 바꾸는 것을 필요로 하는 학생이 있을 때이고, 둘째는 교육과정 요소를 바꾸면 학생들이 더 완벽하게 주요 개념을 이해하고 핵심 스킬을 사용할 것이라고 믿을 만한 충분한 이유가 있을 때이다.

학습할 때 교사와 학생은 협력한다

학습을 설계하는 주된 책임은 교사에게 있지만, 학생들도 학습을 설계하고 구축할 때 핵심적인 역할을 맡아야 한다. 필수적인 학습의 구성요소를 파악하고, 내용목표 및 학생의 필요에 따라 교수법을 진단하고, 처방을 내리고, 변화를 주어 수업을 원활하게 진행하고, 시간을 현명하게 활용하는 것은 교사가 할 일이지만, 학생들도 학급 조직, 기능 및 효과성에 기여할 바가 많다.

학생들은 진단정보를 제공하고 학급규칙을 개발하며, 그 규칙에 근거한 학급운영 과정에 참여할 수 있다. 또 시간을 소중하게 사용하는

도표 2.1 개별화수업

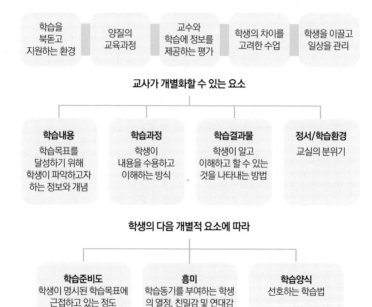

개별화수업

학습자의 필요에 의해 교사가 **주도적으로 대응하는** 수업으로서

교사의 사고방식에 의해 형성되고 개별화수업의 일반 원리를 따른다.

| 학습을 북돋고 지원하는 환경 | 양질의 교육과정 | 교수와 학습에 정보를 제공하는 평가 | 학생의 차이를 고려한 수업 | 학생을 이끌고 일상을 관리 |

교사가 개별화할 수 있는 요소

학습내용
학습목표를 달성하기 위해 학생이 파악하고자 하는 정보와 개념

학습과정
학생이 내용을 수용하고 이해하는 방식

학습결과물
학생이 알고 이해하고 할 수 있는 것을 나타내는 방법

정서/학습환경
교실의 분위기

학생의 다음 개별적 요소에 따라

학습준비도
학생이 명시된 학습목표에 근접하고 있는 정도

흥미
학습동기를 부여하는 학생의 열정, 친밀감 및 연대감

학습양식
선호하는 학습법

아래의 다양한 수업전략을 통해 개별화한다

학습 및 흥미센터(Learning/Interest Center)·RAFT(역할/독자/형식/화제) 글쓰기 기법
그래픽 오거나이저(Graphic Organizer)·스캐폴딩을 통한 읽기/쓰기(Scaffolded Reading/Writing)
우세한 지능(Intelligence Preferences)·층위별 과제(Tiered Assignment)·학습계약(Learning Contract)
메뉴(Menu)·틱택토(Tic-Tac-Toe) 게임·복합수업(Complex Instruction)·독립연구(Independent Project)
발표방식 선택(Expression Options)·소모둠 수업(Small-Group Instruction)

것을 배우고, 서로의 학습을 적극적으로 도울 수 있다. 학생들은 교재나 과제가 너무 어렵거나 너무 쉬울 때, 공부가 재미있을 때 (혹은 재미없을 때), 도움이 필요할 때, 그리고 혼자서 학습할 준비가 되었을 때 등을 교사에게 알릴 수 있다. 학생들이 교사의 동반자로서 학급에서 경험하는 모든 부분을 결정할 때, 학습에 대한 주인의식이 생겨 더욱 능숙하게 자신을 이해하고, 서로를 평가하며, 급우와 자신의 학업을 향상시키는 결정을 내리게 된다. 학생은 교사와 급우의 유능한 동반자가 된다.

개별화교실에서 리더는 교사다. 모든 유능한 리더가 그렇듯 교사도 추종자들을 세심하게 돌보고 여정에 철저히 참여시킨다. 교사와 학생이 함께 계획하고 목표를 설정하고 진행상황을 모니터하고 성공과 실패를 분석하여 성공은 배가시키려 노력하고 실패에서는 교훈을 얻으려고 한다. 학급 전체에 적용되는 결정도 있고 특정 개인에게 한정된 결정도 있다.

개별화수업은 학생중심일 수밖에 없다. 공부는 학생이 한다. 교사는 시간·공간·자료·활동을 조정할 뿐이다. 학생이 자신은 물론이고 교사와 급우가 집단 및 개인 목표를 달성하도록 돕게 됨에 따라 교사의 유능감도 증가한다.

교사는 집단기준과 개인기준 사이의 균형을 꾀한다

많은 교실에서 5학년 '성취기준(standards)'을 달성하지 못한 학생은 '실패한' 5학년생이다. 반 어떤 학생보다도 성적을 더 올렸어도 학년 성취기준에 미치지 못하면 아무런 소용이 없다. 마찬가지로, 5학년 성취기준 또는 과제 개발의 근거가 된 다른 기준을 2년 전에 이미 달성했다 하더라도 5학년이라면 동 학년 수준의 과제를 수행해야 한다. 이것이 일반적이다. 그 학생에 대해 흔히들 이렇게 말한다. "그 아이는 혼자서도 잘해. 이미 잘하고 있지."

개별화교실의 교사는 학년 성취기준을 이해하고 항상 유념하되 개인적인 성취기준도 잘 알고 있다. 학습에 어려움을 겪는 학생이 있을 때 교사는 두 가지 목표를 갖는다. 하나는 그 학생이 현재 가진 지식·이해·스킬을 가능한 빠르게 신장시키면서 동시에 핵심 스킬을 제대로 이해해서 의미 있게 활용하도록 하는 것이다. 두 번째 목표는 학생이 집단목표를 달성하고 그 이상으로 꾸준히 성장할 수 있도록 하는 것이다. 다시 말해서 개별화수업의 교사는 특정 연령 또는 학년 수준에 중요하다고 지정된 학습성과를 달성하려고 노력한다. 그러나 이들은 집단목표를 달성하려는 경로가 반드시 개별 학생에게도 적합할 필요는 없고 그 여정이 일률적이어서는 안 된다는 것도 알고 있다. 즉, 일부 학생들에게 매우 바람직한 학습목표가 다른 학생들에게는 제한적일 수 있다는 점도 안다. 따라서 개별화수업을 하는 교사는 각 학생이 성장하는가를 볼 뿐 아니라 집단목표에 비추어 학생의 위치를 추적·관찰한다.

모든 선수를 똑같이 조련해서는 코치도 팀도 절대 탁월해질 수 없다. 코치 자신도 탁월해지고 선수들도 탁월하게 만들려면, 코치는 선수 개개인이 주어진 시간에 능력의 최대치를 끌어낼 수 있도록 해야 한다. 선수들의 이해력이나 기술상 약점을 간과하지 않되, 모든 선수가 자신의 강점과 역량을 활용해 플레이하게 해야 하지, 약점을 의식하면서 플레이하게 해서는 안 된다. '그 정도면 충분해'라는 말은 어떤 팀원에게도 적절한 말이 아니다. 다음 단계는 언제나 있다. 개별화수업이 효과를 보려면 평가할 때나 수업할 때나 피드백을 줄 때나 채점할 때나 항상 집단목표와 개인목표 그리고 집단기준과 개인기준 양쪽 모두를 고려해야 한다. 동시에 학생들이 학습자로서 그리고 한 인간으로서 자신의 특별한 역량을 계속 계발하도록 지도한다.

교사와 학생이 유연하게 협동한다

오케스트라가 개별 연주자, 다양한 합주단, 섹션 및 독주자로 구성되듯이, 개별화교실도 개인, 다양한 소모둠 그리고 반 전체로 구성된다. 악기 및 솔로 파트 그리고 악단 내 각자의 역할도 다르지만 단원 모두가 '하나의 악보를 연주하는 법을 배우려' 노력한다. 섹션별 또는 개별적으로 연습할 때도 있고 다 같이 연습할 때도 있다. 목표는 개별 연주자의 연주실력을 키우면서 동시에 모두에게 의미 있는 공연을 하는 것이다.

학급 내 다양한 학습필요를 충족시키기 위해 교사와 학생은 함께 다방면으로 노력한다. 그들은 교재를 유연하게 사용하고 수업속도도 융통성 있게 조정한다. 때로는 학급 전체가 함께 공부하지만 소모둠이 더 효과적일 때도 있다. 모든 학생이 같은 교재로 공부하기도 하지만 다양한 교재를 사용해야 효율적인 경우도 많다. 가끔은 모든 학생이 12시 15분에 과제를 마치기도 하지만 과제를 이미 끝낸 학생이 있는가 하면 시간이 더 필요한 학생이 있을 수도 있다.

교사가 모둠을 구성해주기도 하지만 학생들이 선택할 때도 있다. 교사는 수업 목적에 따라 학습준비도, 흥미, 또는 학습양식이 서로 비슷한 학생들로 모둠을 짜기도 하고 서로 다른 학생들로 모둠을 구성하기도 한다. 무작위로 학생들에게 수업과제를 부여하는 때도 있다. 다시 말해서 모둠구성은 매우 유연하고 유동적이다. 모둠은 학생의 필요와 내용목표에 따라 구성하고, 모둠과제는 개별 구성원의 장점을 활용하도록 설계한다. 교사는 학생들을 '파랑새(우등생)' 또는 '대머리 독수리(열등생)'로 규정하지 않으며 학생도 자신과 서로를 그런 용어로 인식하지 않도록 한다. 때로는 교사가 주요 조력자이기도 하고 학생들 서로가 가장 큰 도움을 주기도 한다.

개별화수업 교실에서 교사는 반 전체뿐 아니라 개인 및 소모둠에 초점을 맞춘 전략을 다양하게 사용한다. 수업을 위해서 때로는 학습계약서가 도움이 되고 어떤 때는 독립연구가 매우 효율적이다. 목표는 핵심 이해와 스킬을 학습자의 흥미와 도전수준에 맞춰 연계하는 것이다.

도표 2.2(56쪽)는 개별화교실과 그렇지 않은 교실에서의 교수법 차이를 비교한다. 이 책을 읽어가면서 여러분의 교실을 떠올려 언제든 그 차이점을 덧붙여도 좋다. (양극단이 존재할 수 있다고 가정할 때) 극도로 전통적인 교실과 극도로 개별화된 교실 사이에 많은 절충안이 있음을 기억하라.

도표 2.2 **교실 비교하기**

전통적인 교실	개별화수업 교실
학생들의 차이를 고려하지 않거나 문제가 되었을 때라야 조처한다.	학생들의 차이를 소중히 여겨 수업계획의 기반으로 삼고 연구한다.
평가는 누가 '이해했는가'를 파악하기 위해 학습이 끝날 때 실시한다.	평가는 진단을 목적으로 학습자 필요에 대응할 수업을 찾기 위해 지속적으로 실시한다.
지능에 대한 시각이 상대적으로 좁다.	다양한 지능에 명확한 초점을 두고 있다.
교사는 똑똑한 학생과 그렇지 못한 학생이 존재한다고 믿고 그에 맞춰 가르친다.	교사는 모든 학생이 성공적으로 배울 수 있다고 믿고 '지도에 낙관적으로 접근하기(teaching up)'와 개별화수업을 통해 이를 지원한다.
탁월함을 단 하나의 차원으로 정의한다.	탁월함을 개인별 성장과 성취기준의 두 측면을 고려해 정의한다.
학생의 흥미를 활용하는 경우가 드물다.	학생이 자신의 흥미를 기반으로 선택하도록 수시로 지도하고 지원한다.
비교적 소수의 학습방법을 제시한다.	많은 교수법과 학습방법을 끊임없이 제시한다.
주로 학급 전체를 대상으로 수업한다.	학습 모둠은 다양하게 구성한다.
수업은 교과서 진도, 교육과정 지침, 교과내용 목표 등으로 제한을 받는다.	학생의 학습준비도, 흥미, 학습방법을 고려해 수업을 계획한다.
학습의 초점은 맥락과 무관하게 사실지식을 습득하고 스킬을 사용하는 것이다.	학습의 초점은 핵심 지식 및 스킬을 사용해 핵심 이해를 달성하거나 확장하는 것이다.
과제는 한 가지로 부과하는 것이 표준이다.	복수의 과제를 내줘 학생들이 선택하게 하는 것이 일반적이다.
모든 학생의 학습시간은 비교적 동일하다.	학생의 필요에 따라 시간을 유연하게 정한다.
대부분의 경우 교재는 하나이다.	다양한 교재와 자료를 제공한다.
전형적으로 개념이나 사건에 대한 해석도 하나, 정답도 하나이다.	통상적으로 개념, 이슈와 사건에 대해 복수의 관점을 찾는다.
교사가 학생의 행동을 지시한다.	교사는 학생이 자립과 협업의 기술을 개발하도록 돕는다.
학급에서 일어나는 문제 대부분을 교사가 해결한다.	학생이 교사와 급우를 도와 스스로 문제를 해결한다.
한 가지 형태의 평가를 가장 자주 사용한다.	학생을 다양한 방법과 양식으로 평가한다.
성적은 과정이나 발전보다는 성취도를 기준으로 부여한다.	성적은 성취도, 학습과정 및 성장을 반영해 부여한다.

재미있는 자기평가를 해보자. 도표 2.2의 두 열을 연속체로 생각하고, 현재 자신이 가르치는 모습에 해당되는 위치에 X를, 바라는 모습의 위치에는 √를 넣어 표시해보자.

효과적인 개별화수업을 지탱하는 3가지 기둥 ○────

개별화수업을 만드는 데 특허받은 공식은 없다. 오히려 개별화수업의 효과를 결정하는 요인은 철학, 일련의 원리, 그리고 핵심축이 되는 수업실천이다. 다시 말해서 개별화수업은 공식이 이끄는 식, 즉 알고리즘적이기보다는 원칙이 이끄는 식, 즉 시행착오를 통해 스스로 발견해가는 식으로 이루어진다. 도표 2.3(58쪽)은 탄탄한 개별화수업의 뼈대와 속성을 이루는 3가지 요소를 보여준다. 이 장 나머지 부분에서는 그 중 첫 번째이면서 개별화수업 실천의 근간이 되는 철학에 대해서 살펴본다. 개별화수업의 성공을 좌우하는 두 번째 기둥과 세 번째 기둥, 즉 원리 및 실천은 4장부터 8장에서 살펴본다.

도표 2.3 효율적인 개별화수업의 3가지 기둥

철학	원리	실천
• 다양함은 정상적이고 소중한 것이다. • 누구나 성공적으로 배울 수 있는 잠재력이 있다. • 교사는 학생들의 성장을 극대화할 책임을 맡고 있다. • 탁월함에 도달하기 위한 균등한 기회를 많은 학생으로부터 막는 장벽을 인지하고 제거한다.	• 학습을 촉진할 환경을 조성한다. • 양질의 교육과정에 기반한 수업을 구축한다. • 평가를 활용해 교수와 학습 관련 정보를 수집한다. • 평가를 통해 확인한 학생의 필요에 맞춰 수업을 조정한다. • 교실공간을 유연하게 사용한다.	• 학습준비도, 흥미, 학습양식을 고려한 수업을 미리 강구한다. • 학습자의 필요와 학습내용의 특성에 맞춰 수업을 계획한다. • 지도에 낙관적으로 접근한다. • 학생의 필요에 대응하는 과제를 배정한다. • 유연하게 학습모둠을 구성한다.

개별화수업 철학

인간의 삶은 진행형이다. 어렸을 때부터 우리는 무수히 많은 것에 대해 믿음을 쌓는다. 크고 작은 경험을 통해 이 믿음을 검증하고 다듬는다. 유능하고 신뢰할 만한 부모가 된다는 것이 무슨 의미인지에 대해 미덥고 견고한 철학을 갖고서 부모가 되는 사람은 거의 없다. 오히려 초보 부모는 오랜 기간 양육을 경험하면서 이를 목적의식을 갖고 곱씹어보며 점점 더 믿을 만하고 원칙 있는 부모가 된다. 경험을 통해 자신을 스스로 수정하고 강화하면서 세련된 부모가 되어간다.

이와 마찬가지로, 충분한 정보를 갖춘 채 검증된 교수철학을 갖고서 교직에 발을 내딛는 교사는 거의 없다. 대신 최고의 교사는 오랜 시간에 걸쳐 진화한다. 최고의 교사는 교직의 본질을 비판적으로 검토하고 성찰한 결과, 전문적인 결정을 내릴 때 단순히 습관적으로 또는 규칙에 순응하거나 편리를 좇아서가 아니라 진북(眞北)을 가리키는 나침반과 같은 역할을 하는 철학에 근거해 결정을 내리면서 탄생한다. 다시 말해서 이런 교사는 단지 교사의 의무를 이행하기 위해서가 아니라 교직에 의미와 목적을 부여하는 자신의 신념을 표출하기 위해서 가르친다고 생각한다. 학생들의 차이를 고려해 가르치는 데 완성형의 교육철학이 필요하지는 않다. 시간이 흐르고 경험이 쌓이고 생각이 깊어짐에 따라, 개별화수업을 실천하는 것은 곧 개인의 가치를 믿는 것과 동의어이며 또 더 인간적으로 된다는 의미, 그리고 가르치고 배우면서 어떻게 교사와 학생 모두의 능력이 고귀해지고 신장되는지에 대한 교사 자신의 근본적인 신념과 궤를 같이함이 분명해진다. 개별화수업은 인간의 잠재력을 귀중히 여기는 능력에 뿌리를 두고 있으며 교사들에게도 그 능력을 키울 것을 요구한다. 개별화수업의 '철학'은 다음과 같은 근본 원리에 기초한다.

다양함은 정상적이고 소중하다. 모든 삶은 서로 다르고 하나하나가 매우 소중하다. 다양한 목소리와 관점을 경험해가면서 삶이 풍요로워진다. 학습자들의 포용적 공동체가 배타적 공동체보다 강하다.

모든 학습자에게는 광범위한 학습능력이 숨겨져 있다. 교사의 핵심 역할은 학생들에게 중요한 학습목표를 달성할(그리고 흔히 넘어설) 능력이 있다는 자신의 믿음을 학생에게 전달하고, 멘토가 되어 학생이 열심히 그리고 현명하게 공부해 중요한 학습목표를 달성케 하는 것이다. 또한 점진적으로 학습의 성장을 지원해 학생이 노력하면 성공적으로 학습할 수 있음을 상당히 자주(항상은 아니더라도) 경험케 하는 것이다.

교사는 책임지고 학생들이 성공적으로 학습하도록 설계하고 지원해야 한다. 성공적으로 학습하려면 가족만큼이나 학생 본인의 역할이 중요함은 분명하다. 그럼에도 불구하고 학생을 대신해 그들의 노력을 끌어내고 영향을 끼치고 또 가족을 지원하고 격려하는 것은 교사의 몫이다. 한 교사가 말했듯이, "내 반에서 누군가 실패한다면 나 역시 실패한 것이다."

교육자는 학교 문을 들어서는 모든 학생의 대변자가 되어야 한다. 다양한 '능력별 반편성'에 대한 찬반양론이 많다. 하지만 이 책에서는, 교사가 판단한 학생의 능력을 바탕으로 학생들을 분리해 가르친다면 교사는 이미 학생에게 공동체보다 동질성이 더 중요하며, 똑똑한 학생은 극히 일부에 불과하다는 메시지를 보낸 것과 다름없다는 것을 지적하는 것만으로 충분할 것이다. 학습에 어려움을 겪고 있는 학생이라는 딱지가 붙여진 학생은 학교는 자신을 키우기보다는 자신을 깔아뭉개는 곳이라는 결론을 내리게 된다. 수업을 분리해서 받은 '똑똑한' 학생들의 세계관은 좁아질 것이고, 똑똑하면 노력하지 않아도 된다는 매우 위험한 결론을 내릴 수 있다. 그 '중간지대에 속한' 학생들이 받는 메시지는 '너는 그냥 평범한 학생이야. 학교에서 그리 큰 어려움을 겪지는 않겠지만, 축하받을 일도 거의 없을 거야'이다. 사람에게 딱지를 붙이면 그 대가는 혹독할 때가 너무 많다.

그러나 제한적일 수밖에 없는 증거를 기반으로 편의상 학생들을 분리 해서 가르치는 수업이 성공할 수 없듯이, 한 교실 안에서 학습필요가 뚜렷이 다른 학생들을 본질적으로는 같은 존재인 양 가르치는 것도 성 공할 수 없다. 인류가 하나의 지구촌에서 함께 살아가고 함께 문제를 해결하는 방식을 배워야 하는 시대에, 지구공동체 거의 모든 구성원이 함께 성공적으로 공부할 수 있는 교실이야말로 훨씬 더 바람직한 대안 이다. "[민주주의 사회에서] 교육은 모든 인간의 형평성과 기회 그리고 인간됨을 인정하는 것과 명확히 관련돼 있다."(Ayres, 2010, p. 138)

개별화수업은 모든 학생이 탁월함을 달성할 공평한 기회를 제공하는 교수법을 안내하기 위해 고안된 모델이다. 이를 위해 개별화수업의 교 사는 모든 학생이 성공적으로 학습할 능력을 갖췄다고 믿고, 학생이 교 과의 핵심 이해, 즉 원리를 이해하려 노력하는 가운데 사색가와 문제해 결사가 될 것을 요구하는 교육과정을 가르친다. 또 모든 학생이 중요한 학습목표를 달성하거나 이를 넘어 다음 단계로 건너갈 수 있도록 스캐 폴딩(scaffolding, 비계)을 제공하는 등 모든 학생이 성장할 수 있는 교 실을 조성한다.

―○―

교사로서 현재의 수업실천 및 교사연수 방식에 관해 계속 책도 읽고 생각도 하겠지만, 잠깐 시간을 내어 스스로 표명한 (혹은 어쩌면 형언한

적은 없었던) 교육철학을 생각해보라. 그 철학의 원리가 학생과의 소통에, 교육과정을 생각하는 중에, 그리고 일상적인 수업에서 어떻게 발현되는가? 교육자로 성장하는 데 어떤 도움을 주었는가? 어떤 식으로 당신의 영향력을 제한했는가? 사려 깊게, 그리고 자신을 성찰하면서 가르치는 교사는 자신이 교류하는 학생들뿐 아니라 교사 자신의 자아실현까지도 도울 수 있다는 것이 엄연한 사실이다.

03

학교에서 어떻게 가르치며
이는 누구를 위한 것인지
다시 생각해보기

"내 식대로 가르치게 날 내버려 둬."

교사들이 염불처럼 되뇌는 말이다.

수업에 집중하지 못하는 학생들이 늘어가지만

이는 학생 본인의 문제, 가족 또는 사회의 문제이지

교사나 학교의 문제로 생각하지 않는다.

교수와 학습이 변해야 하는데 이를 법제화할 수도 없고....

그래서 정책이 변해도 효과는 거의 또는 전혀 없는 경우가 많다.

바다에 폭풍우가 몰아쳤지만

해수면만 사납게 요동치지 해저는 평온하고 고요하다. (조금 혼탁해질 수는 있다.)

정책이 크게 바뀌면 큰 변화가 일어날 것처럼 보이지만

수면 아래의 생활은 큰 동요 없이 계속되고 있다.

John Hattie, 『Visible Learning』 (Larry Cuban, 『How Teachers Taught』에서 인용)

개별화수업은 교육의 '혁신'이 시작된 어딘가에서 비롯된, 비교적 최근에 생겨난 개념으로 생각하는 사람도 있다. 그러나 실제로 개별화수업의 토대인 '사람의 능력과 강점은 다 다르다'라는 철학은 공자의 책과 고대 유대교 및 이슬람교 경전에서 볼 수 있을 만큼 오래된 개념이다. 개별화수업은 단지 그 다른 점을 고려했을 뿐이다.

 좀 더 가깝게는 미국, 캐나다 등지에서 오래전 교실 한 칸이 전부였던 학교에서 실천했던 것이 개별화수업이다. 여섯 살 학생과 열여섯 살 학생이 매일 같은 교실로 등교하는 상황에서 교사는 이 모두를 같은 읽기교재와 수학문제로 가르칠 수는 없었다. 오히려 열여섯 살 학생이 여섯 살 아이보다 수학을 더 못할 수도 있다는 현실을 고려해 수업을 구안했다. 오늘날 인간의 뇌와 아이들의 학습방식에 대해 많은 것이 밝혀지면서 개별화수업은 현재의 모습을 갖추게 되었다. 최근 수십 년간 교수와 학습에 대한 지식이 어떻게 발전했는가를 간략히 살펴보는 것이 개별화수업의 토대를 이해하는 데 도움이 될 것이다.

교육의 변화 ○─────

75년 아니 100년 전에 사람들이 어떻게 살았는지에 대해 지금 알고 있는 바를 떠올려보라. 그리고 빠르게 돌아와 현대의 삶을 생각해보라. 유사 이래 그 어느 때보다 인간에게 많은 변화가 있었던 시기였다. 일례로 100년 전의 농업과 지금의 농업, 그리고 100년 전의 의술과 지금의 의술 등을 생각해보라. 교통수단은 또 어떠한가. 공학, 오락, 그리고 통신이 21세기에 어떻게 변했는지 떠올려보라. 현기증이 날 정도로 바뀌었다. 많은 사람이 이따금 '좋았던 옛 시절'에 대한 향수에 빠지기는 하겠지만 그렇다고 예전의 의료, 통신시스템, 패션 그리고 식료품가게를 택할 사람은 거의 없을 것이다.

학교를 정적인 사업이라고 생각할지 모르지만 - 유감스럽게도 교육 실천은 가끔 정적이긴 하다 - 오늘날 교육자는 가르치고 배우는 것에 대해 한 세기 아니 불과 수십 년 전에는 결코 알 수 없었던 많은 것을 이해하고 있다. 이러한 통찰력 일부는 심리학과 뇌과학 덕택이었고, 일부는 교사가 지속적으로 학생을 관찰해서 얻었다. 기원이야 어쨌든 이런 교육변화는 모든 면에서 혁명적이었다. 필기구가 연필에서 타자기, 다시 개인용 컴퓨터로, 그리고 석제태블릿에서 종이태블릿으로 다시 전자태블릿으로 발전한 것만큼이나 혁명적이다.

아이들의 학습방식에 대해서 점점 더 많은 것을 알게 되고 또 이로 인해 교사들의 가르침이 어떤 영향을 받고 있는지를 설명하자면 몇 권의 책을 쓰고도 남는다. 이 책에서 모든 내용을 섭렵하지는 못하겠지만, 최근에 밝혀진 핵심 내용 몇 가지를 알아보는 것만으로도 개별화수업에 관한 우리의 논의는 더욱 확장될 것이다.

개별화수업은 본 모형대로 충실히 실천한다면 교수와 학습을 과학적으로, 그리고 경험적으로 가장 잘 이해했을 때 나오기 마련인 자연스러운 결과물로서 도출될 뿐, 에둘러서 어찌어찌 도달할 수 있는 목표지점은 아니다. 현재 학습에 대해 밝혀진 사실들은 개성(individuality)을 인정하고 존중하며 개발하는 교실을 강력히 지지하고 있다. 다음 4가지 명제는 교사들이 언제나 자신의 직업적 실천에 지침으로 삼아오지는 않았던, 학습 및 학습자에 대한 최근의 지식이다. 그 4가지 모두 개별화수업의 철학과 실천에 중심적인 개념이다.

지능은 가변적이다

지난 50년간의 지능 관련 연구결과에 따르면, 지능은 단일 개체가 아니라 다면적이다. 하워드 가드너(Howard Gardner, 1991, 1993, 1997)는 인간에게는 8가지 지능, 즉 언어·논리수학·시공간·신체운동·음악·대인·성찰·자연 지능이 있고 실존지능이라는 9번째 지능도 가능하다고 했다. 처음에는 7가지 지능을 제시했었다. 로버트 스턴버그

(Robert Sternberg, 1985, 1988, 1997)는 분석·실용·창의 지능 등 삼원지능을 제시했다. 이들 전에도 손다이크(Edward Lee Thorndike), 서스톤(Louis Leon Thurstone), 길포드(J.P. Gilford) 같은 이론가들이 다양한 지능의 존재를 확인했다. 지능의 명칭은 다양하지만 교육자, 심리학자 및 연구자들이 일관되게 파악한 중요한 결론 3가지는 다음과 같다.

- 사람마다 생각하고 학습하고 창조하는 방식이 다르다.
- 학습해야 할 내용과, 특정 능력을 학습과정에 적용하는 방식이 조화를 이룰 때 잠재력이 발달한다.
- 학습자는 다양한 분야의 지능에서 자신의 능력을 발견하고 계발할 기회를 얻어야 한다.

뇌는 쉽게 영향을 받는다

뇌도 근육처럼 키우고 단련시킬 수 있다는 사실은 비교적 최근에 알려졌지만 시사하는 바는 상당하다. 다시 말해서, 지능은 타고난 것도 아니며 어릴 때 굳어지지도 않는다. 학습을 많이 경험하면 아이의 능력은 향상될 수 있지만 그렇지 못하면 지능은 감소할 수 있다(Caine & Caine, 1994; Dweck, 2000; Sousa, 2010). 뉴런은 활발하게 사용하면 성장하고 발달하지만, 사용하지 않으면 퇴화한다. 활발하게 학습하면 문자 그대로 뇌의 생리가 변한다(Caine & Caine, 1994; Sousa & Tomlinson, 2011; Sylwester, 1995; Willis, 2010; Wolfe, 2010). 사람은

'똑똑하게' 또는 '똑똑하지 못하게' 태어나 일생을 그에 맞춰 하인처럼 살지는 않는다. 오히려 평생 동안 지적 한계(intellectual reach)를 확장할 능력을 갖고 있다(Dweck, 2000, 2008; Sousa, 2011; Willis, 2010).

이런 연구결과들이 교육자에게 함의하는 바는 분명하고도 많다. 교사는 단지 한두 종류가 아니라 많은 다양한 종류의 지능을 인식하고 그 가치를 인정하고 계발하는 데 능숙해야 한다. 학습을 풍부하게 경험하지 못한 채 학교에 입학한 학생도 수업시간에 학습경험을 풍부하게 쌓는다면 이를 만회할 수 있다. 학생들은 지속적으로 활기차고 새롭게 배워나가야 한다. 그렇지 않으면 지적 능력은 쇠퇴할 수 있다. 따라서 교사가 주요하게 할 일 두 가지는 첫째, 학생이 특정 주제를 탐구할 때 학생의 진입지점에 맞춰 적절하게 도전적인 과제를 제공하고, 둘째, 두뇌 발달에 긍정적인 영향을 끼치는 태도, 실천 및 마음습관을 학생들이 이해하고 점차 실천하도록 돕는 일이다.

뇌는 의미를 갈구한다

의학분야 영상기술의 발달로 두뇌 내부를 관찰하고 두뇌가 어떻게 기능하는지 볼 수 있게 되었다. 덕택에 교수와 학습에 대한 이해의 폭이 빠르게 넓어졌고, 학습할 때 두뇌에 가장 적합한 것이 무엇인지 상세하게 알게 되었다(Caine & Caine, 1994, 1997; Jensen, 1998; National Research Council, 1999; Sousa, 2011; Sylwester, 1995; Wolfe, 2010).

뇌는 의미 있는 패턴을 추구하며 무의미한 것은 배척한다. 뇌는 고립되거나 이질적인 정보도 보유하지만, 정보의 의미를 증가시키는 범주

·개념·아이디어를 중심으로 조직된, '덩어리 형태의' 정보를 보유하는 데 훨씬 능하다(National Research Council, 2005). 뇌는 끊임없이 부분을 전체에 연결시키고, 이미 알고 있는 정보에 새로운 정보를 연결하는 방식으로 학습한다(Ben-Hur, 2006; Erickson, 2007; Sousa, 2011; Willis, 2006; Wolfe, 2010).

뇌는 억지로 정보를 강요받을 때보다 스스로 정보를 이해할 수 있을 때 가장 잘 배운다. 뇌는 피상적 의미만 있는 것에는 크게 반응하지 않는다. 깊이 있고도 개인적인 의미가 있는 것, 즉 삶에 깊은 영향을 끼치거나 나와 관련이 있거나 중요한 것 또는 감정을 자극하는 것에 훨씬 효과적이고 효율적으로 반응한다(Sousa, 2011; Sousa & Tomlinson, 2011; Willis, 2006; Wolfe, 2010).

뇌연구 덕택에 학습자의 개성과 효과적인 교육과정 및 수업의 본질에 관해 많은 것이 밝혀졌다. 즉, 학습자 개개인의 뇌는 유일무이하며 교육자는 다양한 학습자가 개념과 정보를 이해할 수 있게 많은 기회를 제공해야 한다. 또 학생들에게 새로운 정보를 친숙한 개념과 연결하도록 할 때, 한 학생에게는 새로운 개념이 다른 학생에게는 친숙한 것일 수도 그 반대일 수도 있음을 알아야 한다(Sousa, 2011; Sousa & Tomlinson, 2011; Willis, 2006).

뇌연구를 통해 얻은 결론은, 교육과정은 의미를 생성하도록 권장해야 한다는 것이다. 교육과정은 범주, 개념 그리고 지도원리를 바탕으로 구성되어야 한다. 유의미한 교육과정은 학습자의 흥미를 크게 끌고 학습자의 삶과도 상당히 관련되어 있으며 학습자의 감정과 경험을 활용한다. 학습자는 개념, 정보 및 스킬을 사용할 기회가 많은 복합적인 학습상황에 자주 참여해야 이를 이해하고 '자기 것으로 만들'수 있다 (Sousa & Tomlinson, 2011; Willis, 2010; Wolfe, 2010).

연구결과가 시사하는 바와 같이 낯선 것을 친숙한 것에 연결하는 과정이 학습이라면, 교사는 학생이 신(新)정보를 구(舊)정보에 연결할 기회를 풍부하게 제공해야 한다. 3단계 과제로서 첫째, 교사가 해당 과목의 핵심 개념·원리·스킬을 확인해야 하고, 둘째, 학습자의 학습필요 (needs)를 파악하는 전문가가 되어야 하며, 마지막으로 학생에게 개별화할 기회를 제공해 학생이 기존에 알고 있던 것을 학습목표로 제시된 핵심 사항과 연결시켜 이해하도록 한다(Ben-Hur, 2006; Sousa & Tomlinson, 2011; Willis, 2006).

인간은 적절한 수준의 도전이 있을 때 가장 잘 배운다

인간의 심리와 뇌를 상당 부분 이해하게 되면서 도전과제의 수준이 적절한 상황에서 인간은 가장 잘 배운다는 것이 밝혀졌다(Bess, 1997; Csikszentmihalyi, et al., 1993; Howard, 1994; Jensen, 1998; Sousa & Tomlinson, 2011; Vygotsky, 1978, 1986; Willis, 2006). 즉, 과제가 너무 어려우면 학습자는 위협을 느끼며 '몸을 사려' 보호모드로 들어가기 때문에 끈질기게 사고하거나 문제를 해결할 수 없다. 반면, 과제가 너무 쉬우면 학습자의 사고력과 문제해결 능력이 억제되면서 뇌는 휴식모드로 전환된다.

과제를 해결하려 학습자가 미지의 세계로 뛰어들어야 할 때, 첫발을 떼어놓을 수 있을 만큼 충분히 알고 이해의 새로운 차원에 도달할 지지대가 확보돼 있다면 그 과제는 적절하게 도전적이다. 바꿔 말하자면 계속 실패하거나 연이어 성공하는 학생이 학습동기를 갖기란 쉽지 않다. 학습이 지속되려면 학생들은 노력이 필요함을 이해해야 하고 또 노력하면 대개는 성공적으로 학습할 수 있다고 확신할 수 있어야 한다. 교사는 오늘은 적절했던 도전수준이 내일은 아닐 수 있음을 명심해서 학생의 학습수준이 높아지면 도전의 수준을 높여야 한다(Sousa & Tomlinson, 2011; Willis, 2006).

이를 통해 교사는 중요한 지침 하나를 얻는다. 즉, 특정 학습자에게 적절한 수준으로 도전적이고 동기를 부여하는 과제가 다른 학습자에게는 너무 쉬울 수 있다는(따라서 동기부여가 거의 안 될 수 있다는) 것이다. 학습과제는 개별 학생의 학습지대(learning zone, 톰 세닝거(Tom Senninger)의 '학습지대 모델'에 따르면, 학습이 이루어질 수 있는 영역은 '안전지대'와 '공황지대'의 사이 영역임-옮긴이)에 맞게 조정되어야 하며 더 나아가 과제의 복잡도와 도전수준이 점차 높아져야 학습을 지속할 수 있다.

가르치는 학생을 생각하기 ○───────

학교에 학생이 오늘날처럼 다양하게 섞여있지는 않던 시절이 있었다. 신체장애가 있거나 인지장애가 심한 아이들은 학교에 가지 않고 집에 있었다. 막 이민 온 아동과 빈곤아동은 가족을 부양하느라 공장 등에

취업했다. 농촌아동은 농사일을 해야 했고 파종과 추수를 하지 않는 농한기에만 학교에 다녔다. 여자아이는 결혼해서 아이를 낳고 집안일을 하면 되니 공부를 많이 할 필요가 없다고 생각해 상급학교에 진학하지 못했다. 부유한 집 아이는 가정교사를 고용하거나 특권층을 위한 기숙학교에 다녔다.

불과 얼마 전만 하더라도 취학아동 대부분의 부모는 집에 있었다. 부모 중 적어도 한 사람은 아동이 아침에 등교하고 오후에 하교할 때 집에 있었다. 지금은 한부모 가정 학생이 많다. 등·하교 시 모두 집에 부모가 있는 경우는 극히 드물다. 반드시 부정적이라 할 수는 없는 사실이라 해도 이로 인해 아이들의 삶은 복잡해졌다. 혼자 있는 것을 무서워하는 아이가 있고, 학교공부나 숙제를 꾸준히 봐줄 사람이 없는 아이도 많다. 학교에서 있었던 얘기를 들어줄 사람이 없는 경우도 있다.

우리가 가르치는 아이는 좋든 싫든(사실은 둘 다이겠지만) 많은 시간을 사이버공간에서 보낸다. 그들의 세계는 부모나 조부모의 세상보다 더 넓으면서도 한편으로는 더 좁기도 하다. 아는 것은 많아졌어도 이해하는 것은 오히려 줄었을지 모른다. 빠르고 즉각적인 오락에 익숙해져 있어서 상상력은 그리 풍부하지 않다. 예전 어린이라면 절대 마주하지 않았을 현실과 문제를 다루어야 하는데, 지원체계는 현저히 부족해 이런 문제를 현명하게 헤쳐나가지 못한다. 성인으로서 사회에서 할 수 있는 온갖 가능한 일이 무엇인지 알고는 있지만 어떻게 하면 이를 달성할 수 있는지는 모른다. 이 젊은이들은 자신들의 세계를 '책임지고' 있는 어른들 다수가 겁내는 기술(technology)을 쉽게 다루고 또 사용하고 싶어 안달이다.

오늘날 학교에는 예전보다 훨씬 다양한 배경과 필요를 가진 아이들이 존재한다. 이들 중 대다수가 예전엔 어릴 적에 당연히 겪을 것이라고 여겼던 것을 경험하지 못한다. 더구나 어렸을 때 풍부하게 경험을 하고 온 아이와 그렇지 못한 아이들 사이에 큰 격차가 존재한다.

형평성과 탁월성을 위한 투쟁

학급구성의 동질성 정도에 상관없이 모든 교실의 학생들은 필연적으로 학습준비도 차이가 크고, 흥미를 느끼는 분야도 광범위하며, 학습방법도 매우 다양할 뿐 아니라 학습동기, 적어도 지금 배우고 있는 과목에 대한 학습동기도 매우 다를 것이다. 간단히 말해서 교사가 학생을 인간으로서 끈질기게 파악하고, 핵심 내용목표를 어느 정도까지 달성하고 있는지를 확인한 후, 이를 활용해 학생의 성장(학습준비도 개별화), 학습동기(흥미 개별화) 및 학습효율(학습양식 개별화)을 지원할 수 있도록 수업을 조정한다면 학생들은 어떤 학습상황에서도 잘 배운다. 그러나 개별화수업이 가진 잠재력을 완전히 실현하려면 교사는 그 잠재력을 충분히 이해하고 활용해 다양한 학생이 모두 탁월함에 다다를 공평한 기회를 약속하는 학교와 교실을 만들어야 한다. 왜냐하면 그들의 미래는 상당 부분 지속적으로 성공적인 학습을 경험하고 학습을 계속하려는 동기에 달려있기 때문이다.

현재 학교에는 가정의 지원이 부족해서 성공적으로 학습할 수 없는 아이가 너무 많다. 부모가 자식을 끔찍이 생각하지만 학교공부를 잘하게 하는 요령을 모르거나 시간이나 돈이 없어 유익한 도움을 주지 못하는 경우가 대부분이다. 때로는 부모의 사랑을 받지 못해 안정감이 결핍된 학생도 있다. 어떤 시나리오든 학교에서 성공적으로 공부하고 싶다는 인생의 기본적인 기대를 하게 할 경험, 지원, 본보기 또는 계획 등이 부족하다 보니 학생의 무한한 학습잠재력이 약화될 수밖에 없다. 반면, 어른들의 지원을 듬뿍 받아 표준 교육과정 성취기준을 몇 달 또는 몇 년이나 앞서는 스킬과 지식을 보유한 학생도 많다.

학교의 가능성은 이 모든 학생에게 동등하게 열려 있어야 한다. 교육자들은 흔히 형평성은 전자 그룹 학생의 이슈로, 또 탁월성은 후자 그룹 학생의 이슈로 언급한다. 그러나 형평성과 탁월성은 모든 학생에게 최대의 현안이어야 한다. 학업에 뒤처질 위험에 처한 학생에게는 최고의 교사를 배정해 학교 밖 세상에서는 결코 채울 수 없는 경험과 기대를 채워줄 수 있을 때 비로소 형평성을 확보할 수 있다. 학교에서 더 이상 학업을 계속할 수 없는 위험에 처해 있는 학생들에게는 역동적이고 활기찬 교육과정을 통해 성공적으로 학습하도록 하는 등 체계적으로 그리고 적극적이면서 효과적으로 이들의 잠재력을 최대한 계발해주어야 비로소 탁월성을 확보할 수 있다. 교사는 학생과 함께 큰 꿈을 품고 그들이 꿈을 향해 도약하도록 돕는 변함없는 동반자가 되어야 한다. 형평성과 탁월성 모두가 이런 학생을 위한 로드맵에 들어 있어야 한다.

한 가지 이상의 영역에서 이미 학년 기대수준을 넘어선 우수한 학생도 이들의 잠재력을 결코 약화시키지 않겠다고 굳게 결심한 교사의 도움으로 각자의 진입지점으로부터 앞으로 나아갈 수 있는 기회를 공평하게 얻어야 한다. 이런 학생들에게도 스스로 탁월함의 본보기를 보이고, 탁월성을 칭찬하고 관장하는 교사가 있어야 한다. 교사는 이들이 큰 꿈을 품고, 개인적인 도전을 경험하고 수용하고 기꺼이 받아들이도록 도와야 한다. 형평성과 탁월성 둘 다 이 모든 학생을 위한 로드맵에 들어 있어야 한다.

모든 아이는 매일 가능한 한 최선의 노력을 다해 학생의 잠재력을 실현코자 하는 교사의 낙관주의, 열정, 시간 그리고 에너지를 받을 자격이 있다. 어떤 교사도 특정 그룹의 아이들, 또는 특정 아이를 마치 수용할 수 없고, 귀찮고, 희망도 없어서 관심을 쏟을 필요가 없다는 식으로 다루어서는 안 된다. 탁월성을 달성할 수 있는 경로를 공평하게 마련해주는 것이 지금의 학교가 마주한 커다란 윤리적 도전과제이다.

학급편성과 형평성 및 탁월성 추구

학교는 다음 3가지 중 하나의 방식으로 모든 학습자의 필요를 충족시키려 노력해왔다. 첫째, 가장 흔히 쓰이는 방식으로 같은 나이의 아이들을 한 교실에 모아 수업하면서 개별적인 학습필요가 있어도 이를 적당히 처리하면서 가르친다. 둘째, 하나 이상의 과목을 어려워하는 등 성취기준을 충족시키지 못하는 학생, 자신의 학년수준을 뛰어넘은 학생, 그리고 수업에 사용하는 언어에 서투른 학생 등을 분리해서 가르친다. 교사는 이런 '비정형적' 학생들의 학습필요가 서로 비슷하다고 생각하여, 이들을 정규 수업시간의 일부나 전부를 할애해 특별교실에 모아놓고 함께 공부하도록 한다. 이렇게 하면 학생들의 지식 및 능력 수준에 맞춰 학습필요를 더 잘 충족시킬 수 있다고 생각해서이다. 그러나 상식적으로 생각해도 그렇고 연구결과도 그렇듯이 이런 동질학급 수업은 그리 성공적이지 않고, 하나 이상의 교과학습에서 어려움을 겪는 학생들의 경우에 특히 그렇다(Gamoran, 1992; Gamoran et al., 1995; Hattie, 2009, 2012; Oakes, 1985; Slavin, 1987, 1993)

학년 성취기준을 달성하지 못한 학생들을 위해 따로 수업을 설계하면, 학생에 대한 교사의 기대수준이 낮아지고, 교재도 단순해지고, 담론의 수준도 낮아지고, 수업진행도 늘어지는 경우가 너무 많다. 주위를 둘러보면 자신이 없거나 포기한 학생만 보인다. 이 반에서 빠져나와 '전형적인' 정규반이나 상급학습자 반으로 옮겨가는 학생은 거의 없다. 다시 말해서, 보충수업(remedial classes)을 받아도 학생은 여전히 보충학습반에서 빠져나오지 못한다(Gamoran, 1992; Gamoran et al., 1995). 반 마넨(Van Manen, 2003)은 다음과 같이 회고했다.

한 아이를 '문제행동아' 또는 '부진아'로 부르거나 특정 학습스타일, 특정 모드의 인지기능을 가진 학생으로 지칭하면, 그 즉시 교수법 포트폴리오를 뒤져 특정 비법을 골라 그 아이의 학습에 개입하게 된다. 그 결과 학생의 말에 진심으로 귀를 기울이지도 않고 아이를 제대로 보지도 못한다. 대신 그 아이를 실제 감옥에 가두듯이 단정적인 언어로 가둬버린다. 전문용어 또는 도구적 언어를 사용해 아이를 단정짓는 행위는 문자 그대로 그 아이를 정신적으로 유기하는 것이다. (p.18)

상급학습자들만 월반학급에 모아서 가르치면 진도도 빠르고, 대화도 서로에게 자극이 되고, 교사의 기대도 높아지면서 득이 된다는 연구들이 있다(Allan, 1991; Kulik & Kulik, 1991). 즉, 계속 앞서 나간다는 것이다. 그러나 이는 동질집단 내 상급학습자의 학습필요를 파악하고 처리한 성과와 그렇지 못한 이질집단 내의 상급학습자 성과를 비교한 연구일 뿐이다.

이질집단 속에서 학습자 필요를 확인하고 처리했을 때의 성과에 관한 연구가 그리 많지는 않지만, 해당 연구가 시사하는 바는 학습자 필요를 파악하고 처리하는 이질집단 수업이 동질집단 수업의 유력한 대안이 될 수 있다는 것이다. 가장 중요한 것은 동질성 여부가 아니라 상급학습자의 학문적 필요에 관심을 두는 것이다(Beecher & Sweeny, 2008; Burris & Garrity, 2008; Rasmussen, 2006; Reis et al., 2011; Tieso, 2002; Tomlinson et al., 2008). 게다가 최상위 학습자들만 엄선해 가르친 학교에서는 이 학생들의 자아개념이 낮아져서, 그 이후 꽤 오랫동안 학생들의 포부와 진로 결정에까지 부정적인 영향을 끼쳤다는 연구가 있다(Marsh et al., 2007; Seaton et al., 2010).

이론적으로는 이질학급에 상급학습자가 존재한다는 그 이유만으로도 수업에서 모든 학생이 공평하게 탁월성을 달성하게 해야 한다는 논리가 성립한다. 이렇게 되면 모든 학생이 상급학습자에 맞춘 고급수준 교육과정 및 수업에서 혜택을 누릴 수도 있다. 그러나 적어도 이제까지의 학교의 기능을 고려하면 이런 가정에는 3개의 주요한 결점이 있다.

첫째, 이질학급에서는 교사가 학업에 어려움을 겪는 학습자의 진입지점 학습준비도를 파악한 후 체계적으로 도와 학습을 향상시켜주지 않으면, 이들은 오랜 시간 성공적으로 학습할 수 없고, 결과적으로 다른 학생처럼 자신감을 느끼면서 수월하게 학습할 수 없다. 이질학급에 이렇게 어려움을 겪는 학습자가 있다는 것은 모든 학생이 높은 수준의 성취기준을 달성할 것을 기대한다는 의미이겠지만, 그렇다고 학생들 스스로 성취기준을 '따라잡을' 방도를 찾게 하겠다는 것은 아니다. 그런 식으로는 그들 힘겨워하는 학습자가 진정으로 성장할 수 없다.

이질학급의 두 번째 문제는 상급학습자는 교사 도우미로 급우의 학습을 돕거나, 그들이 알고 있는 것보다 더 많은 과제를 해야 하거나, 이미 이해한 내용을 다른 급우들이 끝낼 때까지 기다려야 (물론 참을성 있게) 한다는 점이다. 이는 은연중에, 때로는 명시적으로, 이미 '성취기준을 달성한' 상급학습자의 학습필요는 특별히 신경 쓰지 않아도 된다고 알리는 셈이다. 즉, 많은 교실에서 교육과정과 수업을 '평균적' 학생에 맞추다 보니 상급학습자의 특성과 필요를 고려하지 않는다. 이렇게 접근해서는 교육과정 목표를 훨씬 웃도는 성적을 내는 상급학생은 제대로 성장할 수 없다.

전형적인 이질학급의 세 번째 문제는 '전형적인 학습자'의 학습방식이 같은 나이의 모든 학생에게 실질적으로 효과가 있다고 가정한다는 점이다. 즉, 표준화된 학년수준 수업이 모든 학생에게 유익하다고 전제한다. 그러나 표준화수업은 최선이 아니며, 학년수준에 해당하거나 이에 근접한 학생에게도 최선의 수업이 아니다. 21세기로 접어든 지 꽤 됐지만 이질학급에서는 여전히 일체식 교수학습법이 횡행한다. 표준화수업 안에서 일부 학생은 아예 보이지도 않고 또 일부는 고통스러워할 뿐 아니라 대부분은 별 자극을 받지도 않는다. 그런 교수학습으로는 어떤 학생도 형평성과 탁월성을 달성할 수 없다.

이와는 대조적으로 개별화수업에서는 학습자의 다양한 학습필요를 인정하고 이에 주목해 수업관행을 유연하게 바꿀 수 있어 이질적 학습공동체를 효율적으로 운영할 수 있다. 복합적 교육과정은 실질적으로 모든 학생을 위한 수업계획의 출발점이며, 모든 학생에게 학습공동체, 형평성 및 탁월성을 보장할 수 있다.

앎 vs. 실천

학습, 뇌의 작동원리 그리고 효율적인 학급편성 구성요소 등에 대해 놀라운 사실이 새롭게 밝혀졌음에도 교실수업은 지난 100년간 거의 변하지 않았다. 여전히 나이가 같은 학생들은 서로 유사할 테니 같은 교육과정을 밟을 수 있고 그래야 한다고 가정한다. 더구나 학교는 모든 아이가 가능한 한 거의 같은 시간 안에 과제를 끝내고, 학년기간도 같아야 하는 것처럼 운영된다.

이를 위해 대개 교사는 채택한 교과서의 특정 부분에서 낸 시험과 학기말 총괄평가를 통해 학생들이 학습내용을 얼마나 숙지했는가를 평가한다. 학년 초 개별 학생의 진입지점을 고려하지 않고 같은 나이의 같은 학년 학생 모두에게 같은 등급체계를 적용한다. 그러다 보니 학생

각자가 이전보다 성적이 향상되었는지, 학생의 태도와 마음습관이 공부에 도움이 되었는지는 거의 알 수 없다. 학년 말에 시행하는 표준화시험은 모든 학생이 시험 당일까지 교육과정에 규정된 내용에 대해 평균수준에 도달했을 것이라는 전제 아래 시행한다. 바라던 수준의 학업성취도를 달성한 학교와 교사, 학생은 칭찬을 듣지만, 그렇지 못한 경우는 그들이 처한 상황이나 기회 또는 활용 가능한 지원체계가 전혀 고려되지 않고 질책을 당한다.

교육과정의 기반이 되는 목표를 보면 유의미한 맥락과는 동떨어진 사실지식이나 스킬을 쌓고 연습하라는 경우가 종종 있다. 1930년대에 확고하게 정착된 행동주의(behaviorism)의 유산인 반복연습(drill-and-practice) 유형 문제지가 여전히 주된 교수스킬로 군림하고 있고, 교사들은 여전히 '매우 엄격하고 질서 있게' 수업을 진행하며 대개 학생보다 더 열심히 더 적극적으로 노력한다.

학교가 실제로 지능을 발달시키는 것에 초점을 두는 한, 현 상황은 편협하고 분석적인 조각에 불과한 언어 및 계산 지능만을 매우 중시한다는 믿음을 보여줄 뿐이다. 성인이 되어 조립라인에서 일하거나 농사를 짓는 데 필요한 약간의 읽기·쓰기·계산 능력을 중시했던 100년 전 상황과 거의 유사하다. 학교는 학생에게 삶에 대비한 교육보다는 시험에 대비한 공부를 시켰다. 때로는 딱딱한 글보다 만화가 더 설득력 있게 핵심을 설파한다. 도표 3.1(82쪽)을 보자.

획일적인 학습방식이 많은 학생에게 효과가 없으면(실제로 그렇다), 대개는 학생의 능력이라고 판단한 기준에 따라 이들을 나누어 가르친

공장 컨베이어벨트에서 머릿속이 채워지고, 쳇바퀴를 돌고, 죄수가 되고, 로봇이 되고, 앵무새, 좀비가 되고, 공장에서 찍어내듯이 획일화 되고, 뭍에 나온 물고기처럼 헐떡이는 모든 것이 학교생활이었음을 꼬집고 있다—옮긴이

다. 하지만 분류 도구 및 과정에 심각하게 결함이 있는데도 이를 인정하지도 않고, 학생들에게 꼬리표를 붙여 분류하는 행위가 학생 개인과 사회 전반에 끼치는 영향에 대한 논의도 빈약하다. 그리고는 조직적으로 최상급학습자에게 가장 경험이 많고 열정이 넘치는 교사를 배정하고 양질의 교육과정을 배우게 해 사상가와 문제해결자로 키운다. 가장 취약한 학생들에게는 신참교사나 의욕이 떨어질 대로 떨어진 교사들을 배정하고, 낮은 수준의 지식과 스킬을 맥락과는 무관하게 반복연습하는 것에 불과한 교육과정을 매년 되풀이한다. 몇 년 후 우수반 학생

이 열등반 학생보다 훨씬 더 열심히 성공적으로 학습한다는 것을 깨닫게 되면, 학급을 좀 더 이질적으로 구성하는 쪽으로 관심이 옮겨가지만 이 '새로운' 환경 속에서 개별 학생의 필요를 충족시키는 것에는 꾸준한 관심을 기울이지 않는다.

학생을 이리저리 옮기는 방식으로는 절대 모든 학생을 위한 학교를 만들 수 없다. 해결책은 확고한 의지를 갖고 교사로서의 전문성을 향상시키고 '최고의 교육과정'을 기준으로, 개별화수업을 통해 다양한 학생들이 해당 기준을 엄격히 달성하게 또는 넘어서게 하는 교실을 만드는 것이다. 도표 3.2(84쪽)는 건전한 교육실천이라고 교사가 알고 있는 것과, 아는 것과는 달리 흔히 실천에 옮기는 행동을 비교·요약하고 있다. 예외는 있지만 이런 패턴이 지배적이다.

많은 학자가 학교는 왜 그렇게 변화를 꺼리는지에 대해 현명하고 훌륭한 문헌을 남겼다(Duke, 2004; Fullan, 1993; Fullan & Stiegelbauer, 1991; Kennedy, 2005; Sarason, 1990, 1993). 지난 한 세기 동안 많은 교육전문가가 혁신을 시도하고 진전을 받아들였지만 교육실천은 여전히 변하지 않았다.

도표 3.2 교육실천에서의 이해와 현실

우리가 알고 있는 것(이해)	우리가 하고 있는 것(현실)
학생들은 역사상 그 어느 때보다 다양하다. 다양함은 정상적이고 유익하다.	학생의 차이를 문제로 판단하는 경향이 있다.
지능은 정적이지 않고 유동적이다. 실제로 모든 학생은 적절한 지원을 받으며 현명하고 성실하게 공부하면, 성공적인 학습에 필요한 것들을 배울 수 있다.	학교는 수업의 편의를 위해서 똑똑한 아이와 그렇지 못한 아이를 분리하는 것을 선호하는 경향이 있다.
교사와 학생의 강한 유대관계에 뿌리를 두고 학생 공동체를 형성하는 학습환경이 학생의 학습성과에 끼치는 영향은 지대하다.	교사들은 종종 학생 수가 너무 많고 일도 너무 많아 모든 학생을 잘 파악할 수 없다고 한다. 교실은 학습자로 구성된 팀이 아니라 개별 학생들이 모여 있는 곳이다.
교육과정은 학생들이 각 교과목의 구성방식을 이해해 의미를 파악하도록 도와야 하고, 흥미를 끌 수 있어야 하며, 지식의 이해와 전이에 집중하며, 학생들의 삶과 연관돼야 하고, 사상가와 문제해결자로 성장할 수 있도록 해야 한다.	교육과정은 성취기준, 진도지침, 교과서에 의해 결정된다. 학생들의 삶과 연관이 거의 없어 학생이 주변의 세상을 이해하도록 돕지 못한다. '정답'을 강조하다 보니 학생들이 깊게 사고하고 의미를 생성하지 못한다.
형성평가는 양질의 피드백을 제공하고 수업계획의 방향성을 알려주고 학생의 자율성을 계발하는 데 사용되며 이는 학습에 지대한 영향을 끼친다.	형성평가는 등급을 매기는 데 사용되고, 다양한 학습필요를 반영하여 수업을 수정하는 데는 거의 사용되지 않는다. 학생들이 성공적으로 학습하기 위한 피드백으로 형성평가를 활용하는 경우는 드물다.
학습에서 학생들의 차이점은 중요하며 반드시 그 차이점을 책임지고 다루어야 학습이 지속된다.	교사들은 같은 나이의 학생은 본질적으로 비슷하다고 여기면서 가르치는 경향이 있다.
학생의 학습준비도, 흥미, 학습양식을 고려한 수업 덕택에 더 많은 학생이 성공적으로 학습한다.	교수, 학습, 교재 및 진도 등에서 일체식 방법을 고집하는 경향이 있다.
예측가능성과 유연성이 균형을 이루고, 학생의 자기주도력을 키우고, 학생과 교사의 건실한 관계를 바탕으로 학급관리를 할 때 학생이 가장 잘 성장한다.	학급관리는 순응지향적인 경향이 있다. 즉, 엄격할 뿐 아니라 '산만하지만 다양한 사고'보다는 '정답'을 강조하는 등 학생들에 대한 불신에 뿌리박고 있다.
학생에게 꼬리표를 붙여 분류하면 학업성취도가 올라간다는 증거가 없을 뿐 아니라 자신과 급우의 능력에 대한 학생들의 인식만 나빠질 뿐이다.	다양한 학생들이 함께 잘 배울 수 있는 통합적 교실을 만들기보다는 꼬리표를 붙여 학생을 분류하는 경향이 있다.

현재까지 파악한 최선의 교수 및 학습 내용에 맞춰 교육실천을 바꾸려면 아래와 같은 몇 가지 중요한 전제를 염두에 두고 어떻게 수업을 개별화할 것인가를 살펴볼 필요가 있다.

- 학생들의 경험, 학습준비도, 흥미, 지능, 언어, 문화, 성별, 학습방식은 다 다르다. 한 초등학교 교사가 언급했듯이 "학생들은 입학할 때 이미 개별화된 존재이므로 교사는 단지 이에 맞춰 수업을 개별화하는 것이 이치에 맞다."
- 개별 학생의 잠재력을 극대화하려면 교사는 중요한 교과내용을 학생들의 진입지점에 맞춰 학생이 학기마다 실질적으로 성장하도록 해야 한다.
- 학생의 차이점을 고려하지 않는 수업으로는 '표준 성취기준'에 뒤떨어져 있는 학생의 잠재력을 극대화할 수 없다. 이는 '동질적' 학급에서도 마찬가지이다.
- 학생의 잠재력을 극대화하는 확실한 방법은 학생이 아니라 교사가 교육과정을 학생에게 적합하게 수정하는 것이다. 교육과정을 자신에 맞게 개별화할 줄 아는 학생은 거의 없다.
- 모범사례를 활용한 교육이 개별화수업의 시작점이 되어야 한다. 교수 및 학습에 관한 최선의 지식을 부정하는 수업을 수정하는 것은 의미가 없다. 유명한 교육자 새러슨(Sarason, 1990)이 지적했듯이, 학생들이 무엇 때문에 열정적으로 배우려 하는지를 이해하지 못하고 수업만 열심히 하면 실패할 수밖에 없다.

- 모범사례를 토대로 하고, 사전에 학생의 차이점을 고려해 수정한 수업은 모든 학생에게 득이 된다. 개별화수업은 학습에 어려움을 겪는 학습자와 상급학습자 양자 모두의 학습필요를 다룬다. 영어학습자와 학습선호도가 확실한 학생의 필요를 처리한다. 성별 및 문화차이도 다룬다. 필연적으로 다를 수밖에 없는 학습자들의 강점, 흥미와 학습법에 주목한다. 개별화수업은 우리 모두가 서로의 복제품이 되려고 태어나지 않았다는 사실을 존중한다. 현명하게 지원만 한다면 모든 학생이 스스로 (또는 우리 교사가) 상상했던 것보다 훨씬 더 많은 것을 학교에서 성취할 수 있다. 하워드 가드너(Howard Gardner, 1997)는 모든 이를 뛰어난 바이올린 연주자로 만드는 방법을 안다고 하더라도, 오케스트라에는 최고 수준의 목관 및 금관악기와 타악기 그리고 현악기 연주자 모두가 필요하다고 했다. 개별화수업은 학생 각자의 강점을 살릴 기회를 주어 모두가 최상의 연주자가 되게 하는 수업이다. 학생은 개별화수업을 통해 거의 모든 분야에서 긍정적인 성과를 내는 토대가 된, 성공한 사람들이 가지고 있는 기본 역량, 마음습관 및 노력을 익힐 수 있다.

○

본질적으로 개별화수업은 교사들로 하여금 다음 몇 가지 간단한 질문을 붙들고 해결하려 노력할 것을 요구한다. 우선 '왜 우리는 같은 나이의 학생이라면 학습방식을 서로 바꿔 사용할 수 있다고 추정하는가? 어떤 증거로 학생들의 스킬, 지식기반, 태도, 마음습관, 강점, 성향, 동기, 자신감 수준, 지원체계와 학교에 대한 인식이 같다고 생각하는가? 그리고 그런 증거가 없다면 모든 학생이 같은 내용을 같은 시간 안에 같은 속도로 배우는 것이 모든 학생에게 같은 크기의 신발을 신고, 같은 양의 저녁을 먹고, 같은 시각에 잠들라고 요구하는 것과 무엇이 다른가?' 이 질문에 대한 답은 교수와 학습에 대한 우리의 생각과 계획에 지대한 영향을 끼치는 의미를 담고 있으며 또 그래야 한다.

04

개별화수업을 지원하는
학습환경

진정 훌륭한 교사란 다음과 같은 사람이다.
학생도 가르칠 수 있고 교사도 배울 수 있음을 아는 사람,
학생들 틈에 비집고 앉아서
모든 걸 흡수할 태세의 스펀지 같은 젊은이들과 즐겁게 어울리며
스스로 학습환경에 녹아드는 사람,
빈칸을 채우는 것보다
생각하고 말하는 것이 더 소중하다는 것을 인정하는 사람

Jane Bluestein, 『Mentos, Master and Mrs. MacGregor:
Stories of Teachers Making a Difference』

꽤 오래전에 어느 교사가 내게 재미있는 질문을 했다. 진지하게 물어서 나도 진지하게 답했다. 그러나 그 이후로 나는 그 답을 수십 번 고쳤다. 그녀의 질문은 "모든 학생이 열 지어 앉아서 혼자 조용히 공부하는 교실에서 수업을 개별화하는 것이 가능한가요?"였다.

질문할 때 그녀는 미간을 찡그렸고 나도 틀림없이 미간을 찡그리면서 답했을 것이다. "그런 상황에서도 개별화수업의 원칙을 충분히 적용할 수 있지요. 학생에게 적절한 수준의 도전적 과제를 줄 수 있고, 각기 다른 학생에게 알맞은 다양한 수준의 활동을 제시할 수도 있어요. 그리고 학습결과물도 개별 학생의 흥미와 지능의 강점을 활용할 수 있는 것으로 제출하게 할 수도 있죠."

나는 잠시 멈추었다가 "교실을 돌아다니면서 서로 대화하고 협력하는 식으로 공부하고 싶어 안달이 난 아이들을 다루기는 어려웠겠네요."라고 덧붙였다. 또 다시 멈추었다가 "그런데 학생들이 조용히 열 지어 앉아서 똑같은 과제를 똑같은 시간 안에 똑같은 방식으로 공부하는 학급과, 열 지어 앉아서 조용히 공부는 하되 학생 각자의 흥미와 연계한 적절한 난이도의 과제를 수행하는 학급 중에서 고르라고 하면 나는 생각해볼 것도 없이 후자를 택할 겁니다."라고 답했다.

그리고 계속해서, 선택할 수 있는 것이 그렇게 두 개뿐이라면 교사와 학생 모두에게 제약을 준다고도 덧붙였다. 이어서 "그런데 수업환경이 안 좋으면 지금 우리가 말한 내용 중 많은 것들이 소용이 없겠지요."라고 말했다.

질문에는 다른 숨은 뜻이 있었다. 즉, 그녀의 질문은 실제 하고 싶은 말의 일부분이었을 뿐이다. 그녀가 진정으로 하고 싶은 말은 바로 이거였다. "네, 제가 가르치는 교육과정에 대해 학생들의 학습준비도가 다 다른 걸 알고 있어요. 교육과정이 너무 어렵거나 쉽다고 느끼는 학생들은 수업에서 배우는 게 없다는 것도 알고 있고요. 학생의 흥미나 학습양식을 활용하면 그들이 더 잘 배울 수 있다는 것도 인정합니다. 많은 부분에서 동의해요. 하지만 아이들 앞에 서서 학급을 엄격하게 관리하는 근엄한 교사의 이미지를 포기할 순 없어요. 교육과정을 바라보는 관점을 바꿔보라는 말씀이지, 교사로서의 이미지를 재구성하라는 말씀은 아니잖아요!"

이 교사에게 말한 바에 대한 내 생각은 지금도 변함이 없다. 나는 아직도 학생들이 수행하는 과제는 핵심 이해 및 스킬에 초점을 맞춰야 한다고 생각한다. 모든 학생이 힘들이지 않고 쉽게 공부할 수 있는 안전지대를 벗어나도록 과제를 다양한 방식으로 제시해야 한다. 이런 종류의 과제가 표준화된 일체식 과제보다 훨씬 낫다.

또한 나는 수업환경이 매우 중요하다는 것을 그때보다 지금 더 믿는다. 이 교사가 내게 묻는 것은 다리가 심하게 부러져 있는 감기환자인데 감기나 치료하는 것이 말이 되냐는 것이었다. 당연히 말이 된다. 물론 다리를 고치지 않는다면 환자는 계속 고통스럽게 아파하면서 절뚝

거리고 다니겠지만 말이다.

이 장은 위 교사에게 말해줄 수도 있었을 몇 가지와 개별화수업의 핵심을 담고 있다. 아이들, 교사 그리고 교실은 인간 존재의 소우주이다. 소우주가 건강하지 못해도 좋은 일이 일어날 수는 있지만, 그러나 환경이 건강하고 탄탄해야 위대한 일이 지속적으로 생겨날 수 있다.

학습삼각형으로서의 가르침

똑똑하고 헌신적인 젊은 수학교사가 수업에는 전혀 흥미가 없는 학생과 무언의 전투를 벌이는 수업을 본 적이 있다. 교사는 기하를 매우 잘 알고 있었다. 수업활동도 적절했고 재미있었다. 그런데 사춘기에 접어든 학생들은 수업에 흥미를 보이지 않거나 적대감을 드러냈다. 모범적이어야 할 수업이 무언의 반감으로 그득했다. 그 끝나지 않을 것 같던 상황을 지켜보다가 종이 울리자 교사나 학생처럼 나도 고통에서 해방되어 기뻐할 정도였다.

"왜 수업이 제대로 안 되었을까요?" 그 교사가 내게 물었다. "뭐가 잘못되었지요?" 많은 교사처럼 나도 교사로 재직할 때 수업환경을 조성하는 것에 대한 내 신념을 명쾌하게 말할 기회가 많지 않았다. 효과가 있는 것은 계속 가르치고 효과가 없는 것은 제외하는 식으로 그저 매일매일 가르치기만 했다. 하지만 이 질문에 대한 내 대답은 공립학교에서 20년 동안 학생들과 동료들이 내게 가르쳐주었던 것을 다음과 같은 말로 표현한 중요한 것이었다. "완성도 높은 수업은 마치 학습삼각형(learning triangle)과 같아요. 교사, 학생, 그리고 교과내용이라는 세 꼭지점으로 구성된 정삼각형 말이에요. 어느 하나라도 소홀히 하면 전체 균형이 무너져 완성도가 사라지지요."

그 젊은 수학교사에게는 삼각형의 두 변에 문제가 있었다(도표 4.1 참조). 교과지식은 완벽했지만 교사는 불안했고 헌신적으로 학생을 보살피지도 못했다. 그는 결과적으로 학생들에게 (그리고 스스로) 자신이 꽤 인기 있는 상품임을 납득시키려고 공작새처럼 교실을 거들먹거리며 다녔을 뿐이었다. 교과내용이라는 한 변만 있는 도형은 결코 삼각형이 아니다.

교사와 학생이 함께 학습삼각형을 공고히 하는 수업환경을 조성하려면, 먼저 건강한 교실에서 교사, 학생 그리고 교과내용이 서로 어떠해야 하는가를 이해하는 것이 중요하다.

도표 4.1 **완성도 높은 수업**

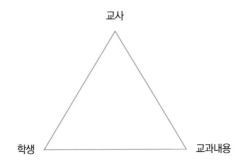

교사: 수업의 리더십과 책임감 떠맡기

정의에 따른 정삼각형은 길이가 같은 세 개의 변을 가진 기하학적 도형이다. 즉, 엄밀히 따지면 '정점(top)'은 없다. 그러나 교실이 효과적이려면 필연적으로 리더는 교사여야 하므로 학습삼각형의 정점은 교사로 한다.

리더십은 교사와 학생이 공유할 수 있고 또 그래야 하기도 하지만, 리더십에 대한 책임은 전문성과 전통 및 법에 따라 수업을 책임지는 교사가 갖기로 한다. 그리고 교사는 스스로 자신을 믿어야 리더십을 효과적으로 발휘할 수 있다. 기본적으로 자기 자신을 믿지 못하는 교사는 학생을 수용하고 긍정하며 또 학생들이 서로를 수용하고 긍정하는 분위기를 조성하지 못할 것이다.

그러나 자신감 있는 교사라고 해서 의혹과 불확실성이 없거나 목표에 흔들림이 없는 것은 아니다. 그렇기는커녕 수업에 변수가 워낙 많아서 그들에게도 불확실성은 피할 수 없고 당연한 것이다. 자신감 있는 교사는 온종일 그리고 매일같이 배우려 하고 모호한 역할을 불편해하지 않는다. '맞는(right)' 것보다는 열린 마음이 중요하고, 모든 답을 아는 것보다 답을 갈망하는 태도가 더 중요하다. 자신감 있는 교사는 날마다 밤새 고민할 중요한 질문을 안고 또 매일같이 내일의 수업을 더욱 효과적으로 만들 깨달음을 얻는다는 믿음으로 퇴근한다. 자신감 있는 교사는 이런 깨달음이 교직의 매력이며 개인적으로 만족감을 준다고 믿는다.

나아가 자신감 있는 교사는 교실분위기는 교사가 조절한다는 현실을 수용한다. 교사가 학생을 대하는 태도와 교수법에 따라 그날의 분위기가 존경이냐 모욕이냐, 기쁨이냐 고역이냐, 가능성이냐 패배냐가 결정된다. 실수하는 날도 있을 것을 알지만 같은 실수를 반복하지 않을 능력과 책임감도 있음을 안다.

밥 스트라초타(Bob Strachota, 1996)는 모든 답을 아는 교사가 아니라 답을 찾는 능력을 갖춘 교사란 어떤 사람인지에 대해 다음과 같이 썼다.

> 학교 안에서나 밖에서나 내 삶이 특별히 행복하지는 않다. 차는 고장이 났지, 친구들과 싸웠지, 아프지, 거기에 자식 걱정까지. 내가 내 기분, 욕구, 편견, 약점 그리고 한계를 계속 주시해야 하는 이유는 이로 인해 내 일이 어떤 영향을 받는지 파악하기 위해서다. 수업할 때 내 감정이 어떻게 작용하는지를 모니터할 수 있다면, 감정이 파괴적일 때는 제동을 걸 수 있고, 기쁘거나 차분하고 학생을 세심하게 돌보고픈 마음이 생기면 이를 더욱 북돋울 수 있다.(p.75)

스트라초타의 주요 목적은 학생이 자신의 삶과 학습을 통제하는 능력을 갖추게 하는 것이다. 그는 자기가 학습삼각형의 정점에 있어야 학생이 그 목표를 좀 더 수월하게 달성한다는 것도 잘 알고 있다.

학생: 자신의 다른 점과 기회에 집중하기
메리 앤 스미스는 내 멘토 중 하나이다. 그러나 내가 이 말을 해야겠다고 느꼈을 땐 이미 우리가 함께 가르치고 있던 마을에서 멀리 이사가는 바람에 정작 그녀는 이 사실을 모른다. 나는 중학생을, 그녀는 초등학생을 가르치고 있었지만 그녀가 나와 공유했던 핵심적인 지혜는 나이와 관계없이 모든 학습자에게 적용되는 것이었다.

매년 교장선생님은 많은 수의 부적응아를 그녀에게 배정했다. 5-6년이 지나서야 내가 그 아이들을 맡는 경우가 많아졌다. 그들 부모 말을 들어보면 아이들이 학교에서 편안하게 느낀 유일한 해는 스미스 선생님과 함께한 때였다. 네 아들의 어머니이기도 한 스미스 선생님은 가정을 꾸려나가는 방식과 거의 똑같이 교실을 꾸렸다. 그녀가 학교에서나 가정에서나 아이들에 대해 파악한 내용은 다음과 같다.

- 어린이 각자는 서로 같으면서도 서로 다르다.
- 어린이는 한 인간으로서 무조건적인 수용을 받아야 한다.
- 어린이는 자신이 오늘보다 내일 더 나아질 수 있다고 믿어야 한다.
- 어린이가 꿈을 좇아 살려면 도움이 필요하다.
- 어린이는 스스로 상황을 이해해야 한다.
- 어린이는 흔히 어른과 함께할 때 더 효과적으로 그리고 일관성 있게 스스로 상황을 이해한다.
- 어린이에게는 행동, 기쁨, 평화가 필요하다.
- 어린이에게는 자신의 삶과 학습을 통제할 힘이 필요하다.
- 어린이가 그 힘을 계발하고 현명하게 사용하려면 도움이 필요하다.
- 어린이는 더 큰 세상에서 안전감과 확신을 느껴야 한다.

가정에서 스미스 선생님의 목표는 서로 꽤 달랐던 아이들을 전인적이고, 행복하고 독립적인 아이로 키우는 것이었다. 그녀는 아이들의 공통점만큼이나 서로 다른 점 때문에 아이 하나하나를 무척 좋아했다. 아이들 각자가 가장 잘하는 것을 강조했고, 한 명 한 명과 시간을 보냈지만 내용은 항상 같지는 않았다. 각자에게 기회를 주었지만 이번에도 항상 같은 기회는 아니었다. 아이들이 성장하는 모습을 관찰하면서 각자에게 구체적으로 필요한 내용과 현안에 따라 훈육했지 공통된 처방을 따르지는 않았다.

그녀의 학급은 그녀의 가정과 매우 비슷했다. 당연히 학생들은 서로 다를 것이라 전제했다. 매일 각 학생과 함께하는 시간을 여러 번 가졌고, 성장할 기회도 주고 필요한 경우 지침을 주기도 했다. 학생 개개인과 면담을 할 때도 내용과 형식은 달랐다. 각자의 꿈과 그 꿈을 꾸는 학생의 특성에 따라 기회도 달리 주고 지침도 달리했다.

스미스 선생님은 아이들 각자의 장점을 찾아 이를 강화할 방법을 강구하기 시작했다. 찰리에게는 여느 학생과는 다른 미술교재가 필요했고, 엘리도 다른 책을 읽어야 했다. 소냐는 선생님을 봐야 안심이 되어 화를 누를 수 있는 학생이었다. 미셸은 종종 '그냥 내버려 두어야' 한다.

이 아이들 모두에게는 꿈이 있었다. 스미스 선생님과 학생들은 성장 과정에 대해 대화를 나누었다. 학생들은 각자의 꿈을 향해 성장해가는 자신들을 선생님이 얼마나 자랑스러워하는지를 언급하기도 했다. 미카가 다른 누구보다 책을 많이 읽어도, 필립이 씰룩거리면서 교실을 돌아다녀도, 천시가 별난 질문을 해도, 베스가 세제곱을 먼저 배우고 수를 다음에 배워도, 그리고 조지가 스페인어로 먼저 묻고 다시 영어로 물어도 다 괜찮았다. 스미스 선생님은 모든 학생은 중요한 것을 배울 능력을 갖추고 있고 교사는 이들이 성공적으로 학습하는 경로를 찾아 밟아 가도록 도울 수 있다고 확신했다. 즉, '성장관점(growth mindset, 지능은 태어날 때부터 고정된 것이 아니라 여러 경험과 학습을 통해 개발될 수 있다고 믿는 사고방식-옮긴이)'(Dweck, 2008)을 갖고 가르쳤다.

스미스 선생님의 교실에는 넓은 마음이 있었고 선택과제와 지원이 가득했다. 내용목표와 학습기준을 중시했지 표준화에는 관심이 적었다. 여덟 살 아이들은 그게 좋다고 생각했다. 아이들은 표준화된 인간이 아니었고 스스로 이를 알고 있었다. 그래서 스미스 선생님의 교실에서는 아이들이 그들 자신과 서로를 더 좋아했다.

교과내용: 학습자가 눈을 뗄 수 없게 만들기

언젠가 어느 교사가 과학수업에서 무엇을 어떻게 가르칠 것인가를 자신이 어떻게 알게 되었는지를 말해주었다. 그녀는 내용이 너무 많은 교육과정 지침서, 지나치게 복잡하거나 단순한 교과서, 가끔 재미는 있으나 이해하는 데는 도움이 안 되는 실험, 심지어는 재미도 없고 이해에 도움도 안 되는 실험 등으로 씨름을 하고 있었다. 그녀는 학생들이 수업에서 멀어지는 것을 너무 자주 보았다. 그녀는 절대 바꿔서는 안 될 것 같은 상부지침 때문에 질식할 것만 같았다.

동료교사가 그녀에게 이렇게 말해주었다. "책과 성취기준 따윈 잠시 잊어요. 예전에 과학의 어떤 점이 그렇게 매력적이었는지 그리고 과학을 공부할 때 느낌이 어땠는지를 생각해보세요. 그런 다음에 당신이 가르치는 아이들은 오직 당신 수업을 통해서만 과학을 배울 수 있다고 가정하세요. 정말로 유일한 수업이라고. '아이들이 과학을 사랑하게 만들려면 무얼 가르쳐야 할까?' 잠시 이 질문에 대해 생각해보세요. 그런 다음 제가 요구한 것의 한 부분만 바꾸어보세요. 가르칠 학생은 단 세명, 즉 당신의 자녀 세 명뿐인데 당신이 학년 말에 영영 그들을 떠나게 된다면, 그해에 무얼 가르치겠어요?"

그녀가 내게 말했다. "그날 이후로 내가 뭘 해야 하는지를 이해하게 되었어요. '어떻게' 해야 할지를 항상 아는 건 아니어도, 내가 무엇을 해야 하는지 알게 되면서 가르치는 것에 관한 생각이 바뀌었지요."

주디 래릭 선생님은 수업에 환멸을 느끼는 고등학생들에게 영어를 가르쳤다. 교육과정 지침서에 따라 '고전'을 가르쳐야 했지만 학생들은 그에 다가서기도 이해하기도 어려워했다. 출석률은 떨어졌고 선생님의 사기 역시 떨어질 대로 떨어졌다. 늘어가는 것은 무기력감뿐이었다. 선생님은 학생들을 격려하고 죽은 것과 다름없는 수업을 살리려 일 년 내내 몸부림쳤다. 학년이 끝났지만, 선생님은 학생을 질책하지도 않았고 다음 학년이 다가오는 것을 애통해하지도 않았다. 대신, 해결책을 찾으러 다녔다.

9월이 되었지만 교육과정 지침서는 여전히 그대로였다. 의욕은 없고 걸핏하면 화를 내는 청소년들이 여전히 그녀와 마주하고 있었다. 그런데 학기가 시작되자 주디 선생님은 다음과 같은 질문을 던졌다. "희생자가 되어본 적이 있는 사람 있어요? 희생자가 된다는 건 무슨 의미인가요? 어떤 느낌일까요? 희생자가 자기 삶에서 통제할 수 있는 것이 있을까요? 무엇을? 언제?" 따분한 수업의 '희생자들'로 그득한 교실에서 아이들이 활발하게 의견을 교환했다. 교사와 함께 '희생자'를 중심으로 한 개념지도(concept map)를 만들었다. 드디어 선생님이 "희생자였던 사람에 관한 책을 읽어볼래요? 여러분이 말한대로 상황이 전개되는지도 알아볼 겸?"하고 제안했다. 학생들은 궁극적 진실을 찾아가는 사람이 된 양 『안티고네』를 읽었다. 출석률은 치솟았고 그 상태가 유지되었다.

7학년을 담당하는 주디 슐림 선생님도 다음과 같이 비슷한 견해를 밝혔다. "역사교사로서 내 목표는 학생이 역사란 죽은 사람들을 연구하는 것이 아님을 깨닫게 해주는 거예요. 과거가 만든 거울을 들고 그 안에서 자신을 보는 것은 학생이지요."

레이첼 맥아넬렌 선생님은 자신의 수학반 학생에게 일상적으로 이렇게 말한다. "우리가 풀어야 할 문제와 답이 여기 있다. 이제 답을 찾아내기까지 발생하는 또는 발생할 수 있는 모든 일에 관해서 이야기해보자." 수학하면 종종 따라왔던 '위협'이 사라졌다. 학생들은 문제를 푸는 여러 가능한 방식을 궁리하느라 열심이다.

이 네 명의 교사들은 학습의 본질적인 목표를 안다. 이는 마구잡이로 데이터를 축적하거나, 현실과는 동떨어진 스킬을 연습하거나, 완료한 성취기준을 목록에서 지워나가는 것에 힘을 쏟는 것이 아니다. 그보다 훨씬 강력한 것이다. 인간은 날 때부터 환경을 지배하려 애쓴다. 우리는 자신이 누구이고 인생의 의미가 무엇이며, 기쁨, 고통, 승리와 죽음을 어떻게 이해해야 하며, 타인과 어떻게 관계를 맺고, 왜 여기에 존재하는가를 파악하려고 평생 애쓰다 죽는다. 예술, 음악, 문학, 수학, 역사, 과학 또는 철학과 같은 교과목을 공부하면서 인생의 궁극적인 질문에 답하는 데 도움이 되는 관점이 생긴다. 또 교과공부에 수반되는 스킬, 예를 들어 읽기, 쓰기, 지도 제작하기, 계산하기, 예시하기 등을 통해 지식을 의미 있게 사용할 수 있는 힘을 얻는다(Phenix, 1986). 이름, 날짜, 사실, 정의 등을 산발적으로 단순히 되풀이하거나 맥락과 동떨어진 스킬을 연습하는 것보다는 미지에 대해 이리저리 궁리하고 생각하다 보면 훨씬 강력한 힘이 생긴다.

건강한 교실의 수업내용은 이런 현실에 뿌리를 박고 있다. 따라서 건강한 교실에서 가르치고 배우는 것에는 다음과 같은 특성이 있다.

- 학생과 연관이 있고 개인적이고 친숙하며, 학생이 아는 세상과 연결된 것이다.
- 학생들이 지금뿐 아니라 커가면서 자신과 세상을 한층 더 이해하도록 돕는다.
- 교과에 대한 연습이 아니라 '진짜' 역사, 수학, 미술을 제공하는 실제적인 것이다.
- 현재 학생에게 중요한 일에 즉시 사용할 수 있다.
- 학생이 교실 안팎에서 자신의 힘과 잠재력을 깨닫게 한다.

건강한 교실에서 가르치는 내용은 청소년을 표준화시험이나 시시한

시합의 대상이 아니라 추론능력이 있는 인류 가족의 일원으로 받아들인다. 유명한 과학자 루이스 토머스(Lewis Thomas, 1983)는 자신의 생각을 이렇게 표현했다.

> 우리는 인간의 지식체계란 것을, 모든 세부정보에 통달할 수만 있다면 설명할 수 없는 것이 없을 정도로 논리 정연한 정보의 거대한 산이라는 구조로 제시하기보다는, 현실생활에서는 서로 잘 맞물리지 않는 수수께끼들로 이루어진 그리 크지 않은 동산임을 인정해야 한다. (p. 163)

주제가 역동적이고 지적 호기심을 자극하고 개인적으로 연관 있을 때, 즉 주제가 학습자에게 힘을 부여할 때 '세부사항'도 더 중요하고 기억에 잘 남는 것이 된다. 이런 신념을 기반으로 조성된 교실에서 학생들은 자신의 사고의 폭을 확장해줄 아이디어, 사안, 문제 그리고 딜레마를 사용해, 또 그 맥락 속에서 중요한 사고와 스킬을 마스터한다.

건강한 수업환경의 특징

리더와 학습자 두 역할 모두를 편안하게 여기는 교사를 가정해보자. 그 교사는 학생들의 본질적인 인간적 요구를 알고 이에 대응한다. 또, 자신이 가르치는 주제가 학생들에게 실제로 어떤 의미를 지니는지 안다.

그 교사는 자신과 학생이 서로 존중하고 돌보면서 지속적으로 성장하는 수업환경을 조성하기 위해 어떤 종류의 일을 할까? 그 교사는 어떻게 이 주제를 통해 개인과 집단이 성장하고 공감하는 수업환경을 만들까? 어떻게 해서 학습삼각형이 역동적이고 균형을 유지하는 진정한 학습공동체를 조성할 수 있을까?

가르침은 체험을 통해 스스로 발견해가는 것이지 공식화된 법칙이 있는 것이 아니다. 다양한 교수원리에서 지침을 얻을 수는 있지만, 비법이 존재하지는 않는다. 다음은 건강한 수업환경에서 볼 수 있는 교수와 학습의 특징이다. 이는 자신의 수업실천을 돌아보기 위한 출발점이지 완벽한 지침은 아니다. 자유롭게 목록을 편집 또는 수정하고, 더할 것은 더하고 뺄 것은 빼길 바란다.

교사는 학생 각자를 개인으로 인정한다

『어린 왕자』(Saint-Exupey, 1943)에서 어린 여행자가 자기를 '길들여' 달라는 여우를 우연히 만난다. 아이가 무슨 말인지 잘 모르겠다고 하자 여우는 "우리는 우리가 길들이는 것만을 이해할 수 있어."라고 설명해준다(p. 70). 그리고 길들이는 과정에는 오랜 시간이 걸린다고 덧붙인다.

> 참을성이 있어야 해… 먼저 나랑 좀 떨어져 앉아야 해… 난 너를 곁눈질해서 볼 테니까 넌 아무 말도 하지 않는 거야. 말은 오해를 불러일으키니까. 그렇지만 넌 매일 조금씩 내게 가까이 와서 앉을 거야. (p. 70)

어린 왕자는 '길들이기'를 통해 그 길들이는 대상이 가진 개성을 볼 수 있음을 이해하게 된다. '제대로 보려면 마음으로 보아야 한다. 본질적인 것은 눈에 보이지 않는다.'(p. 73).

건강한 교실에서 교사는 이렇게 학생들을 '길들이려고' 지속적으로 노력한다. 즉 학생이 실제 어떤 사람인지, 그리고 학생이 이 세상에서 유일하게 가진 개성이 무엇인지를 보려 한다. 매력적이지 않은 아이란 없고, 교사가 개입하지 않아도 '괜찮은' 아이도 없다. 교사는 모든 학생을 '길들인다.' 또한 건강한 교실에서 교사는 학생이 교사를 인간적으로 알아가도록 하는 모험도 감행한다. 즉, 교사는 스스로 '길들여지는' 대상이 되는 모험을 감행한다.

교사는 학생의 부분이 아닌 전체를 가르친다는 것을 명심한다

건강한 교실에서 교사는 아이가 지성, 감정, 변화하는 신체적 요구, 문화, 언어 그리고 가정배경을 갖고 있다고 여긴다. 아이에게 쓰기 혹은 수학에 '관해' 가르치는 것과 수학 혹은 쓰기'를' 가르치는 것은 다르다. 프랑스어를 가르치기 전에 감정을 고려해야 할 때가 있고, 프랑스어 수업으로 감정이 치유되는 경우도 있다. 자존감(self-esteem)이 없는 아이가 배우지 않으려 하는 경우가 종종 있지만, 진정한 학업성취는 자존감보다 훨씬 강력한 무엇, 즉 자기유능감(self-efficacy)을 만들어낸다. 학생의 가정환경을 수업에서 노외시해서는 안 되듯이, 수업도 아이의 가정과 연결되어야 진정으로 효과가 있다.

교사는 지속적으로 전문성을 개발한다

교과영역의 진정한 전문성은 사실지식에 통달하는 것이기보다는 통찰력과 스킬을 활용하는 것이다. 노련한 사학자는 교과서의 챕터 끝에 있는 질문에 답하는 정도가 아니라 장소, 사람 그리고 사건을 새로운 수준에서 이해하려 한다. 작가가 글을 쓰는 이유는 자신이 얼마나 문법규칙을 많이 아는가를 입증하려는 것이 아니라, 평범하기도 하고 비범하기도 한 삶을 이야기하면서 내면의 목소리를 찾고 그 의미를 알아내기 위함이다.

전문가는 까다롭고도 높은 수준으로 자신의 전문 분야의 핵심 스킬 및 개념을 구사한다. 어떤 동료교사가 한번은 내게 이런 말을 했다. "교사는 과학을 가르치는 법을 배웠지 과학자가 되는 법을 배우지 못해서 곤경을 겪고 있어요." 교사는 연설을 가르치는 법만 배웠지 스스로 웅변가가 되는 법을 배우지 못했다.

교사는 학생과 개념을 연결 짓는다

시인이자 소설가 겸 역사저술가인 폴 플라이시먼(Paul Fleischman)은 고대 서사시 『일리아드』의 사건들을 현대의 신문 헤드라인으로 설명한 자신의 책 『Dateline: TROY(데이트라인: 트로이)』(1996)를 교사들이 어떻게 사용하기를 바라는지 설명했다. 다음 그의 말은 모든 교사에게 의미 깊은 성찰의 계기가 될 것이다.

내가 진정 희망하는 바는 최고의 교사가 내내 해왔던 일, 즉 학생과는 동떨어져 보이는 교과를 학생에게 실제적이고 유의미하게 만드는 노력을 하게끔 교사들을 격려하는 것이다. 교과내용이 자신의 삶과 의미 있게 연결되어 있음을 보여주기만 해도 학생은 단지 사실을 암기하거나 시험을 보기 위해서가 아니라 교과내용을 진정으로 읽고 싶어 하는 독자가 될 것이다. 이것은 교육과정 내 모든 교과에 해당한다. 내가 삼각함수에서 D를 받은 이유가 이것 말고 또 무엇이 있겠는가? 나는 사인과 탄젠트를 마스터하는 것이 그 자체로 흥미롭다거나 내게 무슨 실용적 가치가 있는지 납득하지 못했다. 그러나 올바른 교사라면 나를 납득시켰으리라 확신한다. (Robb, 1997, p. 41)

교사는 학습을 즐겁게 만들려고 노력한다

'즐거운 학습'에서 '즐겁다'와 '학습'이라는 두 단어 모두 중요하다. 건강한 교실에서 교사는 학습을 진지하게 생각한다. 학습자가 되는 것은 인간의 타고난 권리이다. 이보다 더 중요하게 할 일은 거의 없다. 게다가 탐구하고 이해할 시간도 너무 적다. 그러므로 교과에서 가장 중요한 것에 초점을 맞춰 학생들이 반드시 핵심적 내용을 경험할 수 있게 하는 것이 극히 중요하다.

반면에, 학생은 어떻게든 즐거움에 반응하도록 프로그램되어 있다. 아직 젊음의 활기와 리듬으로 가득 차 있다. 아이가 중요한 스킬을 습득하고 이해하려면 먼저 움직이고, 만지고, 웃고, 이야기하는 것에서 출발해야 한다. 따라서 건강한 교실에서 교사는 모든 학생이 매 수업에 참여해 이해할 수 있도록 해야 한다.

우수반 학생들을 위한 여름수업을 담당한 교사가 나흘째 되던 날 내 연구실 앞에 이런 쪽지를 남겼다. '매우 엄격하게 가르쳤더니 수업이 완전히 경직되어 버렸습니다.' 가장 뛰어난 상급학습자도 즐겁게 그리고 도전적으로 배우고 싶어 했으며 자신들의 이런 요구를 교사에게 분명하게 표출했던 것이다.

교사는 성취기준을 높게 설정하고 많은 단계적 지원을 제공한다

건강한 교실에서 학생들은 교사의 도움을 받아 큰 꿈을 꾼다. 꿈이 모두 같지는 않더라도, 모든 학생이 꿈을 크게 가져야 하고 또 이를 실현할 구체적인 방법도 있어야 한다. 따라서 교사는 모두를 위한 수업을 실행한다. 이 말은 교사가 특정 학생이 달성해야 할 다음 학습단계 기준과 이를 달성하는 데 필요한 스캐폴딩(scaffolding, 비계)이가 무엇인지 명확히 안다는 것이다. 시간표, 기준표, 신중히 설계한 학습결과 과제물, 다양한 교실수업 계획, 복수의 수업자원, 수업전문가와의 협력, 소모둠 단위의 보정학습 또는 확장프로그램 등이 포함된다.

학생들은 모두 가장 흥미로운 내용을 배울 자격이 있다. 그러므로 교사는 우선 상급학습자의 흥미를 끌고 도전의식을 북돋우는 내용을 생각한 다음, 각각의 학생이 이 교육과정에 도달할 수 있도록 수업을 개별화한다. 적절한 지원책을 담은 강력한 교육과정을 다양한 학생에게 제시한다는 사실 자체만으로도 교사가 모든 학생이 학습자로서 비약적으로 성장할 수 있음을 믿는다는 것을 보여준다. 이런 가르침을 통해 학생들에 대한 교사의 성장관점 사고가 드러날 뿐 아니라 동시에 학습자 하나하나를 환영하고 긍정하며 도전의식을 키워주고 지원하는 학습환경이 조성된다.

어린 학습자 대부분은 교사가 길을 알려줘야 비로소 어떻게 하면 현재의 자기 위치를 뛰어넘어 성장할 수 있는지를 알 수 있다. 건강한 교실에서는 교사가 우승팀의 코치와 같아서, 모든 학생이 각자의 시작점에서 출발해 최대한 성공적으로 학습할 수 있도록 경기계획, 즉 수업계획을 학생에게 제공한다. 그런 다음 교사는 경기장 옆에서 선수가 '경기를 할' 때 격려하고 회유하고 충고한다.

교사는 학생들이 스스로 개념을 이해하도록 돕는다

학습자가 같은 방식을 '반복해서' 이해하게 되는 경우는 거의 없다. 암송, 활동지, 시험을 통해 자신이 아는 정보를 되새긴다고 해서 학습자가 개념과 정보를 기억하고 사용한다고 할 수는 없다. 교사 자신도 연수를 받으면서 이런 경험을 확실하게 했을 것이다. 연수자가 맥락을 주지 않은 채 강좌를 하면 그 연수가 종종 의미 없게 느껴졌을 것이다. 그런데 막상 교사 자신이 가르치는 상황이 되었을 때는, 즉 내용에 대한 맥락을 주어야 할 때는 그 사실을 잊고 마는 것이다.

건강한 교실에서는 생각하고 궁금해하고 발견하는 것이 특징이다. 초등학교 교사 스트라초타(Strachota, 1996)는 이렇게 말했다.

힘겹게 공부하면서 스스로 만들어가는 복잡한 과정 없이 획득한 지식은 공허하다. 이 말이 사실이라면 나는 내 지식과 경험을 내가 가르치는 학생들에게 전이할 수 없다는 말이다. 대신 학생이 책임감을 갖고 세상과 그 안에서 살아가는 방식을 스스로 이해하게 할 방법을 찾아내야 한다. 그러려면 내가 받은 연수와, 학생에게 지시를 해줘야 한다고 생각하는 본능에 맞서야 한다. 즉, 학생에게 나 자신이 아는 것과 무엇을 해야 할지를 말하는 것을 삼가야 한다. (p.5)

교사는 학생과 가르침을 공유한다

건강한 교실의 교사는 끊임없이 교수와 학습에서 학생들이 주된 역할을 맡도록 권한다. 방법은 많다. 첫째, 교사는 학생들이 모두를 위한 학급 운영에 대해 이해하고 이에 이바지하도록 한다. 교사는 학급의 규칙, 일정 및 절차를 만드는 대화에 학생을 참여시키고, 함께 그 절차와 방법의 효율성을 평가한다. 일이 잘되면 학생들과 함께 축하하고, 절차와 방법이 효과가 없으면 교사와 학생이 함께 수정하고 개선한다. 둘째, 교사는 학생들이 효과적으로 서로를 가르치고 서로에게서 배워가도록 한다. 셋째, '메타인지 교수(metacognitive teaching)'를 시행한다. 즉, 교사는 자신이 어떻게 수업을 설계하며, 집에 가서 어떤 학급문제를 고민하고, 진행상황을 어떻게 기록하는지와 같은 것들을 학생이 이해할 수 있게 설명해준다. 이런 교사는 학급의 리더 역할을 수용하기는 하지만 학생들이 이미 엄청난 양의 암묵적 지식을 갖고 있고, 세상이 어떻게 돌아가는지 잘 알고 있으며, 자신과 또래를 잘 이해하고 있고, 학습자로서 그리고 인간으로서 성공하고 싶은 욕망이 있음을 이해한다. 이 교사들은 학생들의 강점과 세상에 적극적으로 기여하고 싶은 욕구를 토대로 가르친다.

건강한 교실에서는 현재 배우고 있는 것이 얼마나 중요한지에 대해서 꾸준하게 대화하면서 앞으로 배울 것이 얼마나 긴급한지를 지속적으로 의식한다. 그렇다고 허둥대는 것은 아니지만 시간과 주제는 소중하고 또 그렇게 다루어야 한다고 생각한다. 희망찬 여행을 계획할 때처럼 교사와 학생은 기대에 차서 목적지와 경로를 생각하고 새로운 우발 상황에 대처한다.

교사는 학생들이 독립하도록 장려한다

연극감독의 역할은 특이하다. 여러 주 동안 배우부터 지원부서 스태프에 이르기까지 다양한 역할을 하는 사람들 각자의 행동 하나하나를 조율한다. 어떤 식으로든지 감독이 개입하지 않고는 되는 일이 거의 없다. 그러나 연극이 시작되면 감독은 본질적으로 아무 쓸모가 없다. 배우와 스태프가 스스로 제 역할을 해내지 못하면 감독은 실패한 것이다.

가르치는 것도 이와 같다. 아니, 최소한 이래야 한다. 교사도 매일 학생의 삶에서 점점 더 쓸모없는 존재가 되어야 한다. 해결책을 제시하는 대신 학생들이 스스로 파악하도록 해야 한다. 수준에 대한 지시와 지침을 제공하기는 하지만, 약간 모호하고 융통성 있게 그리고 학생이 선택할 수 있게 해 학생들이 학습한 내용을 비약적으로 전이(transfer, 어떤 학습의 결과를 다른 학습에 적용하는 것-옮긴이)하고 상식을 활용하도록 한다. 아이들이 감당할 수 있는 책임감이 어느 정도인가를 주의 깊게 파악해서 그 정도의 책임감만 부여하되, 그보다 조금 더 많은 책임도 감당할 수 있도록 지도한다.

대부분의 학급에는 학생 수가 너무 많아서, 교사는 복잡하게 학생들이 독립적으로 판단을 내리게 하느니 차라리 학생을 위해서 자신이 일을 떠맡는 게 더 쉽다고 생각하는 경우가 많다. 교사들이 내게 말하기를 현재 자기가 가르치는 2학년, 5학년 또는 10학년 학생들조차 '독립적으로 학습하기에는 너무 미숙하다'고들 한다. 거의 모든 학생이 하루 중 많은 시간 동안 상당히 독립적으로 공부하는 교실을 꼽을 수 있겠는가? 그것은 바로 다섯 살짜리 아이들이 있는 유치원이다.

교사는 긍정적으로 학급을 관리한다

건강한 교실에서는 모두가 서로를 존중하고 친절하게 대하리라는 명백한 기대가 있다. 이런 곳에서는 웃음소리가 끊이지 않는다. 유머와 창의력의 관계는 매우 밀접하다. 유머는 사물을 예기치 않으면서도 유쾌하게 연결짓는 데서, 자발적일 수 있는 자유로부터, 그리고 실수도 꽤 유익할 수 있다고 생각하는 데서 생겨난다. 유머는 결코 비꼬거나 마음을 아프게 하지 않는다. 유머는 남과 함께 웃을 수 있는 능력에서 비롯되는 그런 웃음을 만들어낸다.

긍정적이고 활력이 넘치는 건강한 교실에서도 아이가 정서적으로 그리고 사회적으로 건강하게 성장하려면 어떻게 공부하고 어떻게 행동해야 할지를 일깨워주는 사람이 필요하다. 그런데 건강한 교실에서는 긍정적으로 아이에게 관심을 쏟고 권한을 부여하기 때문에 훈육문제가 크게 대두되지 않는다. 이런 상황에서는 교사가 학생을 소중히 여기고 받아들인다는 것을 학생도 안다. 학생은 교사가 자신에게 거는 기대가 클 뿐 아니라 그 목표를 향해 함께 노력하는 동반자라는 것도 안다.

건강한 교실에서는 학생 각자가 자신에게 가장 편한 방식으로 공부하고 학습할 기회가 있다. 교사는 가이드라인을 명확하게 제시해 학생이 적절하게 결정을 내리게 하고, 또 열심히 노력하면 뚜렷하게 성과를 낼 수 있음을 자주 경험하게 해야 한다. 교사가 이렇게 체계적으로 지도하면 학생은 스스로 학습의 선장이 되어 자신에게 설정된 학습목표를 이해하고, 스스로 학습목표를 설정하며, 목표를 달성하거나 넘어설 수 있는 계획을 수립할 수 있다. 그뿐만 아니라 상황에 맞게 계획을 수정하고, 자신이 성장해가는 것을 모니터하며, 양질의 학습을 추구하면서 에너지를 얻는다.

이러한 교육환경 덕택에 통상 품행문제로 이어지는 많은 긴장상황이 사라진다(적어도 최소화된다). 매우 심각하거나 반복되는 문제에 대처해야 할 때도 학생을 존중하고, 긍정적으로 성장하기를 갈망하고, 교사와 학생이 의사결정을 공유하면 교사와 학생은 갈등하기보다는 서로를 이해하고 잘 알게 된다.

어린 시절 어느 여름날, 나는 낡은 차고 뒤 후미진 작은 공간에서 새끼고양이들을 발견했다. 가장 친한 친구에게 내가 찾아낸 그 굉장한 것을 보여주고 싶어 그녀가 집에 오기를 목 을 빼고 기다렸다. 새끼고양이들에게로 가는 내내 친구에게 내가 뜻밖에 찾아낸 것이 얼마나 대단한지 말했다. 나는 기쁨에 넘치고 친구는 기대감에 젖어 우리는 날아갈 것처럼 깡총거리며 갔다. 차고에 도착해서는 나는 한 발 뒤로 물러서서 그 작은 곳을 가리키며 친구에게 "이제 네 차례야! 네가 가서 확인해 봐."라고 말했다.

건강한 교실환경이란 위의 경험과 매우 흡사하게 교사가 학생과 공유할 멋진 것을 계속해서 찾아다니는 곳이다. 교사는 이 여행에 학생 개개인을 초대할 때도 있고, 가끔은 소모둠을 그리고 또 가끔은 전체 학급을 초대한다. '너는 매우 중요한 사람이어서 내가 찾은 보물을 네게 보여주고 싶어!'라는 초대를 받은 사람은 누구나 자신이 특별히 선택되었다고 느낀다.

이 여정에는 크나큰 기대가 실린다. 발걸음도 빠르게 도착해서는 한 걸음 물러서서 "난 지난번에 왔었어. 이번엔 네 차례야. 네 식대로 생각하고, 네 눈으로 직접 봐봐. 무엇을 해야 할지 알게 될 거야."라고 말하는 순간이 온다. 그러고는 학생이 학습하는 것을 지켜보면서 교사 자신도 또다시 배우는 사람이 된다.

○——

어린 학습자의 흥미를 끌어낼 교육과정을 계획하는 것은 어렵고, 평가를 학습의 '심판자'보다는 '멘토'로서 바라보는 것도 쉽지 않다. 학습자의 필요에 대응하는 수업을 계획하는 것도 부담이 크고, 유연하게 수업을 이끌어가는 것도 벅차다. 그러나 교사에게 가장 어려우면서도 학생들의 성공적인 학습을 위해 가장 중요한 것은 교실에 있는 학생 한 명 한 명에게 매일매일 초대장을 보내 이들을 수용하고 긍정하며 도전과 지원을 제공하는 교실환경을 조성하는 일이다.

05

개별화수업의 기초가 되는
좋은 교육과정

기억전달자(The Giver)는 무언가를 털어내려는 듯이 손을 움직였다.

"아, 네 교사들은 훈련이 잘 되어 있어. 자신의 과학적 사실을 잘 알고 있지.

모두가 직업훈련이 잘 되어 있어. 단지 그런 거야 ...

기억이 없으면 모든 게 의미 없지."

"왜 당신과 내가 이 기억들을 간직해야 하나요?" 소년이 물었다.

"우리에게 지혜를 주거든." 기억전달자는 대답했다.

Lois Lowry, 『The Giver』

젊은 교사가 개별화수업 지도계획을 처음 만들고서는 "제가 제대로 하고 있는지 한번 봐주실래요?"라고 내게 요청했다. 그녀가 담당하는 4학년 반 아이 모두가 같은 소설을 읽고 있었다. 과제 다섯 개를 이미 만들어 놓았고, 그녀는 자신이 판단한 학생의 학습준비도 수준에 맞춰 각 학생에게 과제 하나를 배정하려 계획했다. 학생들이 선택할 수 있는 과제는 다음과 같았다. '1. 책 표지를 새로 만들어보세요. 2. 소설 속 특정 장면을 위한 무대장치를 만들어보세요. 3. 등장인물 한 사람을 그려보세요. 4. 소설의 결말을 다시 써보세요. 5. 이 소설의 등장인물과 올해 읽은 다른 소설의 등장인물 사이의 대화를 만들어보세요.'

과제를 살펴본 후, 나는 내 교직생활 첫 10년 동안 누군가 내게 매일 끈덕지게 물어줬으면 하고 바랐던 질문을 던졌다. "이 활동을 통해 학생들이 얻길 바라는 것은 무엇이지요?" 그 교사는 눈을 찡그리고는 잠시 말이 없다가 "이해가 안 되는데요."라고 답했다. 내가 다시 물었다. "모든 아이가 주어진 과제를 성공적으로 마쳤을 때 공통적으로 깨닫거나 이해하게 되는 것이 무엇인가요?" 고개를 가로저으면서 그녀가 대답했다. "여전히 이해가 안 되는데요." "좋아요. 다른 식으로 물어볼게요." 나는 잠시 멈췄다가 물었다. "작가가 실제로 등장인물을 만든다는 사실을 학생들이 알기를 원하나요? 작가가 시간을 들여 소설을 집필한 이유를 모두가 이해하기를 바라나요? 주인공의 삶과 학생 자신의 삶이 얼마나 비슷한가를 생각해보기를 원하나요? 그런 활동을 통해 아이들이 이해하기를 원하는 것이 도대체 무엇인가요?" 그녀는 얼굴이 발개져서 "이런! 모르겠는데요. 저는 그저 모든 아이가 소설을 읽고 무언가를 해야 할 것으로 생각했지요."라고 외쳤다.

'모호한' 수업들

우리 중 많은 이가 이와 같은 신참내기 교사였을 것이다. 즉, 학생이 뭔가를 읽고 듣고 써봐야 한다는 막연한 생각을 갖고 교직을 시작했다. 그러면 학생은 이를 토대로 '활동이란 것'을 해야만 한다. 다음 예를 생각해보자.

- 1학년 담당교사가 아이에게 이야기를 들려주고서는 들은 내용을 그림으로 그리라고 한다. 그런데 무엇을 그려야 할까? 이야기의 도입부, 아니면 결말? 낯선 사람 때문에 겁에 질린 주인공의 모습? 농가 마당의 큰 나무?
- 5학년 담당교사가 학생들과 블랙홀에 관해서 대화한 후 이와 관련된 동영상을 보여준다. 그러고는 블랙홀에 관해서 쓰라고 한다. 이를 통해 무엇을 배우게 하려는 것일까? 블랙홀에서처럼 중력이 작용하는 이유? 시간과 관련된 문제? 블랙홀 진화를 어떻게 이해하고

있는지 입증해 보이게 하려는 걸까?

- 3학년 학생들이 서부 개척시대에 관한 학습의 하나로 포장마차 모형을 만든다. 이 활동은 학생들이 탐험, 모험, 자원의 부족, 또는 적응을 이해하는 데 어떤 도움이 되는가? 이 활동은 변경 확장을 이해하기 위한 것인가, 아니면 풀칠과 가위 다루기에 관한 것인가?

- 중학교 교사가 학생들에게 분수를 소수로 변환하라고 한다. 이 활동은 정답을 알아내고 진도를 나가는 것이 목적인가? 아니면 그보다 더 큰 목적, 즉 변환의 방식과 이유 이해하기 등을 염두에 두고 있는 것인가?

위의 모든 예를 보면 학생이 교과활동을 통해 무엇을 얻어야 하는지에 대한 교사의 생각이 모호하다. 학생은 '이야기에 관해서, 블랙홀에 관해서, 서부 개척시대에 관해서, 그리고 분수를 소수로 변환하는 것에 관해서 뭔가를' 한다. 위의 활동들이 심하게 따분하거나 전혀 쓸모가 없지는 않지만 적어도 두 가지 문제가 있다. 첫째, 양질의 교수와 학습에 방해가 되고, 둘째, 효과적으로 수업을 개별화하는 데 방해가 된다.

만약 학생이 수업을 하고 나서 무엇을 알고 이해하며 할 수 있는지를 교사가 명확하게 알고 있지 않다면, 그 교사가 만든 학습과제는 매력여부를 떠나서, 거의 틀림없이 학생이 교과내용의 핵심 개념 및 원리를 이해하는 데 도움을 주지 못할 것이다. 교사가 핵심 내용을 명확하게 알고 있지 못하면 과제가 애매해지고, 결국 학생도 모호하게 이해하게 된다. 이것은 양질의 교수와 학습에 장애가 된다.

이런 종류의 애매모호함은 개별화수업에도 불리하게 작용한다. 개별화수업 대부분에서는 모든 학생이 습득하는 핵심 지식과 사용하는 핵심 스킬은 같아야 하며 탐구하는 핵심 이해도 같아야 한다. 그러나 학생은 학습준비도, 흥미 그리고 학습양식이 다르므로 지식을 습득하고 개념을 이해하고 스킬을 사용하는 방식이 다 달라야 한다. 수업이 끝났을 때 모든 학생이 알고 이해하고 할 수 있어야 하는 것이 무엇인지를 명확히 모르는 교사는 효과적인 수업을 개발하는 데 중심이 되는 핵심 오거나이저(organizer)를 간과하기 십상이다. 앞서 언급한 신참내기 4학년 담당교사가 만든 그저 '다르기만 한' 다섯 개 활동의 문제가 바로 이것이다. 그 교사는 소설과 관련한 다섯 개의 '무엇'을 만들었을 뿐이어서 결과적으로는 학생이 해당 소설을 모호하게 이해하게 되었다. 아니, 오히려 전혀 이해하지 못했을 가능성이 더 크다.

이 장에서는 교육과정과 수업에 전반적으로 만연한 애매모호함을 줄이는 데 도움을 주려 한다. 그리고 이 장의 뒷부분에서는 개별화수업의 여러 예시를 제시한다. 여러분이 개별화수업의 토대를 튼튼하게 다질 수 있도록 돕기 위함이다. 활동이나 결과물 하나를 만드는 데도 시간이 걸리는데, 두세 개, 더 나아가 다섯 개를 만들려면 훨씬 힘이 든다. 따라서 여러 수업 버전을 만들기 전에, 먼저 수업을 견고하고 강력하게 만드는 요소를 확실히 이해하는 것이 이치에 맞다.

지속력 있는 학습의 두 가지 필수 요소 o————

수년 동안 나는 수업에서 무슨 일이 벌어지는지를 학생들이 꿰뚫고 있다는 것에 놀라곤 했다. 어린 학생이 수업을 정확하게 진단하는 이런 말을 했던 적이 있다. "그 선생님 수업은 아주 재미있어요. 배우는 것은 그리 많지 않아도 재미있어요." 학생들은 반대의 경우도 알고 있다. "수학을 배우고 있다고는 생각해요. 그런데 수업이 늘 끔찍할 정도로 길게 느껴져요."

이 학생들은 훌륭한 수업에는 두 가지 요소, 즉 참여(engagement)와 이해(understanding)가 필요하다는 것을 암묵적으로 알고 있는 것이다. 수업이 학생의 상상력을 사로잡고, 호기심을 유발하며, 의견에 불을 붙이고 영혼을 두드릴 때 비로소 학생들은 수업에 참여한다. 참여는 자석과 같은 것이어서 정처 없이 떠돌아다니는 학생의 흥미를 끌어당기고 유지해 지속적으로 학습이 일어날 수 있게 한다. 이해란 단지 사실이나 정보를 기억해내는 것이 아니다. 학습자가 이해한다는 것은 중요한 개념을 '완전히 익혀서' 이를 자신이 알고 있는 사물의 이치 목록에 정확히 맞게 추가한다는 것이다. 이렇게 해서 해당 개념을 '자기 것으로 만든다.'

뇌 과학자들은 지속적인 학습에 필수적인 두 요소로 의미(meaning)와 지각(sense)이라는 약간 다른 용어를 사용한다. 의미는 내용을 학습자의 경험 및 삶과 연결할 때 사용하고, 지각은 학습자가 사물의 이치와 이유를 이해할 때 사용한다. 의미는 참여와, 지각은 이해와 관계가 깊다(Sousa & Tomlinson, 2011). 어떤 경우든 전달하는 내용은 같다.

학생이 공부하는(study) 내용을 연결하지 못하거나 이해하지 못한다면 결국 진정으로 배우지(learn) 못한다는 의미이다.

학생이 뭔가를 이해한다는 것은 다음을 할 수 있다는 의미이다.

- 사용한다.
- 예시를 들어 명백하게 설명한다.
- 다른 개념과 비교·대조한다.
- 현재 교과의 다른 예, 다른 교과, 개인적 생활경험과 연관시킨다.
- 친숙하지 않은 상황으로 전이한다.
- 새로운 문제에 내재된 해당 개념을 찾아낸다.
- 이해한 다른 내용과 적절하게 결합한다.
- 해당 개념을 예증하거나 구체화하는 새로운 문제를 제시한다.
- 해당 개념에 대한 유추, 모델, 은유 및 그림을 생성한다.
- 문제적 상황에서 변수가 바뀌는 '만약에(what if)' 질문을 제기하고 이에 답한다.
- 새로운 지식과 추가적 질의로 이어지는 질문과 가설을 생성한다.
- 구체적 사실들을 일반화해 개념을 형성한다.
- 해당 지식을 사용해 자신 및 타인의 수행(performance)을 적절하게 평가한다. (Barell, 1995).

학생이 몰입할 수 없는 수업이라면 학생은 겉돌 수밖에 없다. 내용을 개인적 삶의 중요한 부분과 결부시키지 못하니 수업이 학생의 삶과 동떨어져 있다. '배울' 수 있는 것은 있겠지만 장기적으로 이를 활용할 수는 없다. 대개념(big ideas), 즉 교과를 지배하는 원리에 대해 완전히 이해하지 않으면 배운 내용을 유의미한 상황에서 사용하는 능력이 계발될 수 없다. 따라서 참여와 이해가 부족한 수업은 지속력이 거의 없어 학습에 대한 열의와 학습자로서의 힘을 약화시킨다.

학습의 수준

교육학자 힐다 타바(Hilda Taba)는 많은 학자에 앞서 학습에는 몇 개의 차원이 존재함을 알았다(Schiever, 1991). 인간은 사실(fact), 즉 진실이라고 믿는 개별 정보들을 배울 수 있다. 또 개념, 즉 정보를 조직·보유·사용하는 데 도움이 되는 요소를 공통으로 가진 사물들의 카테고리(범주)를 만들 수 있다. 개념을 지배하는 규칙인 원리를 이해할 수도 있다. 개념(concept)과 원리(principle)는 교육에서 자주 사용하는 '이해' 또는 '대개념'을 좀 더 전문적으로 표현한 용어이다. 학습자는 학습에 대한 생각 및 영역에 대한 헌신 정도를 나타내는 태도(attitude)를 개발한다. 그리고 운이 좋다면 스킬을 개발하는데, 스킬은 이해한 내용을 활용할 수 있는 능력을 준다.

완전하고 전체적이며 풍성한 학습이란 이 모든 수준을 아우른다. 의미 형성을 촉진하는 개념과 원리가 없는 사실은 수명이 짧다. 실행하는 데 필요한 스킬이 없는 의미는 아무런 쓸모가 없다. 학습이라는 마법을 긍정적으로 수용하는 태도는 지식을 습득하고 이해하며 세상에서 행동으로 옮겨야 비로소 생명을 얻는다.

청소년 소설『Sticks(스틱스)』의 저자 조앤 바우어(Joan Bauer)는 어린이와 청소년이 학습할 때 연결관계(connectedness)를 파악해야 한다고 했다. 학생들은 과학, 수학, 역사, 미술 등의 원리가 당구장에서, 우리가 두려워하는 것에서, 그리고 악몽을 극복하는 깊은 용기의 샘에서 찾을 수 있는 원리와 같음을 이해해야 한다(Bauer, 1997).

소설『스틱스』에서 바우어는 모든 수준의 학습을 다루는 수업의 달인이 갖추고 있는 스킬을 보여준다. 소설은 할머니의 당구장에서 열린 나인볼 당구선수권대회에서 10-13세 챔피언들을 이길 야심으로 가득찬 10세 소년 미키를 그렸다. 미키의 아버지는 당구 챔피언이었으나 미키가 어렸을 때 돌아가셨다.

미키가 당구에 열정을 보인다면 친구 알런은 수학에 열정을 보인다. 알런은 수학공식을 외워본 적도 없고, 다만 수학적으로 사고할 뿐이다. 수학은 그의 생활양식이다. 알런에 의하면 수학은 실망시키는 법이 없다. 그는 각도가 뭔지 알고 벡터란 사람을 '이곳에서 저곳으로 이동시키는 선(線)'이라는 것도 안다(Bauer, 1996, p. 37). 이는 알런이 배운 사실들이다. 그런데 알런은 에너지 및 운동 그리고 그 개념을 지배하는 원리도 이해한다. 그는 다음과 같이 설명한다.

"모든 물체는 외부의 힘이 작용하지 않는 한 정지상태나 등속직선운동을 유지해. 당구로 얘기하면 당구공은 뭔가로 쳐주지 않으면 움직이지 않을 것이라는 뜻이야. 그리고 일단 움직이기 시작한 공을 멈추게 하려면 또 뭔가가 필요해. 그러니까 레일(rail, 당구대의 고무로 된 쿠션 부분-옮긴이), 다른 공 또는 당구대에 깔린 천의 마찰력이 필요하지." (Bauer, 1996, p. 177)

수학의 유용성을 알고 있기 때문에 알런은 수학에 대해 '수학은 언어이고 수학 없이는 적절하게 설명할 수 없는 것들이 많다'는 태도를 갖고 있다. 그에게는 온 우주가 수학적 언어로 쓰여 있다. 알런의 사례에서 가장 중요하게 볼 것은 그가 배운 것도 아니고 심지어 그가 이해한 것도 아니다. 가장 중요한 것은 그의 스킬이다. 알런은 분홍색 실을 사용해 미키에게 뱅크숏과 기하학 각도, 즉 입사각과 반사각에 대해서 가르친다. "8번 공을 레일에 특정 각도로 치면, 똑같은 각도로 튕겨 나가지."(Bauer, 1996, p. 179). 알런은 당구숏 도해를 그려 미키가 당구공 궤적을 볼 수 있게 한다. 그런데 미키는 이보다 더 많은 것을 알게 된다. 그는 다음과 같이 설명한다.

"학교에서 나는 계속 당구대를 보고 있어. 긴 숏. 짧은 숏. 뱅크숏. 벡터. 기하는 곳곳에 널려 있더라고. 다이아몬드 형태 야구장, V자 형태로 날아가는 새들. 점심때 포도를 먹으면서 원을 생각해. 빨대로 식판 위에서 포도알을 밀어. 쿵! 모서리에 포도 두 알이 부딪혀. 이렇게 모든 것은 연결되어 있어."(Bauer, 1996, p. 141)

알런은 꽤 많은 데이터를 갖고 있었지만, 실제로 알런의 힘은 습득한 지식(사실)에서보다는 이해한 것(개념과 원리)과 이를 교실 안 문제지에 제시된 상황과는 전혀 다른 상황에서 어떻게 실행에 옮기는가(스킬)에서 비롯되었다.

모든 교과는 핵심 개념 및 원리에 기초한다. 또한 본질적으로 해당 분야 전문가가 사용하는 주요한 스킬을 사용할 필요가 있다. 패턴, 변화, 상호의존, 시각, 부분과 전체 그리고 체계 같은 일부 개념은 일반적(generic)이어서 교과를 자연스럽게 넘나들고 얼마든지 서로 결합할 수 있다. 체육, 문학, 과학, 컴퓨터과학 등 거의 모든 교과에서 이런 개념을 부분적으로 사용한다. 특정 교과에 국한해 사용하는(subject-specific) 개념들도 있는데 이것들은 한두 교과에서 필수적인 개념이나 다른 교과에서는 별 영향력이 없는 개념들이다. 교과에 특정한 개념의 예로는 수학의 확률, 미술의 구도, 문학의 시점(voice), 과학의 구조와 기능 그리고 역사의 1차자료 등이 있다.

이와 유사하게 스킬도 일반적인 것과 교과에 한정적인 것이 있을 수 있다. 일반적인 스킬은 응집성이 있는 단락 쓰기, 아이디어를 순서대로 정리하기, 효과적으로 질문하기 등이다. 특정 교과에 한정된 스킬로는 수학의 방정식 계산, 음악의 조옮김, 문학과 작문의 은유적 언어 사용, 역사자료 종합 등이 있다. 도표 5.1(128쪽)은 몇 개 과목에서의 핵심적인 학습수준을 예시한다.

수업을 계획할 때 교사는 단원이 끝난 후 학생들이 반드시 알아야 할 것(사실), 이해해야 할 것(개념과 원리), 할 수 있는 것(스킬)의 목록을 구체적으로 만들어야 한다. 그런 다음 학생이 몰입할 수 있는 활동의 핵심(core)을 만들어 그 핵심 내용을 학생 자신의 세계와 관련된 맥락 속에서 배울 다양한 기회를 제공해야 한다.

활동은 주요 스킬을 사용해 주요 개념과 원리를 파악할 수 있도록 해야 한다. 다음 장들에 나오는 개별화수업의 실례들은 전형적으로 이런 종류의 명확성을 보장하는 구체적인 개념, 원리, 사실 및 스킬에 바탕을 두고 있다.

성취기준을 유의미한 방식으로 다루기 ○────────

많은 학구에서 교사는 학구, 주(州), 특정 프로그램 또는 전문가 모둠이 설정한 성취기준을 학생이 반드시 달성하게 해야 한다는 압박을 크게 느낀다. 성취기준은 학생이 더욱 일관성 있게, 더욱 넓고 깊게, 더욱 지속적으로 학습하도록 보장하는 수단이 되어야 한다. 하지만 안타깝게도 교사가 성취기준 하나하나를 전부 '다루어야' 한다는 압박을 느끼거나 이를 파편적이고 무익한 목록의 형태로 제시한다면 진정한 학습이 강화되기는커녕 오히려 방해를 받는다.

목록에 규정된 모든 성취기준은 하나의 사실, 하나의 개념, 하나의 원리(이해), 하나의 태도 또는 하나의 스킬이다. 일부 기준은 하나 이상의 학습수준을 포함할 수 있다. 교사, 행정가, 교육과정 전문가들이 성취기준을 검토해 각각의 구성요소에 학습수준을 표시해보고, 그런 다

도표 5.1 **다양한 교과영역의 학습수준 예시**

학습 수준	과학	문학	역사
사실	• 물은 화씨 212도에서 끓는다. • 인간은 포유류이다.	• 캐서린 패터슨이 『비밀의 숲 테라비시아』를 썼다. • 플롯의 정의와 등장인물에 대한 정의	• 보스턴 차 사건은 미국독립혁명을 촉발하는 데 일조했다. • 미국 헌법 수정 첫 10개 조항을 권리장전이라 한다.
개념	• 상호의존성 • 분류	• 시점(voice) • 영웅과 반영웅	• 혁명 • 권력, 권위, 통치
원리	• 모든 생명체는 먹이사슬의 일부이다. • 과학자는 생명체를 패턴에 따라 분류한다.	• 작가는 등장인물 시점을 사용해 자신의 시점을 공유한다. • 영웅은 위험 또는 불확실성에서 탄생한다.	• 혁명은 첫 번째 진화이다. • 자유는 모든 사회에서 제약을 받는다.
태도	• 환경보호는 생태계를 이롭게 한다. • 나는 중요한 자연 네트워크의 일부이다.	• 시는 읽기에 지루하다. • 소설을 읽으면 자신을 이해하는 데 도움이 된다.	• 미래를 좀 더 현명하게 살려면 역사를 공부하는 것이 중요하다. • 나는 때로는 다른 사람의 복지를 보호하기 위해 기꺼이 자유를 포기할 용의가 있다.
스킬	• 에너지 효율이 높은 학교를 위한 계획 수립하기 • 재활용의 비용 및 편익과 관련한 데이터 해석하기	• 은유적 언어를 사용해 개인적 시점 확립하기 • 문학 속의 영웅과 반영웅을 역사 속 그리고 현재의 영웅, 반영웅과 연결 짓기	• 현안에 대한 입장 정립 및 근거 제시하기 • 믿을 만한 자료 분석을 토대로 결론 도출하기

학습 수준	음악	수학	미술	읽기
사실	• 슈트라우스는 '왈 츠의 왕'으로 알 려졌다. • 음자리표 정의	• 분자와 분모의 정의 • 소수의 정의	• 모네는 인상주의 화가였다. • 원색의 정의	• 모음과 자음의 정의
개념	• 박자 • 재즈	• 부분과 전체 • 숫자체계	• 원근법 • 여백	• 요지 • 문맥
원리	• 박자는 음악의 분위기 설정에 도 움이 된다. • 재즈는 체계적이면서도 즉흥적이다.	• 전체는 부분으로 구성되어 있다. • 숫자체계의 부분은 상호의존 적이다.	• 사물을 다양한 시 점에서 볼 수 있고 표현할 수 있다. • 여백은 구도 안의 핵심 요소를 강조 하는 데 도움이 된다.	• 효과적인 단락은 일반적으로 요지 를 제시하고 뒷받 침한다. • 사진과 문장은 종 종 모르는 단어 뜻을 파악하는 데 도움이 된다.
태도	• 음악은 감정을 표 현하는 데 도움이 된다. • 나는 재즈를 좋아 하지 않는다.	• 수학이 너무 어렵다. • 수학은 내 세계의 많은 것을 말하는 방법이다.	• 나는 인상주의보 다 사실주의를 선 호한다. • 미술 덕택에 나는 세상을 더 잘 볼 수 있다.	• 나는 독서를 잘한다. • '행간을 읽는 것' 이 어렵다.
스킬	• 특정한 감정을 전달하는 곡 선택 하기 • 독창적인 재즈곡 쓰기	• 분수와 소수를 사 용해 음악과 주식 시장의 전체와 부 분 표현하기 • 요소들의 관계 보 여주기	• 정서적 및 인지적 인식을 통해 그림 에 반응하기 • 사물에 대한 사실 주의 및 인상주의 적 견해 제시하기	• 신문 기사에서 요지와 세부사항 찾기 • 이야기의 주제 해 석하기

음 성취기준을 '풀어헤쳐', 내재된 복수의 묵시적 학습수준을 확인해보는 것은 좋은 훈련이 된다.

일부 성취기준은 수준 높은 전문가그룹이 개발한 많은 기준과 마찬가지로 개념과 원리를 기반으로 하고 특정 교과의 스킬을 이해망(網)에 통합한다. 그러나 성취기준 대부분은 스킬수준의 학습이고, 가끔 지식수준의 성취기준도 있지만 원리수준은 이보다 적다. 사정이 이렇다면 교육자들이 빈 곳을 메워줘야 한다. 즉, 교사는 확고하게 개념과 원리를 바탕으로 한 학습경험을 제공하고, 학생이 유의미한 방식으로 스킬을 사용해 의미 있는 개념을 이해하고, 그에 입각해 행동하도록 해야 한다.

한 교육자가 동료에게 자신이 방문한 수업에 대해서 말하는 것을 들었을 때 이 점이 딱 가슴에 와닿았다. 그녀는 이렇게 전했다. "아이에게 지금 공부하는 것이 무엇이냐고 물었더니 단락을 쓰는 중이라고 답하는 거예요. 그래서 다시 물었지요, 무엇에 관해서 쓰고 있냐고. 다시 그 아이가 대답하기를 지금 단락을 쓰고 있다는 거예요. 이마를 찡그리며 내가 다시 물었죠. '왜 단락을 쓰고 있니? 전달하고자 하는 내용이 무엇이니?' 그 아이는 약간 짜증을 내면서 말했어요. '아, 그건 여기선 중요하지 않아요. 우린 그냥 단락을 쓰고 있을 뿐이에요!'"

이 수업의 교사가 학생에게 글쓰기에 관한 성취기준을 기계적으로 '가르치는' 방식과, 다른 교사가 좀 더 유의미하게 학생이 성취기준에 도달하게 하는 방식을 비교해보자. 이번에는 소설의 구성요소 간 상호작용 방식(예를 들어, 소설의 배경이 플롯과 등장인물 형성에 끼치는 영향)을 이해하는 것이 목표다.

교육과정에 명시된 성취기준이 중학생 실생활의 경험과 동떨어져 있음을 파악한 이 교사는 우선 학생들이 자기 삶의 요소들과, 이것들이 서로 어떻게 영향을 주었는지를 이야기하게 했다. 학생들은 음악이 기분에 어떻게 영향을 주는지, 친구에게 어떻게 영향을 받는지, 하루 중 언제 에너지가 솟거나 줄어드는지 등에 관해서 이야기를 나누었다. 계속해서 교사는 학생들이 즐겨 읽었던 소설 속 이야기들도 이와 똑같은 방식으로 작동한다는 것을 발견하도록 돕는다. 예를 들어, 작가가 (이야기를 전개하기 위해) 등장인물에게 동기를 부여하거나 (독자가 등장인물의 기분을 이해하는 데 도움을 주려고) 날씨와 같은 요소를 사용한다는 것을 알게 한다. 학생들은 시스템 내부의 요소들이 삶과 소설 속에서 어떻게 서로 영향을 주고받는가에 관해 몇 가지 원리를 제안한다. 학생들은 요소들의 상호작용에 대한 생각을 자신이 좋아하는 노래, 관람했던 영화 그리고 미술과 사진에 적용해본다. 그런 다음 시간을 갖고 작가의 기교에 대한 대화를 진전시키면서 그들이 제안했던 원리를 다듬는다. 이 수업의 학생들은 이렇게 시간을 들여 탐구에 참여하는 것이 가치가 있을 뿐 아니라 글쓰기에도 큰 도움이 된다는 것을 알게 되었다. 심지어 소설의 구성요소 사이의 상호작용뿐 아니라 사회시간에 배우고 있는 과학체계 및 정부체계 내부 요소들 사이의 상호작용에 대해서도 언급한 학생이 많았다.

달리 말하면, 논리정연하고 풍부한 의미를 지닌 개념과 연계하지 않은 채로, 그리고 이를 다룰 때 소용없는 정보와 스킬을 가르치는 것은 공허하다. 게다가 3장에서 논의한 대로, 의미 없이 기계적으로 가르치는 것은 인간의 학습방식에 정면으로 위배된다.

성취기준은 교육과정의 중요한 부분이기는 하지만 그 자체를 '교육과정'으로 봐서는 안 된다. 밀가루, 이스트, 물, 토마토소스와 치즈 등이 피자의 재료인 것처럼 성취기준도 교육과정의 재료일 뿐이다. 손님에게 두 컵의 밀가루, 한 컵의 물, 한 티스푼의 이스트, 한 컵의 토마토소스와 치즈 한 덩어리를 먹이고는 그 손님이 맛있는 피자를 먹었을 거라고 가정하는 요리사가 있다면 이 얼마나 어리석은 사람인가? 성취기준이라는 재료를 매력적이고 건강에 좋은 학습경험과 혼동하는 교사도 이와 마찬가지이다.

학습의 여러 수준: 적절한 사례 하나 ○───────

학년이 끝나기 전에 과학의 한 단원 진도를 '더 빼려고' 무척 애를 쓰는 3학년 담당교사 두 명을 본 적이 있다. 그동안 진도를 너무 천천히 나가다 보니 남아 있는 며칠 동안 구름 단원을 끝내야 한다고 했다.

두 선생님은 과학책에서 뽑은 내용으로 열심히 자료를 만들어 학생들에게 읽힐 요량이었다. 학생들이 좋아했던 구름에 관한 이야기 몇 편을 찾아내고는 읽을 시간이 있기를 희망했다. 두 교사는 구름 관련 학습지를 만들었고, 학생들이 좋아할 예술활동도 골랐다. 모든 것이 매우 절박하고 목적이 분명한 것처럼 보였다. 그러나 자료의 사용 순서를 정하려 할 때 한 교사가 구름 종류의 이름 하나가 빠진 것을 발견했다. 다른 교사가 구름의 이름을 기억해내기는 했으나 이름과 사진을 연결시킬 수가 없었다. 그들은 '구름 단원을 이미 여러 번 가르쳐본' 교사들이었다.

흔히 볼 수 있는 '단원 수업계획'의 실례이다. 교사는 좋은 의도로 열심히 학습프로그램의 개요대로 실행하려고 노력한다. 이 경우 수업 개요는 '학생이 다양한 구름 종류를 알고 식별해야 한다'는 것이었다. 교육과정 지침서에는 해당 단원이 상위체계인 이해 및 스킬 영역 어디에 해당하는지를 명시했을 수도 있지만, 이것이 교사에게 분명하게 전달되지 않았고, 따라서 교사도 학생에게 분명하게 알려주지 않았을 것이다. 이 단원은 이해(개념과 원리)와 스킬은 전혀 없이 대부분 사실(facts)에 근거한 수준이어서, 교사들이 사실을 기억해내기 어려워하는 것이 그리 놀랄 일은 아니다. 이렇게 해서는 학생들에게 풍성하고 장기적인 성과를 내지 못할 것이다.

이와는 대조적으로 변화, 패턴, 체계, 연관성이라는 4가지 핵심 개념을 중심으로 과학수업 연간계획을 세운 교사가 있다. 일 년 내내 학생은 위 4가지 개념이 다양한 과학적 현상에서 어떻게 발현되는지 탐구한다. 개별 탐구를 시작할 때 교사는 모든 학생이 이해해야 할 필수 원리가 무엇인지 확인해준다. 일부 원리는 몇 개의 단원에 걸쳐 반복되기도 한다, 예를 들어, '자연이든 인공물이든 시간이 흐르면 변한다', '체계의 한 부분이 변화하면 다른 부분에도 영향을 미친다', '패턴을 활용하면 현명하게 예측할 수 있다' 등이다. 반면에 일부 이해는 특정 교과에 국한되어 있다(예를 들어, '물의 형태는 계속 변하지만 그 양은 변하지 않는다'). 교사는 또한 학생들이 일 년 동안 숙달해야 할 스킬을 목록으로 만들었다. 학생들은 특정한 날씨도구 사용법, 짐작이 아니라 관찰을 토대로 예측하기, 그림과 글로 정확하게 의사 전달하기 등을 배워야 한다. 학생들은 다양한 방식으로 공부하다가 적절한 지점에서 이 스킬을 사용해 핵심 원리를 이해한다. 학생들이 과학자처럼 특정 사건에 관해 대화를 나눌 때 사실들은 곳곳에 널려 있다.

일 년 중 어느 시점에 학생들은 날씨도구를 사용해(스킬) 날씨체계의 패턴과 연관성(개념)에 관해 이야기를 나눴다. 탐구하는 원리는 두 가지다. (1)체계의 한 부분이 변화하면 다른 부분이 영향을 받는다. (2)패턴을 활용하면 현명하게 예측할 수 있다. 학생들은 자신들이 파악한 패턴과 연관성의 결과로 어떤 종류의 구름(사실)이 만들어질 것인가를 예측했다(스킬). 학생들은 예측한 내용을 적절한 구름 용어를 사용해 그림과 글로 옮겼다. 그런 다음 무슨 일이 일어나는지를 관찰하면서 예측이 얼마나 정확했는지를 평가하고 글과 그림을 수정해서 관찰한 결과를 전달했다.

이런 식으로 학습계획을 짜면 일 년 내내 일관성 있는 이해구조가 만들어진다. 반복되는 핵심 아이디어를 사실들로 설명하고 공고히 한다. 스킬의 목적은 의미와 유용성에 뿌리를 박고 있고, 학습은 참여와 이해를 촉진한다. 이렇게 배운 학생들은 세상이 어떻게 돌아가는지를 이해하고 학습자로서 그리고 젊은 과학자로서 유능하다고 느낄 가능성이 더 크다. 학생들은 앞으로도 오랫동안 구름의 명칭과 속성을 더 잘 기억할 것이다. 물론 교사들도 그럴 것이다.

교수와 학습의 효과를 확고히 하려면 교사는 학습에 관여하는 세 개의 핵심적인 교실요소, 즉 학습내용, 학습과정, 학습결과물을 단단하게 연결해야 한다. (나머지 두 요소는 학습환경과 정서이다. 3장에서 이에 관해 소개했는데, 수업에 대해 생각하고, 수업을 계획하고 관찰하고 평가할 때 항상 중요하게 고려해야 하는 것들이다.)

학습내용(content)은 학생이 일정한 양(한 과, 하나의 학습경험, 한 단원)의 학습 결과로 알게 되는 것(사실), 이해하게 되는 것(개념과 원리), 할 수 있는 것(스킬)이다. 학습내용은 투입(input)이다. 여기에는 학생이 정보를 숙지하게 되는 수단(교과서, 보조 읽기자료, 웹기반 자료, 동영상, 견학, 강사, 시범, 강연, 컴퓨터 프로그램 및 다수의 자료출처)이 포함된다.

학습과정(process)이란 학생이 학습내용을 이해할 기회이다. 교사가 학생에게 뭔가를 말하고 이를 다시 교사에게 말해보라는 식으로는 학생이 그 내용을 이해할 가능성이 거의 없다. 정보와 개념은 학생 것이 아니라 남의 것(교사, 교과서, 저자, 강사 등)이 될 것이다. 학습자는 정보와 개념을 처리하는 과정을 거쳐야만 이를 소유할 수 있다. 수업에서 학습과정은 일반적으로 활동(activity)의 형태로 이루어진다. 활동이 효과적이려면 다음과 같아야 한다.

• 수업목표를 명확하게 설정한다.
• 학생이 하나의 핵심 이해에 확실하게 집중하도록 한다.

- 학생이 핵심 스킬을 사용해 핵심 개념을 다루게 한다.
- (단순히 반복하는 것이 아니라) 확실하게 학생이 개념을 이해하도록 해야 한다.
- 학생의 학습준비도 수준에 맞춘다.
- 학생이 새롭게 이해한 바와 새로 터득한 스킬을 이전의 것과 연관시킬 수 있도록 돕는다.

학습결과물(product)은 상당한 분량의 학습(예를 들어, 한 달에 걸친 신화에 관한 공부, 날씨체계를 다룬 한 단원, 한 학기 동안 수행한 정부에 관한 연구, 한 학기 동안의 스페인어 공부, 일 년간의 생태계에 대한 조사 또는 일주일간 집중해서 배운 '각'에 관한 기하학 등)의 결과로 학생들이 이해하게 되거나 할 수 있는 것을 보여주는 (그리고 확장하는) 수단이다. 이 책의 여러 사례에 등장하는 학습결과물이라는 용어는 최종적으로 완성된 결과물, 즉 학생이 학습한 내용을 보여주기 위해 생산한 것을 의미한다. 수업 중에 학생이 자기 생각을 뚜렷이 나타내기 위해 일상적으로 만들어낸 것(작품)을 학습결과물이라 부르지는 않는다. 이 책에서는 이런 짧은 기간에 만들어진 것들은 단순히 수업시간에 실시한 활동의 구체적이고 가시적인 요소로 간주한다.

최종적으로 완성된, 즉 총괄적인 학습결과물은 시연(demonstration)이나 전시(exhibition) 형태를 띤다. 학생은 복잡한 문제에 대한 해결책을 설계하거나 주요 연구 및 결과의 정리에 착수할 수도 있다. 최종 학습결과물은 시험이 될 수도 있고, 쉽게는 내레이션이 들어간 포토에세이와 같은 시각적 표현이 될 수도 있다. 다시 말해서, 학습결과물은 지필평가일 수도 있고 수행평가나 프로젝트도 가능하다. 어떤 형식이든 최종 학습결과물은 다음과 같아야 한다.

- 평가 기간 내내 교사와 학생이 명확하게 인지하고 있는 지식, 이해, 스킬과 밀접하게 부합한다.
- 단순하게 지식을 반복하거나 정해진 방식대로 스킬을 사용하기보다는 학생의 이해를 강조한다.
- 다양한 학습필요(예를 들어, 읽기, 쓰기, 시력, 주의력, 언어문제)가 있는 학생들이 접근 가능한 것이다.

수행평가나 프로젝트 형태의 최종 결과물은 또한 다음과 같아야 한다.

- 학습한 결과로 학생이 알고 이해하며 할 수 있는 것을 드러내려면 시연하고, 전달하고, 적용해야 하는 것이 무엇인지를 명확히 규정해야 한다.
- 학생에게 표현양식을 하나 이상 제공하되, 시연되는 학습성과가 일정하게 유지되기만 한다면 학생 스스로 형식을 제안할 기회도 줄 수 있다.
- 양질의 내용(정보수집, 아이디어, 개념, 연구출처), 결과물을 개발하기 위한 단계 및 행동(계획, 효율적인 시간사용, 목표설정, 독창성, 통찰력, 편집), 결과물 자체의 속성(크기, 청중, 구성, 내구성, 형식, 전달, 기계적

정확성)에 대한 기대수준을 정확하게 전달한다.

- 지원과 스캐폴딩(예를 들어, 아이디어를 브레인스토밍할 기회, 기준, 일정표, 연구자료 사용에 대한 교실 내 워크숍, 급우들이 비평하고 편집할 기회)를 제공해 높은 수준의 학습을 보장해야 한다.
- 학생의 학습준비도, 흥미, 학습양식에 있어서 의미 있는 차이를 감안해야 한다.

학습수준과 교육과정의 결합

유능한 교사는 학생들과 함께 탐구하는 단원에서 반드시 모든 학습수준(128쪽의 도표 5.1 참조)을 다루도록 한다. 교실 내 활동은 반드시 그 내용과 과정 그리고 학습결과물이 학생들이 교과에 몰입해 제대로 이해하게 해주는 자료와 경험을 포함하도록 한다. 이 말은 학습내용, 학습과정, 학습결과물이 핵심 개념, 필수 원리, 스킬 그리고 필수적 사실들을 탐구하고 숙달하는 데 초점을 맞춰야 한다는 뜻이다(140쪽의 도표 5.2 참조).

예를 들어, 존슨 선생님과 중학교 학생들은 곧 신화에 관한 연구를 시작할 것이다. 선생님과 학생들이 이 연구에서 (일 년 내내) 탐구할 개념은 영웅, 시점, 문화, 정체성 등이다. 조사할 원리는 다음과 같다.

- 사람들이 이야기하는 목적은 그들 자신과 타인들에게 자신의 신념

을 명확히 알리려는 것이다.

- 이야기는 문화를 반영한다.
- 타인의 세계관을 이해하면 자신의 세계관을 명확히 하는 데 도움이 된다.
- 덜 친숙한 것을 친숙한 것과 비교해보면, 양자를 더욱 잘 이해할 수 있게 된다.
- 영웅을 보면 그를 영웅으로 지정한 문화와 사람을 알 수 있다.
- 신화는 가치, 종교, 가족, 공동체, 과학, 추론의 거울이다.

한 달 동안의 연구에서 강조하는 스킬은 텍스트 종합하기, 비교·대조하기, 직유·은유 해석하고 사용하기, 소설에서 주제 끌어내기, 텍스트를 사용해 생각 뒷받침하기 등이다. 일 년 내내 존슨 선생님은 학생들이 신화에 관해서 이야기하고 연구할 때는 반드시 소설 용어(플롯, 배경, 주인공, 대립인물, 어조)를 사용하게 한다.

주요 신화에 등장하는 인물과 사건(사실)을 다양한 상황에서 자주 접하게 하면 학생들이 자신의 문화와 다른 문화권의 어휘, 상징 및 암시를 만드는 데 일조한 중요한 이름과 사건에 친숙해질 것이다.

존슨 선생님은 학생들이 배워야 할 핵심 사실·개념·원리를 기준으로 신화(내용)를 고른다. 예를 들어, 선생님은 여러 문화권에서 신화를 고르되, 영웅의 분명한 전형들이 등장하고, 종교, 공동체 및 과학에 대한 견해가 드러나며, 자주 인용되는 문화적 상징과 암시의 토대가 되는 인물과 사건이 소개되는 신화를 골라야 한다는 것을 알고 있다.

도표 5.2 학습수준과 교육과정 요소 연결

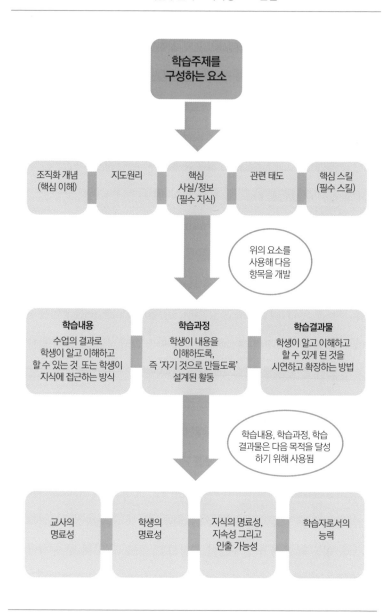

학습주제를 구성하는 요소

조직화 개념 (핵심 이해) | 지도원리 | 핵심 사실/정보 (필수 지식) | 관련 태도 | 핵심 스킬 (필수 스킬)

위의 요소를 사용해 다음 항목을 개발

학습내용
수업의 결과로 학생이 알고 이해하고 할 수 있는 것 또는 학생이 지식에 접근하는 방식

학습과정
학생이 내용을 이해하도록, 즉 '자기 것으로 만들도록' 설계된 활동

학습결과물
학생이 알고 이해하고 할 수 있게 된 것을 시연하고 확장하는 방법

학습내용, 학습과정, 학습 결과물은 다음 목적을 달성 하기 위해 사용됨

교사의 명료성 | 학생의 명료성 | 지식의 명료성, 지속성 그리고 인출 가능성 | 학습자로서의 능력

존슨 선생님은 핵심적 활동을 개발해(과정) 학생들이 신화에서 읽고 대화한 내용을 자신의 문화, 신념 및 사고방식과 연결하도록 돕는다. 활동은 학생들이 목표 스킬을 사용하게끔 개발하며, 필요에 따라서는 교사가 직접 이 스킬을 가르친다. 예를 들어, 선생님과 학생들은 그리스, 노르웨이, 아프리카 및 이누이트 신화에 등장하는 '영웅'이라는 개념을 탐구할 것이다. 의미를 이해하는 활동으로 선생님이 구상하고 있는 것 하나는 학생들이 신화 속 영웅과 현대의 영웅이 서로 시대와 문화를 주제로 나누는 대화를 만들게 (그리고 아마도 발표하게) 하는 것이다. 이 활동을 통해 학생들은 영웅의 문화와 신념을 비교하게 된다. 그러려면 중요한 인물과 사건을 알아야 하고, 영웅의 개념을 이해하고, 학습하고 있는 원리를 적용하고, 텍스트를 종합하는 스킬을 사용해야 할 것이다. 또한 신화의 일부분을 발췌해 이를 거울삼아 대화를 전개할 것이다.

존슨 선생님은 최종 학습결과물에 대해 몇 가지 선택사항을 제시하지만, 어떤 선택안이든 학생들은 다음 사항을 반드시 이행해야 한다.

- 영웅과 문화라는 개념을 비추는 거울로서 신화를 어떻게 이해하고 있는지를 입증해야 한다.
- 중요한 신화에 등장하는 주요 인물 및 사건과 관련한 핵심 지식을 사용해야 한다.
- 주제와 은유적 사고 및 언어 이해하기, 텍스트 종합하기, 비교·대조하기, 텍스트를 사용해 생각 뒷받침하기 등의 목표 스킬을 사용해야 한다.

존슨 선생님은 단원의 학습을 통해 학생들이 반드시 알고 이해하고 할 수 있어야 하는 것들이 무엇인지 명확히 알고 있기 때문에 학생들이 수업에 참여해 성공적으로 학습할 가능성이 높다. 학생들은 고대신화가 자신의 삶과 매우 유사함을 알게 된다. 신화가 이해되고 실제처럼 느껴지고 또 자신이 중요하게 여기는 것과 연결된다. 수업을 통해 얻은 새로운 지식과 통찰력을 친숙한 것과 연결하면서 신화에 대한 이해의 폭이 넓어진다. 학생들과 함께 신화를 탐구하면서 존슨 선생님은 학생들이 토론하고 글을 쓸 때 적절한 용어와 스킬을 사용하도록 함으로써 그들이 지식, 이해 및 스킬을 의미가 풍부한 전체로 연결할 수 있게 해줄 것이다.

이러한 유형의 활동은 학생들이 지식, 스킬 및 개념을 체계화하고, 생각하고, 적용하고, 전달하는 틀을 만드는 데 도움이 된다. 또 교육과정의 모든 요소를 망라해 이를 보강하고 연결하는 학습기회를 얻게 한다. 아직은 학생들의 다양한 학습준비도, 흥미, 학습양식을 고려한 개별화수업에 대한 고민을 시작하지는 않았지만, 존슨 선생님은 풍부하고 의미 있는 방식으로 그 토대를 놓고 있다.

교육과정-평가-수업의 연결

학생과 교과에 관심이 많고, 둘 모두에 집중적으로 투자하는 교사라면 특정 시점에 중요한 학습목표에 견주어 학생들이 어디에 있는가를 판단하는 데 세심한 주의를 기울이리라는 것은 상식이다. 물론 상식이란 것은 실천하기가 매우 어려울 수 있다. 이는 습관, 욕망 그리고 주의를 산만하게 하는 것 등으로 인해 우리가 논리적으로 행동하지 못할 때가 많기 때문이다.

지도(teaching)의 합리적인 순환(cycle)은 학습단원에 대한 명확한 목표설정, 목표달성을 위한 임시계획 수립, 수업시작 전 목표에 견줘 학생들의 위치 확인, 파악된 학생들의 학습필요를 토대로 임시계획 수정, 학습목표와 학생의 학습필요를 염두에 둔 학습내용의 첫 부분 수업, 이에 대한 학생들의 이해도 확인, 이를 바탕으로 다음 부분에 대한 수업계획 조정 등의 순서로 이루어진다.

애석하게도 학교에서 대다수 교사의 수업패턴은 흔히 다음과 같다. 첫 번째 가르칠 내용을 정하고 수업하기, 두 번째 가르칠 내용을 정하고 수업하기, 세 번째 가르칠 내용을 정하고 수업하기 식이다. 이런 식으로 순환하다가 복수의 '끝맺는' 지점에서 생활기록부에 기록을 남기기 위해 시험을 치른다. 그러고는 또 같은 과정을 반복한다. 이런 진행이 일반적이긴 하지만, 이렇게 가르쳐서는 효과적인 지도의 핵심을 놓치기 십상이다. 효과적인 개별화수업의 조건은 다음과 같다.

- 교사와 학생 모두 학습의 결과로 알고 이해하고 또 할 수 있어야 하는 일이 무엇인지를 명확히 알고 있어야 한다.
- 교사와 학생 모두 특정한 시기에 학습목표에 견줘 학생들의 위치를 명확히 파악하고 있어야 한다.

- 교사는 책임감을 갖고 다음 차시 수업에서 학생들의 이해 격차, 잘못 알고 있는 내용, 이미 통달한 내용 등을 바로 다루어 학생들이 비약적으로 성장할 수 있도록 해야 한다.

다시 말해서, 목표가 명확해야 사전평가와 형성평가를 잘 설계할 수 있으며, 이를 통해 교사는 학생의 현 위치를 판단해 이에 따라 수업을 계획할 수 있다. 형성평가와 사전평가는 학생의 학습준비도, 흥미, 학습양식에 대한 공식적·비공식적 평가 모두를 포함할 수 있다. 명확한 교육과정 목표, 지속적인 평가 그리고 수업이 서로 연계되어야 의미 있는 개별화수업이 가능하다.

○—

개별화수업은 기본적으로 교실에서 교사가 어떻게 수업하며 학생은 어떻게 배우는가에 초점을 맞춘 수업모델이다. 무엇을 가르치고 무엇을 배우는가에 집중하지 않는다. '무엇'은 교육과정의 문제이다. 그래서 개별화수업 모델은 교육과정의 속성(nature)에는 별 관심이 없는 듯 보인다. 그러나 교사들은 '무언가'를 개별화해야 하고, 그 '무언가'의 질이 분명 개별화의 힘과 교실에서의 학생들 경험의 질에 영향을 주는 것은 당연하다. 교육과정이 단순히 '연습하고 익히는(죽이는)(drill and s(kill), drill and kill은 기계적인 반복의 주입식 학습-옮긴이)' 것이어도 이를 개별화하는 것이 일리는 있겠지만, 학생들이 어른이 되어 직장과 여가생활에서 맞닥뜨릴 실제적인 딜레마와 문제상황을 해결할 때 사용할 수 있는 스킬을 배운다면 그 교육과정과 수업 및 학습은 얼마나 훨씬 더 강력할지 생각해보라. 그러나 아무리 훌륭한 교육과정이라 하더라도 교사가 핵심 지식·의미·스킬을 명확히 모른 채 수업을 개별화한다면, 경로만 다를 뿐 학생들은 여전히 안개 속에서 헤매게 될 것이다.

교육과정에 대해 교사는 이를 '있는 그대로' 가르치는 문서나 프로그램이 아니라 학생들이 자신이 사는 세상을 이해하고 의미를 만들어갈 수 있게 해주는 시작점으로 생각해야 한다. 가르침이라는 예술의 많은 부분은, 요구되는 학습내용의 성과를 일관된 학습경험으로 통합할 수 있는 능력에 있다. 이때 학습경험은 청소년의 상상력을 사로잡고, 그들의 머릿속에 안정적인 조직체계를 만들며, 학습하는 과목에서 가장 중요한 것을 깊이 있게 배우게 해주는 것이어야 한다.

06

개별화수업을
만드는 교사들

학생은 지식을 저장만 하는 것은 아니다.
학생 각자는 자신만의 특정한 방식으로 학습한다.
모든 아이가 자신만의 방식으로 사물을 독특하게 이해한다.
교사가 한 학급 35명을 가르치고는 있지만
학습은 궁극적으로 개인적인 과정임을 명심하는 것이 항상 중요하다.

Max van Manen, 『The Tact of Teaching』

가장 흥미롭고 효과적인 개별화수업을 하는 교사라 해서 모든 해답을 갖고 있지는 않다. 이들이 가진 것은 낙관주의와 결단력이다. 즉, 어제 수업이 아무리 훌륭했다 하더라도 오늘은 더 나은 방법을 찾을 것이라는 신념을 갖고 매일 학교로 오는 끈질긴 학습자 같은 교사들이다. 이들은 현재 하는 일에 숨어 있는 단서를 적극적으로 찾고 탐구하다 보면 더 나은 방식을 찾을 수 있으리라 믿는다. 바로 이런 신념을 갖고 매일 모든 일을 해나간다.

　이런 교사들은 지도의 '비법'을 따르지 않는다. 다른 교사의 교수법을 훔쳐 오는 경우라도(교사들 사이에서 용인되는 오래된 관행!), 반드시 자기가 가르치는 학생의 학습필요에 부합하게 바꾸고, 현재 수업의 핵심 학습목표에 맞추고 다듬어 학생의 참여와 이해를 끌어낸다. 교직경력이 꽤 되는 수잔 오해니언(Susan Ohanian, 1988)은 여기에 덧붙여, 누군가가 이해의 '한 귀퉁이'를 드러내 보여줄 수는 있지만 나머지 세 귀퉁이는 우리가 스스로 찾아야 한다는 공자의 말씀을 덧붙였다.

　　나는 네 귀퉁이 모두를 알려주는 사람이 없다는 사실에 실망하고 분노해 절망해버린 교사를 많이 안다… 연구보고서를 읽고, 아이들과 협업하면서 나머지 세 귀퉁이를 찾아내야 하는 것은 우리 교사의 몫이다. 가르치는 일은 항상 새롭게 써야 하는 계약이어서 끊임없이 새로운 이해를 추구하지 않으면 잘 알고 있다고 생각했던 한 귀퉁이의 이해마저도 계속 사라져갈 것이다. 교실은 항상 미묘하게 변하고 있으므로 누구도 그 도면을 영원히 안다고 확신할 수 없다.

앞으로 6, 7, 8장에서는 개별화 교육과정 및 수업사례를 통해 개별화수업의 핵심 원리를 알아본다(도표 6.1 참조). 수업사례는 곧바로 다른 수업에도 사용할 수 있는 것이 아니다. 단지 개별화수업 과정의 한 귀퉁이를 보여줄 뿐이다. 여기에 소개하는 교사가 성공했느냐 여부는 학생이 학업에 매진하게 유도하고 학습과정을 계속해서 지원하는 교실 환경을 조성하고 유지했느냐에 달려 있다. 나머지 성공요인은 매력적인 교육과정, 지속적인 평가, 수업계획이다. 매력적인 교육과정에는 학생 이해에 초점을 맞춘 학습목표가 명확하게 적시되어야 하고, 지속적인 평가는 설정된 학습목표와 정확하게 부합하면서 이를 통해 교사가 학생이 중요 목표를 어디까지 달성하고 또 넘어서고 있는가를 판단할 수 있는 정보를 제공해야 하며, 수업계획은 학생의 학습필요와 교과내용 요건에 부응해야 한다.

도표 6.1 **개별화수업의 핵심 원리**

- 학생의 참여를 유도하는 학습환경은 학업성취도에 중추적 역할을 한다.

- 양질의 교육과정은 효과적인 개별화수업의 토대이다.

- 형성평가는 교수와 학습에 도움이 되는 정보를 제공한다.

- 수업은 형성평가를 통해 얻은 정보를 토대로 학습자의 학습준비도, 흥미, 학습양식의 필요에 부응한다.

- 교사가 리더십을 갖고 유연하게 수업을 진행해야 학생은 개별화수업 환경을 이해하고 이에 기여하면서 성공적으로 학습할 준비를 갖출 수 있다.

　여기에서 제시하는 수업사례들을 통해 각 교사의 경험적 사고과정과 개별화수업 접근법을 알 수 있을 것이다. 이는 가르치는 특정 교과에서, 특정 학생들과 그리고 교육자 및 인간으로서 교사의 독특한 개성과 필요에 따르면서 '나머지 세 귀퉁이의 이해'를 찾으려 노력하는 교사 여러분을 돕기 위함이다.

개별화: 무엇을, 어떻게, 왜 ○────────

개별화 교육과정과 수업을 분석하는 데 매우 유용한 세 가지 질문이 있다. 교사는 무엇을 개별화하는가, 어떻게 개별화하는가, 왜 개별화하는가이다.

<u>무엇을 개별화하는가?</u> 이 질문은 학생의 필요에 대응해 교사가 교육과정 요소를 수정하는 것에 초점을 맞춘 것으로 다음 중 하나 이상에 해당할 것이다.

- 학습내용 – 학생이 배울 것 또는 정보와 스킬 그리고 이를 이해하고 활용하는 데 필수적인 개념에 접근하는 방식
- 학습과정 – 학생이 핵심 지식 및 스킬을 사용해 핵심 개념을 이해하게 하는 활동
- 학습결과물 – 학생이 일정 부분을 학습한 결과로 '알고 이해하고 할 수 있는 것'들을 시연하고 발전시키는 방법
- 정서적/학습환경 – 학습분위기와 학습에 대한 기대를 설정하는 교실 환경 및 대인적 상호작용

<u>어떻게 개별화하는가?</u> 이 질문은 개별화수업이 대응해야 하는 학생들의 특성에 초점을 맞춘다. 교사가 학생의 학습준비도, 흥미, 학습양식 또는 셋의 어떤 조합에 대응해 개별화하는가? 셋 중 하나 또는 그 이상의 필요에 맞춰 학습경험을 조정할 수 있다.

<u>왜 개별화하는가?</u> 교사가 학습경험을 조정하는 이유를 생각해본다. 학생의 학습법을 지원하기 위함인가? 학습동기를 향상시키기 위함인가? 학습의 효율성을 높이기 위함인가? 위 세 가지 이유 중 일부 또는 전부가 학습준비도, 흥미, 학습양식과 관련될 수 있다.

학생이 자신에게 와닿지 않는 것을 배우지 못하는 것은 그것을 이해할 방법이 없기 때문이다. 교재가 너무 어렵거나 쉬워서 학습동기를 유

발하지 못하면 배울 수 없다. 우리는 모두 자신의 흥미 및 경험과 관련이 있는 것은 더욱 열정적으로 배우고, 선호하는 학습양식으로 배우면 더 효율적으로 정보를 습득하고 스킬을 연마하고 개념을 이해한다.

이어지는 개별화수업 예시 중 일부는 교육과정과 수업에 비록 약간이지만 중요한 조정을 반영한 것이고, 또 일부는 정교하게 조정한 것이다. 각 예시 뒤에 교사가 학생의 필요에 대응해 수업을 계획할 때 무슨 생각을 했는가, 즉 무엇을·어떻게·왜 개별화했는가에 대한 분석을 달았다. 분석을 읽기 전에 여러분이 먼저 분석해보는 것도 재미있을 것이다. 도표 6.2는 분석할 때 고려할 세 가지 핵심 질문과 그 요소이다.

도표 6.2 무엇을·어떻게·왜 개별화하는가

무엇을 – 개별화 대상	어떻게 – 개별화 방식	왜 – 개별화 목적
• 학습내용	• 학생의 학습준비도	• 학습에 대한 접근성
• 학습과정	• 학생의 흥미	• 동기/참여/관련성
• 학습결과물	• 학생의 학습양식	• 학습의 효율
• 정서		• 적정한 수준의 도전
• 학습환경		• 학습결과를 표현할 기회

스킬을 계속해서 별개로 가르치면 학습 관련성과 효과가 떨어질 수 있다. 그러나 대부분의 수업에서 교사가 적절히 선택해 사실이나 특정한 스킬을 연습시키는 때가 있다. 이렇게 기계적으로 연습하기 전에 학생에게 더 의미 있는 과제나 문제를 소개해 연습의 목적을 이해시키고, 연습이 끝난 다음에는 해당 정보와 스킬을 사용해 의미가 풍부한 과제나 복잡한 문제를 완수하게 하는 것이 좋다.

어떤 수업이든지 특정 정보나 스킬에 대한 학습준비도는 학생마다 다르므로 교사는 학생들이 이러한 정보 및 스킬을 연습할 방법을 개별화해야 한다. 다음의 수업 예들은 교사가 학생을 평가하고 진입지점을 판단해 사실 또는 스킬에 초점을 맞춰 개별화한 과제이다.

1학년 과학: 분류

어제 레인 선생님의 1학년 반 학생들은 자연관찰 산책을 하러 가서 과학자가 수집할 것으로 생각되는 물체를 모았다. 오늘은 모둠별로 어제 수집한 물체를 분류할 것이다.

먼저 모든 학생이 생물과 무생물로 나누어 분류한다. 그런 다음 그 안에서 또 다른 유사점(예를 들어, 형태, 크기, 색깔, 종류)에 따라 분류할 것이다. 선생님은 몇몇 탁자에는 한 가지 변화를 주었다. 좀 더 어린 학생들은 실물만을 분류하지만, 다른 탁자에는 물체이름을 쓴 카드 몇 장을 주어 실물과 함께 분류하게 할 것이다. 이는 이제 막 글을 깨우쳐 들떠있는 학생을 위해서이다. 물체 이름을 해독할 줄 아는 학습준비도에 따라 초보용 탁자 몇 개에는 한두 장, 또 다른 탁자에는 여러 장의 카드를 준비한다.

무엇을 개별화하는가? 과제는 전반적으로 비교와 대조를 이해하고 연습하는 것이어서 레인 선생님은 학습과정을 개별화했다.

어떻게 개별화하는가? 선생님은 학생의 읽기 학습준비도를 지속적으로 평가한 것을 기반으로 학습과정을 개별화했다.

왜 개별화하는가? 선생님은 어린 독자에게 읽기 스킬을 활용할 기회를 되도록 많이 주려 했다. 단어카드는 글을 읽지 못하는 학생에게도 도움이 되었다. 여러 탁자의 학생들이 서로 항목을 분류한 방법을 공유할 때, 글을 읽지 못하는 아이도 물체와 단어가 연결된 예를 자주 접하는데, 이는 문자를 해독하는 데 꼭 필요한 과정이다.

4학년 언어: 교정

맥 선생님의 4학년 교실에는 학습센터가 있다. 여기에서 학생들은 구두점, 철자 및 문장구조의 오류를 찾아 수정하는 능력을 다듬는다. 교정센터에는 선생님이 직접 쓴 이야기 여러 편을 비치해 읽기능력이 서로 다른 학생들이 몰입해서 읽을 수 있게 했다. 학생들은 읽고 있는 이야기 속 등장인물이나 최근 사건에 등장하는 인물에서 메시지를 찾는 일도 있고, 맥 선생님에게서 또는 선생님이 벽 틈에 살면서 교실에서 무슨 일이 일어나는지를 살펴본다고 선언한 요정이나 트롤에게서 메시지를 얻기도 했다. 물론 선생님은 유머러스하게 그리고 약간의 지혜를 담아서 이 이야기들을 쓰면서, 편집을 맡게 될 학생에 따라 오류의 종류를 달리했다. 산문 구조의 복잡도도 다양하게 했다.

어떤 때는 학생 자신이 직접 쓴 이야기를 교정센터 서류함에 넣어서 급우들의 도움을 받아 초고를 다듬게 했다. 맥 선생님도 그 글들을 살펴보고 특정 글을 학생에게 배정해 검토하게 한다. 이렇게 하면 글 쓴 학생의 학습필요와 검토할 학생의 실력에 따라 의미 있는 방식으로 호응하는 활동이 될 것을 선생님은 알고 있다.

무엇을 개별화하는가? 평가의 초점은 스킬 연습에 있다. 맥 선생님은 학습과정을 개별화해 학생들이 어떤 스킬을 필요로 하는가를 보고 구두점, 철자 및 문장구조 요건 등을 달리한다. 동시에 학생들의 읽기 학습준비도에 따라 도전수준을 적정화한다. 두 경우 모두 교사는 학습내용을 개별화한다.

어떻게 개별화하는가? 맥 선생님은 학습준비도를 기초로 학생들이 구두점, 어휘 및 문장구조에 숙달할 수 있도록 개별화한다. 학생들의 흥미가 무엇인지 잘 알고 있기 때문에 교사는 이야기 속 등장인물, 스포츠 영웅, 요정 등이 말하는 내용을 구두점, 철자 및 문장구조에 오류가 있는 문장으로 단숨에 써내려간다. 선생님은 각 문장이 특정 학습자의 취향에 딱 맞을 것을 알고 있기에 이 시간이 즐겁다. 뿐만 아니라, 가급적이면 학생이 쓰는 글의 주제와 검토자의 흥미를 일치시키는데 이 방법은 효과가 있다. 학생들은 맥 선생님의 교정수업을 고대한다.

왜 개별화하는가? 맥 선생님 반 학생들의 글쓰기 스킬과 교정 스킬의 필요는 다 다르다. 선생님이 준비하는 자료에서 틀린 부분을 다양하게 하면 학생의 스킬이 연속선 상에서 최대한 빠르게 발전하는 데 효과적이다. 학생이 이미 숙달한 스킬을 불필요하게 반복하게 해 수업을 지나치게 지루하게 만든다거나, 반대로 학생들의 학습준비도에 비해 과도하게 어려운 스킬을 요구하여 학생들을 당혹스럽게 하지 않는다. 맥 선생님은 학생들의 문장구조와 구두점에 관련된 실력을 알고 있어 특정 스킬을 직접 가르칠 다양한 모둠을 구성하기도 하고, 비슷한 과제를 수행 중인 모둠들을 한데 모아 서로 검토하도록 시킬 수도 있다. 더욱이 선생님이 유머가 있고, 읽기수준에 맞춰 자료를 준비하고, 급우끼리 서로의 글을 검토할 기회를 주기 때문에 이 수업에 대한 학습동기는 상당히 높다.

2학년 언어: 단어를 철자 순서로 배열하기

하우 선생님은 큰 못이 박혀 있는 밝은색 알파벳판 몇 개를 준비한다. 학생들은 그 못에 단어를 알맞은 철자 순서대로 걸어 철자 훈련을 한다.

학생들은 금속테두리를 두른 둥근 종이열쇠 태그들이 들어 있는 컵하나씩을 받는다. 태그에는 단어가 하나 쓰여 있고 이를 철자 순서로 배열해야 한다. 음절 수는 적지만 머리철자가 확연히 다른 낯선 단어들이 들어 있는 컵이 있고, 철자와 형태가 매우 비슷한 단어들이 들어 있는 컵이 있다. 선생님이 만들어낸 단어가 태그에 쓰여 있기도 한데, 이

가짜단어를 찾아내어 가짜임을 '증명'할 수 있으면(단어규칙을 인용한다든가 사전의 항목을 증거로 제시함으로써) 그 학생은 상을 받는다.

무엇을 개별화하는가? 학습활동, 즉 과정은 본질적으로 같게 유지한다. 다른 것은 자료, 즉 학습내용이다.

어떻게 개별화하는가? 이번에도 개별화의 초점은 스킬 준비도이다. '자동차(car)'와 '모자(cap)' 같은 단어의 철자를 배열하는 것이 상당히 어려운 학생이 있고, '고르다(choose)'와 '골랐다(chose)', 또는 '도서관(library)'과 '사서(librarian)'와 같은 단어의 순서를 정하는 정도의 수준이 더 적절한 학생도 있다.

왜 개별화하는가? 여기서도 교사는 학습 효율성과 이해에 대한 접근을 중요하게 생각한다. 하우 선생님은 학생의 현재 스킬 수준에 맞추려 노력하고, 이들이 가능한 한 빨리 다음 단계 스킬로 넘어가도록 도와주려 한다. 단어태그 자료세트는 오래 두고 쓸 수 있다는 것을 기억하면 좋을 것이다. 해당 학년의 학습자에게 9월에는 도전적 수준이었던 단어태그가 12월이 되면 스킬 발달이 더 느린 학생에게 딱 맞을 수도 있다.

8학년 체육: 배구 스킬

그랜트 선생님은 체육시간에 자주 반 전체 배구시합을 열어 학생들이 팀으로 활동하는 것을 배우게 한다. 어떤 때는 한 반을 절반으로 나눈다. 한 모둠은 체육관 한구석에서 배구시합을 하고 리더십이 있는 학생과 배구를 잘하는 학생들이 심판을 보게 한다. 다른 한 모둠에는 볼 세

팅, 스파이크, 겁먹지 않고 리시브하기 등의 배구 스킬을 익혀야 하는 학생들이 모여 있다. 선생님이 직접 가르칠 모둠의 학생들은 대폭 바뀌곤 한다.

무엇을 개별화하는가? 그랜트 선생님은 특정 배구 스킬을 숙달할 기회를 개별화했다. 특정 스킬(학습내용)과 소모둠 활동(학습과정)은 상황에 따라 달라진다.

어떻게 개별화하는가? 선생님은 대체로 학생들의 스킬 준비도에 초점을 맞춘다. 또한 학생들의 학습양식에 주목해 리더십이 있는 학생에게는 리더십을 연마할 기회를 준다.

왜 개별화하는가? 학생들은 자신의 기량을 개발할 기회가 있는 운동에 참여할 때 기분이 더 좋아진다(동기부여). 특히 수업시간에 적어도 일부라도 개인적으로 필요한 부분을 체계적이고 집중적으로 다룬다면 학생은 그럴 기회를 더욱 많이 갖게 된다.

고등학교 생물: 어휘학습

큐나드 선생님의 생물수업에는 영어(수업시간의 주 사용어)를 배우면서 생물공부를 하는 학생들이 많다. 선생님은 이 학생들을 위해서 새로운 단원이나 장을 수업하기에 앞서 어휘 '선수학습'을 실시한다. 선생님은 텍스트를 잘 이해하지 못하는 학생들, 학습장애가 있어서 복잡한 어휘를 어려워하는 학생들, 여러 가지 이유로 어휘와 씨름하는 학생들에게 선수학습 토론이 도움이 되는 경우가 많다는 것을 알게 되었다.

때로는 한 단원을 시작하기 전에 15-20분가량 어휘 선수학습이 도움이 될 것 같은 학생과 면담한다. 이때 다른 학생들은 현재 학습하는 단원과 관련해 큐나드 선생님이 지정해준 과제를 개별적으로 또는 모둠별로 수행한다.

이보다 작은 모둠에는 단원을 이해하는 데 꼭 필요한 6-8개의 어휘를 제시해 그 의미를 파악하도록 질문도 하고, 새로운 어휘와 발음이 비슷한 친숙한 어휘를 사용해서 예시를 들어주고, 단서가 되는 문맥을 형광펜으로 칠해주며, 어근을 활용하는 법을 가르치기도 한다. 소모둠 활동의 목표는 학생이 이해할 수 있는 어휘로 명확하고 간결하게 쓴 정의를 만드는 것이다. 선생님은 이 어휘들을 게시판 '핵심 어휘' 칸에 써놓고 그 단원의 수업 내내 수시로 이를 언급할 것이다.

무엇을 개별화하는가? 큐나드 선생님은 학습내용과 학습과정 둘을 개별화했다. 학습내용 개별화는 자료 자체가 아니라 도입 시기로 개별화한다. 어휘를 혼자 공부할 수 있는 학생과 스캐폴딩(scaffolding, 비계)이 필요한 학생 둘로 나누어 학습과정을 개별화한다.

어떻게 개별화하는가? 선수학습은 대체로 학습준비도를 기반으로 한 개별화이다. 그러나 어떤 경우에는 소모둠으로 공부할 때 가장 공부가 잘되는(소모둠에서 집중을 더 쉽게 유지하는) 학생들이나 읽는 것보다는 들으면서 공부할 때 더 잘되는 학생들을 선수 토의학습에 포함시킨다.

왜 개별화하는가? 큐나드 선생님은 반 전체를 대상으로 어휘 선수학습을 시행하지 않는다. 이미 목표어휘를 숙지하고 있는 학생들도 있고,

교재에서 그리고 학급토의를 하면서 어휘를 깨칠 수 있는 학생도 있기 때문이다. 선생님의 목표는 모든 학생이 지식과 학습 스킬을 발전시키는 것이지 일부는 제자리걸음을 하고 또 일부는 퇴보하게 하는 것이 아니다. 핵심 어휘를 먼저 가르치면 특정 시점에 이를 필요로 하는 학생에게 스캐폴딩을 제공하면서도 다른 학생들이 퇴보하지 않게 할 수 있다.

고등학교 외국어: 문법패턴 이해하기

히긴즈 선생님의 독일어 I 패턴연습의 초점은 동사의 과거형 만들기와 사용이다. 그런데 선생님 반 아이들의 외국어 학습속도와 재능은 서로 매우 다르다.

문법개념 일반, 특히 독일어 문법개념을 어려워하는 학생모둠은 문장요소 대부분이 주어진 패턴으로 연습한다. 단, 문장 안에 영어로 된 동사 하나를 알맞은 독일어 과거형 동사로 바꿔 써야 한다. 때때로 영어로 된 명사나 대명사 하나를 제시하고 이에 맞는 독일어 동사를 쓰게도 한다. 히긴즈 선생님은 빈칸에 넣을 동사는 규칙동사로, 빈칸에 넣을 다른 것들은 기본적인 번역과 대화에 필수적인 것들로 한정했다. 좀 더 실력이 있는 두 번째 모둠이 하는 활동도 비슷하지만, 빈칸에 넣을 단어의 수가 많고 더 복잡하며 불규칙 동사도 몇 개 있다. 세 번째 모둠은 두 번째 모둠과 같은 문장들을 사용하지만 모든 문장이 영어이고 이를 독일어로 옮겨야 하는 방식이다. 형성평가와 수업관찰을 통해 선생님은 한두 명의 학생은 이미 독일어 과거시제를 숙달했기에 연습할 필요가 없음을 파악했다. 이들에게는 시나리오 하나를 독일어로 만들되, 몇 가지 독일어 문법구조가 반드시 들어가도록 지침을 주었다. 시나리오는 서면 또는 녹음으로 발표할 수 있다. 한 모둠이 오늘 완성한 과제는 숙달도가 떨어지는 다른 모둠의 숙제로 며칠 뒤 내줄 수 있다.

무엇을 개별화하는가? 학생들은 다양한 내용으로 연습한다. 모두가 동사의 과거형을 공부하지만, 과제 안의 문장과 어휘요소는 서로 다르다. 어떻게 개별화하는가? 기초 문법구조를 얼마나 알고 있는가를 토대로 한 학습준비도에 따라 개별화한다.

왜 개별화하는가? 일부 학생들은 별도의 지도 기회를 통해 기본적인 규칙동사 만들기를 연습한 후 다음 단계로 넘어가야 한다. 반면, 훨씬 복잡하고 예측하기 어려운 불규칙동사를 배울 수 있는 학생들도 있다. 그들은 다양한 문장요소와 어휘를 활용할 줄 안다. 히긴즈 선생님은 복잡도, 독립성, 개방성의 정도를 기준으로 필수 요건에 변화를 주었다. 즉, 모든 학생이 현재 가진 안전지대 수준의 스킬을 순탄하게 향상시킬 수 있도록 한다. 학생에게 자기 학습준비도에 맞춘 과제를 수행하게 하면 교사는 직접 지도할 학생을 파악하고 소모둠 활동을 모니터하는 것이 더 수월해진다. 선생님은 며칠에 한 번씩 이런 과정을 실시함으로써 독일어를 어려워하는 학생이 이해 단계를 건너뛰면서 느끼게 되는 혼란이나 실패했다는 느낌을 가중시키지 않는다. 또 학습속도가 빠른 학생들도 '정체'되지 않고 언어에 대한 만족감을 느낄 수 있도록 한다. 이를 통해 모든 학생이 확실히 수업의 핵심인 말하기·쓰기 활용과제를 더 잘하고 더 자신 있게 수행할 수 있게 된다.

6학년 언어: 철자

에스티스 선생님은 학년 초에 철자 예비시험을 실시한 후, 2학년 수준의 단어로 공부해야 하는 학생과 8학년 어휘목록을 공부해야 하는 학생, 그 중간 수준의 학생을 파악한다. 모든 학생에게 가르치는 철자법 절차는 같지만, 학생들의 현재 철자실력에 따라 공부하는 어휘목록이 다르다. 어휘목록은 등급으로 표시하지 않고 색깔로 구분한다.

학생들은 철자공책에 자신의 어휘목록에 있는 단어 10개를 쓴다. 그리고 그 단어로 문장을 만들고 급우들끼리 검토하면서 오류를 수정한 다음, 선생님께 최종적으로 검사를 받고 난 뒤 남아 있는 오류를 수정한다. 그런 다음 각 단어를 5회씩 쓰고 급우가 감독하는 10개 단어에 대한 퀴즈를 푼다. 틀린 단어는 다음 어휘목록에 포함된다. 선생님은 다수의 예전 어휘목록을 교대로 사용해 개인별로 검사하며, 철자를 틀린 단어는 다음 목록으로 '재활용'한다.

이 절차를 반복해보니 학생들이 핵심 철자패턴을 익히는 데 꽤 효과적임을 확인할 수 있었다. 학년의 어느 시점에든 8학년 수준의 어휘를 능숙하게 다루는 학생들에게는 영어의 진화에 기여한 여러 언어에서 온 어근과 파생어를 강조하는 어휘과정을 지도한다. 에스티스 선생님이 가르치는 학급 중 두 학급에는 선생님이 주요 철자 파트너가 되어 가르치는 학생들이 있다. 그들은 선생님이 쉽게 다가갈 수 있게 주로 교실의 학생회의가 열리는 곳에 앉는다. 선생님은 자주 그들을 점검하고 완수해야 할 학습목표를 제시한다. 그들은 구체적인 목표가 명시된 개인별교육계획(individualized education plan, IEP)을 받기도 한다. 또 다른 학생들은 또래들과 협력하는 데 어려움을 느끼는 학생들이다. 적절한 때에 이 학생들끼리 서로 학습활동을 검사하게 하는데, 부적절하다고 느껴질 때는 교사가 직접 검사한다. 학기가 지나 학생이 교실의 일상적 활동에 좀 더 익숙해지면, 에스티스 선생님은 이 학생들의 학습계획을 조정해 더 많은 급우와 소통하게끔 한다.

무엇을 개별화하는가? 에스티스 선생님은 어휘목록을 달리하는 식으로 내용을 개별화한다. 모든 학생의 학습과정, 즉 활동은 이 철자법에 숙달된 학생들만 제외하고는 같다. 이들에게는 학습내용과 학습과정을 조정한다. 현재 독립적으로 공부할 준비가 되어있지 않은 학생들을 위해서 학습환경(자리배치)과 정서(안도감과 학업성취도를 지원하기 위해 교사가 제공하는 구조)를 조정하고 있다.

어떻게 개별화하는가? 학습준비도를 지속적으로 평가해 모든 철자수업을 개별화한다.

왜 개별화하는가? 이런 절차를 통해 모든 학생은 각기 적절한 속도로 성장할 수 있다. 독립심도 급우들의 지원도 중학생에게는 상당한 동기부여가 된다.

7학년 (모든 과목): 사실과 스킬을 결합하기 위한 복습

블리츠볼(Blitzball)은 7학년 팀에게 큰 인기가 있다. 많은 교사가 이를 활용해 개념과 정보를 복습시키고, 학생이 중요한 지식과 이해를 자기 것으로 만들도록 돕는다.

학습준비도가 다른 학생들 4-6명이 한 모둠을 이루어 교사가 제공해준 복습지침에 따라 핵심 정보를 확실히 알고 이해한다. 그런 다음 모둠팀은 블리츠볼 게임을 한다. 교사는 학생 한 명을 종이테이프로 된 선으로 불러내 질문 하나를 한다. 정답을 맞히면 그 학생에게는 네 모서리에 작은 구멍이, 중앙에는 큰 구멍이 하나 뚫린 밝은색의 합판에 테니스공을 던질 기회를 준다. 판을 맞히면 1점, 중앙의 큰 구멍을 통과시키면 3점, 모서리의 작은 구멍을 통과시키면 5점을 받는다.

게임 중에 말을 하는 학생이 있으면 그 팀은 5점을 잃는다. 모든 학생은 질문에 귀를 기울이고 있다가 정답에 도전해서 점수를 딸 기회를 노린다. 교사는 학생들의 이해와 스킬 수준을 기반으로 모든 학생이 적절하게 도전할 만하며 팀 점수를 받을 공평한 기회를 얻도록 질문을 조정한다.

무엇을 개별화하는가? 활동, 즉 학습과정은 같고 학습내용을 개별화한다.

어떻게 개별화하는가? 교사는 특정 시점에 특정 교과내용에 대한 학습준비도를 개별화한다.

왜 개별화하는가? 속도감 있는 게임으로 수업동기가 매우 높아진다.

더구나 모든 학생이 공평하게 던질 기회를 얻게 되니 동기가 더욱 높아진다. 거기에다 학습준비도와 공을 던지는 스킬이 반드시 일치하지 않는다는 점도 학습동기를 높이는 흥미로운 역할을 한다. 학업 최우수생이 아닌 학생이 가장 높은 점수를 획득하는 경우가 자주 있다.

수업사례에 반영된 또 다른 원리들

스킬을 연습하는 활동이 항상 수업참여도가 높은 것은 아니다. 그렇지만 많은 교사가 여기에 유머를 곁들이고, 학생이 몸을 움직이고 서로 협력할 기회를 만들어 학습자 친화적으로 만들었다. 앞서 소개한 수업 사례에서 활용한 활동들은 특별히 어떤 것이 더 좋거나 덜 바람직해 보이지 않으므로 모두를 동등하게 존중한다고 할 수 있다. 연습할 가치가 있다고 판단한 핵심 스킬을 모든 학생이 정면으로 다루지만, 연습을 위한 활동은 모두에게 매력적이게 설계한다.

위 사례에서 보듯이 교사는 학생의 필요에 맞춰 과제를 만들기 위해 학습준비도, 흥미, 학습양식을 지속적으로 진단한다. 학생을 억지로 과제에 맞추는 법이 없다. 학습준비도는 학습자가 어느 시점에 가진 특정 능력과 관련된 것이지 종합적인 학습능력이 아니다. 과제는 수시로 바뀌고, 학생을 '느린 학습자' 또는 '똑똑한 아이'로 분류하지도 않고 그렇게 판단하지도 않는다.

문학적 사고에 소질이 있지만 맞춤법은 약한 학생이 있고, 철자법은 잘 알지만 독해를 어려워하는 학생도 있다. 독일어 문장 쓰기는 약하지만 말하기는 꽤 잘하는 학생도 있다. 많은 과목을 어려워하는 학생도 있고 여러 영역에서 뛰어난 학생도 있지만, 대부분 학생에게는 남들보다 더 잘하는 영역과 그렇지 못한 영역이 있다. 한 가지 스킬을 갖고 학습자의 종합적 능력을 판단하기보다는 어느 시점의 특정 스킬 수준에 대한 학습준비도라고 생각하는 것이 더 공평하고 정확하다.

위 사례에 등장하는 교사들은 학습 에스컬레이터를 만들고 있다. 그들은 6학년 모든 학생이 똑같이 공부해야 할 어휘목록, 7학년 모든 학생이 익혀야 할 하나의 배구 스킬 또는 독일어 초급반 모든 학생이 배워야 할 하나의 문장세트가 있다고 생각하지 않는다. 그들은 체계적인 의도를 갖고 성취 기대수준에서 한 층 또는 두세 층 아래에 있는 학생들을 찾아서 이들이 좌절하지 않고 학습격차를 최소화하면서 향상될 수 있도록 한다. 또한 성취 기대수준보다 한 층 또는 두세 층 위에 있는 학생들도 '제자리걸음' 학습을 최소화하고, 학습은 결국 노력과 도전의 동의어임을 인식하게 해 더욱 성장할 수 있도록 한다.

개념기반, 즉 의미기반 개별화수업

앞에서 살펴본 개별화수업 원리 및 신념은 다음에 이어질 개별화수업 사례에서도 여전히 유효하다. 그러나 다음의 사례에서 교사는 의도적으로 사실, 개념, 원리, 태도 및 스킬 등 학습의 모든 또는 몇몇 수준을 통합하려 한다. 이러한 교사는 맨 처음부터 교육과정과 수업을 다채롭게 개별화해 학생이 배우고 있는 학습내용에 대한 의미를 생성하는 데

(즉, 이해하는 데) 초점을 맞추게 한다.

12학년 정부: 정부와 사회의 진화

3주 동안 인 선생님의 정부수업에서 졸업반(12학년) 학생들은 3-5명이 한 모둠이 되어 연구를 진행 중이다. 그들의 목표는 권리장전(Bill of Rights, 미국 헌법 수정 제1조부터 제10조까지를 일컫는 미합중국 헌법-옮긴이)이 시간이 흐르면서 어떻게 수정되고 확장되었는지와 현재 사회의 다양한 집단에 끼치는 영향을 이해하는 것이다. 학생들은 변화라는 개념을 지속적으로 탐구하면서, 사회를 통치하는 공문서와 기관들은 변화하는 시대의 요구를 충족시키기 위하여 변한다는 원리를 탐구할 것이다. 이 프로젝트를 수행하려면 조사하는 스킬과 설명문을 쓰는 스킬이 둘 다 필요하다.

인 선생님은 읽기준비도가 어느 정도 비슷한 학생들로 '연구모둠'을 구성했다(예를 들어, 학습에 어려움을 겪는 학습자에서 같은 학년 수준 학생까지, 그리고 같은 학년 수준 학생에서 상급 수준의 학생까지를 한 모둠으로 구성한다). 모든 연구모둠은 3주일 동안 단원의 진도를 나가면서 중간중간 다음 이슈들을 조사할 것이다.

- 하나 이상의 권리장전 수정안이 시간의 경과에 따라 더 포괄적으로 된 원리
- 하나 이상의 권리장전 수정안을 재해석하게 한 사회적 사건들
- 하나 이상의 권리장전 수정안을 재정의했던 법원의 결정들

- 하나 이상의 권리장전 수정안의 현대적 해석 및 적용
- 수정안과 관련한 미해결 문제

    적절한 글쓰기 구조와 내용에 대한 평가기준은 모두에게 같고, 모든 학생은 모둠연구에서 자신이 학습한 내용을 토대로 글을 작성한다. 모든 연구모둠은 유인물, 인터넷, 동영상 및 오디오 등의 다양한 자료를 이용할 수 있다.

    같은 요소도 있지만 선생님은 두 가지 중요한 방식으로 과제를 개별화했다. 친숙하게 알고 있는 사회단체, 정의가 좀 더 명확한 이슈 영역, 기초적인 읽기수준으로도 이용할 정보가 많은 영역을 조사하는 모둠이 있는가 하면, 또 다른 모둠은 친숙하지 않은 사회단체들, 정의가 덜 된 이슈들, 자료가 더 복잡한 이슈들을 조사할 것이다.

    학생들은 조사를 통해 이해한 내용을 반영해 학습결과물로 에세이, 패러디 혹은 대화문 중 하나를 택해 쓸 수도 있고 새로운 양식을 제안할 수도 있다. 선생님은 모든 양식에 적용되는 기대치를 상술한 평가기준표뿐 아니라 각 양식에 대한 간단한 지침도 제공한다.

무엇을 개별화하는가? 활동의 질문은 같지만 학생이 질문을 조사하는 렌즈(관점)는 각기 다르다. 이렇게 해서 학습과정을 개별화한다. 최종 학습결과물을 표현하는 방식이 다르고 또 학생들이 저마다 읽기수준에 따라 다양한 자료를 활용한다는 면에서 학습내용이 각기 다르다.

어떻게 개별화하는가? 인 선생님은 학생이 얼마나 정교하게 읽고, 쓰

고, 또 추상적으로 사고하는가에 따라 수업을 조정한다. (특별히 관심 있는 사회단체를 선택하게 해 학생의 관심에 따라 수업을 개별화할 수도 있다.) 학습결과물을 위 세 가지 중에서 선택하라고 한 것은 학습준비도와 학습양식을 고려한 것인데, 에세이는 패러디보다 사고와 언어조작이 상대적으로 복잡하지 않은 편이다. 에세이보다는 대화문 양식을 선호하는 학생도 있다. 학생이 대안으로 제시하는 양식에는 동영상, 웹기반 프레젠테이션, 주석을 첨부한 예술적 형식 등이 가능하지만, 필수 내용 및 스킬에 대한 기준은 양식과 관계없이 일정하게 유지한다.

왜 개별화하는가? 인 선생님은 자료에의 접근을 중요하게 여긴다. 조사 자료 및 출처는 복잡도가 크게 다르고, 이슈는 얼마나 명확하게 정의되었는가도 크게 다르다. 선생님은 학생들과 자료 및 이슈를 연결해서 그들이 다룰 도전의 수준을 최대한 적절하게 맞춘다. 이렇게 하면 학생들은 핵심 개념과 원리를 이해할 수 있다. 선생님은 이와 유사하게 학습결과물도 난이도를 다양하게 해서 선택하게 했다. 즉, 선생님이 선택사항을 만들어 제시하면서 학생들도 제안하게 해, 진단자로서 교사의 역할과 학습을 스스로 결정하고자 하는 학습자 요구 사이에 균형을 꾀했다.

1학년 (모든 교과) : 패턴

모건 선생님과 1학년 학생들은 언어, 미술, 음악, 과학 및 수에서 패턴을 찾는다. 그들은 어디를 가든지 무엇을 공부하든지 항상 패턴을 찾는다. 학생들은 패턴에는 반복이 있고, 패턴은 예측 가능하다는 원리를 이해한다. 오늘 모건 선생님과 학생들은 쓰기패턴을 함께 공부하고 있다. 그들은 반 전체 대상의 수업으로 수스 박사(Dr. Seuss)가 사용한 언어패턴을 살펴본다. 패턴에 맞춰 함께 손뼉을 치고 낭송을 하고 음·단어·문장에 관해서 이야기를 나눈다. 학생들은 선생님이 읽어주는 책 속의 패턴에 귀를 기울이면서 다음 내용을 예측해본다.

모건 선생님은 마거릿 와이즈 브라운(Margaret Wise Brown)의 『The Important Book(중요한 책)』(1949)을 학생들에게 읽어준다. 패턴을 사용한 책이다. 책 속에 나온 패턴은 '___에서 중요한 것은 ___은 ~하다는 것이지. ___은 ~하지. ___은 ~하지. 그리고 ___은 ~하지. 그런데 ___에서 중요한 것은 ___은 ~하다는 것이지.(예컨대, '밤에서 중요한 것은 밤은 어둡다는 거지. 밤은 조용하지, 밤은 으스스하지. 그리고 밤은 무섭지. 그런데 밤에서 중요한 것은 밤은 어둡다는 거지.')이다.

이제 1학년 학생들은 자기 반만의 '중요한 책'을 만들어, 패턴을 얼마나 잘 쓰는가를 보여줄 것이다. 모건 선생님은 학생들이 모둠을 구성해 페이지를 쓰게 할 것이다. 패턴의 개념을 이해하고 쓰는 데 도움이 필요한 일부 학생은 선생님과 함께 중요한 대상을 선택해 이에 관해 쓸 예정이다. 학생들이 페이지에 쓸 내용을 교사에게 말할 때 교사는 지침을 주어, 반드시 함께 주제를 선정하고 그 주제에 대해 중요한 것이 무엇인지 기술하면서 패턴을 완성하게 할 것이다. 그러고 나서 학생들은 돌아가면서 혼자 또는 모둠별로 쓴 페이지를 순서를 나눠 읽되, 학생 각자가 패턴에서 반복되는 것과 그것이 예측 가능한 이유를 말한다. 페이지가 완성되면 선생님은 이를 책에 포함시킬 다른 페이지들처럼 책

크기로 변환한다.

　일부 학생들은 짝을 지어 모건 선생님이 만들어준 서식을 완성한다. 서식을 완성할 자신의 언어를 골라 스스로 패턴을 쓴다. 선생님은 그들이 쓰다가 '막힐' 때 사용할 수 있는 명사와 형용사 목록을 준다. 몇몇 학생은 상당한 수준의 쓰기능력을 갖췄다. 이들은 '맨 처음부터' 페이지를 만들어야 한다. 필요하다면 책 원본을 참조할 수도 있지만 대부분 학생은 자신이 기억한 것을 떠올려 페이지를 만들면서 스스로 글을 충분히 완성해낼 수 있다. 모건 선생님은 이들에게 도전적인 심사기준을 제시하고, 급우들과 선생님에게 원고를 제출해 초고의 질을 높일 수 있는 제언을 구하게 한다.

　선생님은 향후 며칠 동안 모든 학생이 각자 만든 페이지를 전체 학급에 읽어주도록 할 것이다. 이 기회를 통해 학생들은 패턴이 무엇이며 자신이 만든 페이지에서 패턴을 어떻게 사용했는가를 이야기할 것이다. 읽기능력이 서로 다른 학생들로 모둠을 구성해 함께 노력해 페이지 삽화를 그리게 하고 겉표지와 타이틀 페이지를 만들고(이 둘 다 책이 갖는 패턴의 예이다.) 책을 제본하게 한다. 이렇게 해서 패턴에 관해 학생들이 만들어온 학급도서가 한 권 늘어난다.

무엇을 개별화하는가? 위 시나리오에서 학습내용은 기본적으로 같다. 즉, 모든 학생이 같은 개념과 원리를 다루고 모든 학생이 쓰기스킬을 활용한다. 모건 선생님은 책의 페이지를 만드는 수준과 지원 및 지도의 종류에 변화를 주어 과정을 달리한다.

어떻게 개별화하는가? 선생님은 학생의 쓰기능력과 쓰기패턴 개발 능력에 대한 진단을 토대로, 즉 학습준비도에 맞춰 활동을 개별화한다.

왜 개별화하는가? 대부분의 1학년 반을 보면 학생의 언어스킬 수준이 매우 다양하다. 이 경우에 모든 학생이 패턴을 탐구하고, 패턴을 인식하고, 함께 패턴을 만들고, 쓰기스킬을 활용해 학급 전체의 학습에 기여할 기회가 필요하다. 그러나 언어발달 정도에 관계없이 쓰기과제의 수준을 적절하게 도전적으로 만들려면 학생들의 다양한 언어발달 단계에 맞춰 쓰기구조 및 지원 수준을 다양화해야 한다.

9학년 미국역사: 혁명과 변화

루폴드 선생님과 9학년 학생들은 미국 산업혁명을 공부하는 중이다. 선생님은 학습준비도, 흥미, 학습양식의 차이뿐 아니라 학생들의 공통점에 유의해서 개념기반 단원을 개발했다. 이번 단원은(그리고 이번 학년의 다른 단원들도) 상호의존, 변화, 혁명, 결핍 대(對) 풍요라는 개념을 중심으로 진행될 것이다. 학생이 조사할 원리는 다음과 같다.

- 사회의 한 부분의 변화는 다른 부분에도 영향을 끼친다.
- 사람은 변화에 저항한다.
- 발전하려면 변화는 필수적이다
- 사회 구성원이 경제자원에 평등하게 접근할 수 없으면 갈등이 발생한다.
- 한 시대의 투쟁은 다른 시대의 투쟁과 비슷한 점이 상당히 많다.

강조되는 스킬은 텍스트자료의 이해, 필기, 분석, 역사적 주제의 확인 및 전이 등이다. 지식은 산업혁명의 주요 사건, 특정 시기의 원인과 결과, 그리고 시기와 연관된 어휘들이다.

'새로운' 시기의 이름을 알려주지 않은 채로 루폴드 선생님은 학생들에게 각자 지정된 탁자(무작위로 배정된)에 가서 급우와 함께 지난 단원이 끝날 때 역사상 발생한 일을 단어망이나 마인드맵으로 만들라고 했다. 이는 학생들이 이미 배운 내용을 활용해서 앞으로 배울 내용의 토대를 쌓도록 해준다.

선생님은 큰 소리로 읽는 것을 좋아하는 자원자들에게는 두 편의 소설에서 발췌한 내용을 집에 가서 읽고 다음 날 학급 전체에게 큰 소리로 읽어줄 수 있도록 준비해오라고 한다. 읽기를 어려워하는 학생들에게는 학년 수준에 못 미치는 쉬운 책『리디 워든(Lyddie)』(Katherine Paterson, 1991)에서 발췌한 내용을 주고, 읽기능력이 더 좋은 학생들에게는 성인 수준의 책『The Dollmaker(인형제작자)』(Harriette Arnow, 1954)에서 발췌한 내용을 준다.

다음 날 자원한 학생이 두 소설에서 미국 산업혁명(이 용어 자체를 사용하지는 않지만) 시기의 삶을 잘 묘사하는 설득력 있는 내용을 읽는다. '혼자 생각하기-짝과 함께 논의하기-두 쌍씩 넷이서 논의하기(think-pair-share-square)' 방식을 활용해 선생님이 반 전체에 핵심적인 질문을 던진다. "만약 우리나라에서 사람들이 이렇게 산다면 무슨 일이 벌어질까?" 학생들은 이에 대해 각자의 생각을 2분 동안 쓰고 나서 생각을 나눌 파트너(가까이에 있는 급우를 선택하므로 이동할 필요가 없음)에게 돌아앉아 2분간 생각을 토의하고, 다시 두 쌍씩 모여 의견을 교환한다. 2분 더 의견을 교환한 뒤, 선생님은 학급 전체 토론을 위해 이전 질문을 다시 던진다.

마지막으로 교사의 도움을 받아 학생들은 전날 만든 단어망과 소설에서 읽은 내용을 연결하고, 교사는 새 시대의 명칭이 '산업혁명'임을 알려주면서 그 명칭이 소설에서 일어날 일을 어떻게 예고하는지에 대해 생각해보도록 한다. 수업은 산업혁명시대와 관련해 학생들이 알고 있는 내용, 아는 것 같지만 확신하지는 못하는 내용, 그리고 더 알고 싶은 내용 목록을 차트로 만드는 것으로 마무리한다.

다음 날 학생들은 미국의 산업혁명시대 관련 동영상 한 편을 본 후 학습일지 속 네 개의 일지 길잡이 정보(journal prompt) 중 하나를 선택해 학습일지를 완성한다. 길잡이 정보는 모두 변화를 다루지만 난이도가 다르고 학생은 자유롭게 하나를 선택해 쓴다. 그런 다음 교과서를 읽어가면서 교사가 나누어준 세 종류의 그래픽 오거나이저(graphic organizer) 중 하나를 사용해 읽은 내용을 정리한다. 교사는 학생의 텍스트자료 읽기수준을 지속적으로 진단하고 이를 바탕으로 세 종류의 그래픽 오거나이저를 배분한다.

학생이 교과서를 읽고 있을 때 루폴드 선생님은 일군의 학생을 교실 앞으로 불러 같이 바닥에 앉게 한다. 교사는 학생들의 읽기 필요를 판단해 핵심 어휘 및 중요 구절의 해석을 다루고 곧바로 본문을 함께 읽는다. 한 장을 다 읽고 나면 선생님은 짤막한 형성평가를 실시한다. 이번 평가는 등급을 매기려는 것이 아니고 다음 이틀 동안 사용할 핵심 활동을 어떻게 배정할지를 판단하기 위해서이다.

일 년 내내 루폴드 선생님은 학생들과 함께 역사의 핵심 주제들을 파악하고 전이시키면서 한 시대의 경험은 다른 시대의 경험과 매우 유사하다는 것을 학생들이 이해하게끔 지도한다. 선생님은 현재 배우는 단원의 일부로, 폴 플라이시먼(Paul Fleischman)의『Dateline: TROY(데이트라인: 트로이)』(1996)를 탐구한다. 이 책은『일리아드』의 구절을 오늘날의 신문과 잡지에서 발췌한 기사와 대응시켜 현대적 사건과 고대의 사건이 서로 얼마나 밀접한지를 보여준다. 플라이시먼의 책에서 다루는 시대가 산업혁명시대와는 다르지만 학생들은 한 시대의 투쟁이 다른 시대의 투쟁과 매우 유사하다는 생각을 다질 수 있다. 이 개념은 이어지는 소모둠 활동의 토대가 된다.

루폴드 선생님은 학생들이 이제까지 배운 단원의 핵심 정보를 얼마나 알고 이해하고 있는지 그리고 역사에 관해 읽고 생각하는 능력이 어느 수준인지에 대한 자신의 판단을 토대로 그들을 4개의 모둠(각각 T, R, O, Y 모둠)에 배정한다. 각 모둠은 산업혁명의 핵심 주제를 파악해 이를 현대 사건의 주제와 비교한다. 각 모둠의 활동은 학생들의 학습준비도 수준에 따라 조금씩 다르다.

모둠 T의 활동은 플라이시먼의『Dateline: TROY』를 모방할 것이다. '중요한 일들'의 예를 포함하는 이 모둠에 대한 지시사항은 다음과 같다.

저자에 의하면 3천 년 전이나 베트남전쟁 때도 누가 군대에 갈 것인가를 추첨으로 정했다고 한다. 이제 짝과 함께 산업혁명 관련 동영상을 다시 보자. 동영상과 책을 사용해 그 시대에 발생한 중요한 일들을 찾아보라. 핵심 주제의 목록을 선생님과 함께 검토하고 나서 나머지 과제를 수행하라. 그리고 TV뉴스를 보고 산업혁명시대에 일어났던 일과 유사한 현재의 사건을 찾아보라.

모둠 T는 교사가 마련한 3열로 된 표에 산업혁명시대의 주요 사건, 현대의 사건 그리고 이 둘의 유사점을 목록으로 만든다. 최종 학습결과물은 뉴스클립을 반 학생들에게 보여주고 산업혁명시대의 사건과 얼마나 유사한가를 설명하는 것이다. 루폴드 선생님은 모둠이 만든 목록을 시각자료(큰 포스터)로 만들거나, 그래픽 오거나이저로 만들어 반 아이들에게 설명할 때 사용하도록 권장한다. 모둠 내 모든 학생이 발표할 준비가 되어있어야 한다.

모둠 R은 먼저 『Dateline: TROY』의 좌측과 우측의 내용을 연결한다(예를 들어, '48쪽의 아킬레스와 49쪽의 데릴 스트로베리가 공유한 문제는 무엇인가?'). 그런 다음 산업혁명시대의 주요 사건들에 대해 생각해보고, 〈타임(Time)〉, 〈스콜라스틱 뉴스(Scholastic News, 초등학생 독자를 위한 시사잡지-옮긴이)〉, 〈뉴스위크(Newsweek)〉 또는 온라인 뉴스매체에서 유사한 사건 다섯 개를 찾는다. 이 중 연결이 가장 잘 되는 사건 두 개를 골라 교사에게 왜 두 사건이 가장 '훌륭한' 것인가를 설명하고 다음 활동으로 넘어간다. 최종적으로 학생들은 『산업혁명 사건일지』라는 책에 들어갈 두 쪽의 내용을 만든다. 『산업혁명 사건일지』 왼쪽 페이지에 산업혁명 시대의 사건들을 적고, 오른쪽 페이지에는 이와 '일치하는' 새로운 출처의 기사 콜라주를 수록한다. 기사와 더불어 만화, 컴퓨터그래픽, 기사제목, 그림 등이 들어간다. 모둠의 모든 학생이 급우들에게 페이지를 발표하고 설명하며 질문이나 이의사항에 변호할 준비가 되어있어야 한다.

모둠 O의 학생들은 산업혁명시대에 관한 책의 발췌문을 쓸 목적으로 『Dateline: TROY』를 살펴본다. 당대 혁명의 특성을 보여주는 산업혁명시대 주요 사건을 여덟 개 정도 고른다. 그런 다음 이와 유사한 금세기의 '혁명적 사건들'을 파악해 두 혁명의 유사성을 명확하게 밝혀주는 콜라주 형태의 자료를 찾거나 만든다. 그리고 두 혁명의 유사성을 자신들이 만들 책에서 나타낼 방법을 모색한다. 학생들은 선생님과 함께 책에 무엇을 넣을 것인가를 명확히 확정한 다음 실행에 옮긴다. 통찰력 있는 언어와 시각자료를 사용하는 데 집중할 것이고, 모둠의 모든 학생이 각자 만든 것을 공유하고 해석할 준비가 되어있어야 한다.

모둠 Y 활동에 대한 지침은 다음과 같다.

우리가 공부하는 시대를 산업혁명이라고 부른다. 그러나 이는 프랑스혁명, 미국혁명, 러시아혁명 등과는 달리 군대도 전투도 없었다. 또한 개개인이 혁명적 경험을 할 수 있었다. 『Dateline: TROY』를 모델로 삼아 혁명의 필수적인 요소(예를 들어, 급격한 변화, 공포 또는 위험과 같은 것)가 무엇인지 생각해보고 그것을 표현할 방법을 강구하라. 산업혁명, 개인적 혁명 및 군사적 혁명을 비교한 내용이 들어 있어야 하며 중요하고 타당하면서도 옹호할 만한 주제를 사용해야 한다. 또한 자신의 생각을 정확하고 통찰력 있게, 그리고 분명하면서도 시각적으로 강력하게, 마지막으로 이해하기 쉽게 전달해야 효과가 있다.

단원이 끝날 때쯤, 루폴드 선생님은 산업혁명시대를 주제로 한 강의를 통해 좀 더 보강할 필요가 있는 정보, 개념과 주제를 강조한다. 학습자 친화적인 형식을 활용해 먼저 강의의 흐름을 계획하고, 강의 순서에 맞춰 그래픽 오거나이저를 보여주고(필기를 지도하기 위해), 강의는 5분 정도로 나누어서 한다. 매 단위가 끝나면 학급토론, 핵심 요약, 숙고해야 할 핵심 질문, 듣고 생각한 바를 바탕으로 예측하기 등이 이어진다.

그런 다음 모둠 T와 R의 학생들은 층위별 활동자료를 사용해 선생님이 산업혁명과 현대의 혁명이 서로 크게 다르지 않음을 시연하는데 도움을 준다. 그런 다음에 반은 4×4 공유를 통해서 이 개념을 계속 탐구해 나간다. 네 개의 층위별 모둠 각각에서 한 명씩 모여 만든 공유모둠('think-pair-share-square' 방식에서는 원 모둠을 '홈그룹(home group)', 이렇게 각 모둠에서 1명씩 모여 생성된 공유모둠을 '전문가그룹(expert group)'이라 함-옮긴이)에서 사건일지 자료를 활용해 다음을 설명한다.

- 산업혁명은 우리의 삶과 어떠한 관련이 있는가
- 산업혁명의 주요 사건들
- 산업혁명의 핵심 주제 또는 요소

- 산업혁명은 어떤 면에서 혁명적이었는가

  교사가 위 질문을 특정 학생에게 배정하지 않아도 모든 학생은 층위별 활동을 했기 때문에 적어도 질문 하나에 대해서는 답을 할 수 있다.

  그런 다음 학생들은 중요 어휘, 사건 및 주제가 포함된 학습지침을 사용해 짝과 함께 간단한 퀴즈에 대한 보고서를 완성한다. 보고서를 함께 쓸 짝을 스스로 선택할 수 있다. 그러나 이 퀴즈만으로 학생의 이해 정도를 평가하지는 않는다. 학생들은 단원 진도가 3/4쯤 나갔을 때 시작했던 개별 학습결과물 과제를 막 완성한다. 결과물 과제는 개인의 삶, 지난 50년, 문화, 특정 주제나 취미 영역 또는 미래 속에서의 혁명을 보여줄 방법을 개발하는 것이다.

  학습결과물에는 핵심 개념과 주제(변화, 부족과 풍요, 상호의존, 위험)가 학생들이 조사한 혁명에 어떻게 반영되었는가가 담겨 있어야 한다. 학생들은 연구논문, 모델, 창의적 글쓰기, 드라마, 음악, 또는 기타의 형식으로 산업혁명과 유사한 점이 무엇이 있고 이를 어떻게 이해하고 있는가를 밝혀야 한다.

  단독으로 또는 최대 4명이 모여 과제를 수행할 수 있다. 루폴드 선생님은 평가기준을 제시해 학습결과물이 반드시 핵심 지식, 이해 및 스킬에 초점을 맞추게 한다. 또한 학생이 스스로 학습결과물에 대한 구체적인 평가기준을 덧붙이거나 교사가 제시한 평가기준을 확장해 제안하도록 권장한다. 이 경우에도 교사의 승인을 받도록 한다.

무엇을 개별화하는가? 단원 학습 내내 루폴드 선생님은 학습내용(예: 텍스트와 더불어 동영상 활용), 학습과정(예: 『Dateline: TROY』를 기반으로 한 층위별 활동), 학습결과물(예: 핵심 이해사항을 다르게 표현할 수 있는 과제)을 개별화한다.

어떻게 개별화하는가? 루폴드 선생님은 자원자의 학습준비도에 맞춰 두 가지 레벨의 소설을 마련해 낭독하게 하고, 층위별 과제를 추상성/구체성 그리고 구조화/개방성의 두 기준으로 변화를 줌으로써 수업을 개별화한다. 학생의 흥미를 고려해서 학습결과물을 활용하고 표현하는 양식을 선택하는 식으로 개별화한다. 학습양식을 고려해서 학습결과물의 학습조건을 학생들이 선택할 수 있도록 하고, 층위별 활동에서 학생들의 다양한 강점을 활용하도록 함으로써 개별화한다.

루폴드 선생님은 개별화수업의 핵심 원리를 많이 보여준다. 모든 학생이 각자의 학습양식 및 수준에 맞는 흥미로운 활동을 하되, 초점은 핵심 개념과 스킬에 둔다. 학습필요가 다양한 학생들은 활동을 통해 도전하고 성공적으로 학습할 가능성이 더 커진다.

학생들은 여러 다양한 모둠에서 공부한다. 예를 들어, 무작위로 탁자를 배정하기도 하고, 같이 생각할 파트너를 학생 스스로 고르기도 하지만, 다른 모둠과 함께 또는 혼자서 생각할 때도 있고, 학습준비도가 비슷한 급우들과 혹은 학습준비도가 다른 급우들과 함께하기도 한다. 모둠 이동에 대한 선택권은 교사뿐 아니라 학생도 갖는다.

왜 개별화하는가? 루폴드 선생님은 학습에 어려움을 겪는 학습자가 적절하게 지원만 받는다면(동영상을 활용해 텍스트자료를 보충하고, 강의를 학생이 받아들일 수 있을 정도로 나누어서 하며, 보고서 작성의 지침을 주거나 좀 더 구조화된 층위별 과제를 내주는 등의 지원을 통해), 구체적 사건 위주로 산업혁명을 보는 시각에서 더 나아가 추상적으로 이를 적용할 수 있으리라는 것을 알고 있다. 또 상급학습자에게는 여러 시점에서 상급 수준의 읽기자료를 주고, 층위별 활동도 매우 추상적이고 다각적으로 만들어 제공하고, 학습준비도가 비슷한 급우들과 함께 공부할 수 있도록 함으로써 적절한 도전이 되도록 한다. 수업은 다양한 수준의 읽기, 쓰기 및 해석 스킬에 초점이 맞춰져 있지만, 개념에 초점을 맞춘 수업도 모든 학생에게 꽤 의미가 있다. 루폴드 선생님의 여러 노력으로 산업혁명은 더욱 의미가 깊고 학생들 기억에 남게 된다.

———◦——

이 장에서 제시한 모든 개별화수업 사례에서처럼 교사는 교과의 틀이 되는 핵심 사실, 스킬 및 이해(개념과 원리)를 명확히 알고 있다. 또한 학생의 진입지점과 발전된 모습을 파악하기 위해서 끊임없이 정보를 찾는다. 개별화교실의 교사는 교육과정과 수업을 학생 각자의 학습준비도, 흥미 및 학습양식에 맞추려 한다. 이들은 학생이 일관성 있게, 적절한 수준의 도전적 과제로 재미있게 학습할 기회를 제공하며 학습자와 학습을 연계하고자 한다. 이는 획일적인 일체식 수업에서는 상상하기도 어려운 중요한 목표이다.

07

개별화수업을
지원하는 수업전략

다양한 수업모델을 활용하는 교사만이
모든 학생의 학업성취도를 극대화할 수 있다.
학생의 강점은 활용하고 약점은 완화할 필요가 있다.
수업을 다양화해야만 이를 실천할 수 있다.

Thomas J.Lasley, Thomas J. Matczynski,
『Strategies for Teaching in a Diverse Society』

본래부터 좋거나 나쁜 수업전략이란 없다. 수업전략은 본질적으로 학습내용, 학습과정, 학습결과물을 전달하는 '양동이'이다. 그러나 특정 목표를 달성하는 데 더욱 적합한 양동이는 있다. 수업을 잘 계획하고 실행했느냐 아니냐에 관계없이 수업전략은 수업의 일부로 멋지게 또는 어설프게 사용될 수도 있다. 게다가 모든 수업전략은 실질적으로 학생들의 차이점을 고려하지 않고 사용될 수도 있고, 아니면 이 차이를 적절하게 처리하는 상위시스템의 일부로 기능할 수도 있다. 해티(Hattie, 2009)에 의하면 특정 교수법이나 수업원고가 학습에 영향을 주는 것은 아니다. 다만 학생의 학습이 어떻게 발전하는가를 좀 더 정확하게 알고 이 정보를 활용해 학습을 개인화(personalize)하는 것이 중요하다. 즉, 특정 시기에 특정 학생에 가장 적합한 전략을 선택하는 것이 중요한 셈이다.

예를 들어, 초등학교 3학년 학생에게 소수의 개념을 처음 소개할 때 모둠조사라는 수업전략을 사용하는 것은 극히 비효율적이며, 마찬가지로 고등학교 학생에게 유전공학의 윤리적 이슈에 대한 입장을 정리하라고 하면서 개념학습이라는 수업전략을 활용하는 것 역시 비효율적이다. 웹상에서 프레젠테이션을 영어로 아무리 멋지게 한다고 하더라도 영어학습자가 이를 통해 뭔가를 배울 것이라고 기대할 수는 없다.

협동학습이라는 전략을 생각해보자. 이 전략이 종종 기대에 못 미치는 까닭은 전략 자체에 문제가 있어서가 아니라 교사가 이를 피상적으로 사용해서이다.

전문성을 갖춘 교사는 대개 다양한 수업전략을 잘 알고 있어서, 학습과제의 속성과 학습자 필요에 맞춰 수업전략을 능숙하게 조정한다 (Berliner, 1986; Stronge, 2002). 많은 수업전략을 정확하게 사용하기만 한다면 교사는 학생의 학습준비도, 흥미 및 학습양식에 맞춘 수업을 할 수 있다. 특별히 계획을 짜지 않더라도 수업시간에 짧게 사용할 수 있는 수업전략이 있는 반면, 교실에서의 전반적인 생활양식을 형성하는 데 도움을 주고 폭넓게 계획하고 지속적으로 되새겨볼 수업전략도 있다. 학생배치와 같은 구성을 강조하는 수업전략이 있는 한편, 주로 수업 자체의 특성에 초점을 맞춘 수업전략도 있다.

학생들의 필요에 대응해 수업하는 교실을 조성하는 경로는 다양하다. 7장과 8장의 수업전략을 보면서 주목해야 할 것은 교사가 이를 어떻게 활용해 학생들이 편안한 속도로, 자기 수준에서 도전적일 정도의 난이도로, 자신의 학습양식과 부합하는 방식으로, 그리고 개인적인 흥미를 활용해 공부할 수 있는 기회를 제공하는 수업을 만드는가이다.

이번 장에서도 지난 장에서처럼 수업전략을 실제 교실수업 시나리오 형태로 설명한 다음 교사가 무엇을, 어떻게, 왜 개별화하고 있는가를 분석했다.

정거장 ○━━━━━━━━━━━━━━━━━━━━━━

정거장(station)은 학생들이 다양한 과제를 동시에 수행할 수 있는 교실 내 장소이다. 모든 학년, 모든 교과에서 활용할 수 있다. 가끔 사용해도 되고 자주 사용할 수도 있으며, 공식적이어도 되고 비공식적이어도 된다. 표식·상징·색깔로 구별할 수도 있고, 교사가 그냥 학생들에게 특정 장소로 이동하라고 해도 된다. (정거장과 비슷하면서도 다른 전략으로 센터(center)가 있는데, 8장에서 알아보기로 한다.)

개별화수업의 목적에 부합되게 정거장에서는 다양한 학생들이 각기 다른 과제를 수행할 수 있다. 모든 학생이 교실 내 모든 정거장을 빠짐없이 다닐 필요는 없으므로 학습모둠을 유연하게 구성한다. 또 학생마다 각 정거장에서 학습하는 시간도 같지 않다. 게다가, 모든 학생이 모든 정거장을 두루 다니면서 학습하는 경우라 하더라도 학생이 누구냐에 따라 매일매일 정거장에서 학습해야 하는 과제가 바뀐다. 정거장을 선택하는 주체도 교사와 학생의 균형을 맞춘다. 어떤 날은 교사가 학생에게 정거장을 지정해 수행할 과제와 지켜야 할 학습조건 등을 결정해주기도 하고, 또 어떤 날은 학생 스스로 이를 결정할 수도 있다. 교사가 조건 몇 개를 지정하고 나머지는 학생이 정하는 날도 있다.

4학년 수학: 정거장

학년 초 평가에 따르면 마이너 선생님 반 4학년 학생들의 정수 계산실력은 '천차만별'이다. 선생님은 복잡도 수준이 다른 다양한 과제를 다양한 조건에서 제시해 학생들의 출발점을 진단했다. 이번 학년에는 4학년 수준보다 2-3년 정도 뒤처진 아이부터 그 정도 앞서 나가는 아이까지 학습준비도가 꽤 다양했다.

기초적인 수학지식과 연산, 즉 덧셈이나 뺄셈 등을 어려워하는 학생도 일부 있는데, 이들은 구구단을 기계적으로 암기만 할 뿐 곱셈은 전혀 할 줄 모른다. 덧셈·뺄셈·곱셈 등의 연산을 매우 잘 이해하고 있는 학생들도 있는데, 이들에게는 다양한 상황에서 이를 활용할 기회를 주어야 한다. 공식적으로 나눗셈을 배울 준비가 된 학생들이다. 또 같은 학년 수준의 덧셈·뺄셈·곱셈이 그리 도전적이지도 않고 이에 재미도 느끼지 못하는 학생도 있다. 이들 중 많은 학생이 '본능적으로' 나눗셈을 알고 있다. 정식으로 배운 학생도 있고 스스로 터득한 학생도 있다.

마이너 선생님은 집중할 수 있는 시간의 길이(attention span)가 학생마다 다르다는 것을 고려한다. 오랜 시간 과제에 푹 빠져서 푸는 학생이 있는 반면, 10분 정도 집중해서 풀면 부담을 느끼는 학생도 있다. 나아가 선생님은 집중할 수 있는 시간의 길이가 학생의 역량과 항상 함수관계에 있지 않음도 알게 되었다.

학년을 시작하면서 마이너 선생님은 교실 곳곳에 다섯 개의 정거장을 서서히 도입한다. 매일 학생들은 다섯 개의 정거장이 표시된 게시판을 살펴본다. 학생들은 판 위의 다양한 섹션에 자신의 이름이 적혀 있는 태그를 보고 자신이 수학수업을 시작할 곳을 파악한다.

정거장 1은 지도정거장(Teaching Station)이다. 선생님이 학생을 직접 가르치는 곳이다. 칠판 가까이에 있고 선생님이 계산식을 가르치고 학생의 공부를 지도하는 곳이다. 학생들은 종종 칠판에 적어가면서 공부하기도 하고, 교실 바닥에서 짝활동으로 공부하기도 한다. 선생님이 다른 정거장을 순회할 때는 문제를 풀거나 스킬을 연습한다. 정거장 1에서 학생들은 자신의 이름이 적힌 클립보드 차트에 날짜와 공부한 계산의 종류 항목에 체크표시를 하면서 학습상황을 기록한다.

정거장 2는 증명장소(Proof Place)이다. 교구나 그림으로 된 설명을 통해 계산을 학습하고, 공부한 내용을 설명하고 질문이나 다른 의견에 답변한다. 학생들이 수와 계산방식을 이해하게끔 돕는 곳이다. 짝과 함께 배정을 받지만 처음에는 자기 이름이 적힌 폴더 안의 계산식을 혼자서 푼다. 혼자 공부하는 시간을 디지털 타이머로 5분으로 맞춘다. 그런 다음 짝과 함께 서로 공부한 내용을 공유하면서 어떤 연산을 사용할지 결정한 방법과 자신이 낸 답이 맞다는 근거에 관해 이야기를 나눈다. 자신이 공부한 내용을 교구·그림·도해 등을 사용해 '증명한다'. 짝은 상대방이 이해했는가를 확인하기 위해 다른 방식으로 답을 도출해보라고 요구한다. 정거장 2에서는 다음과 같은 길잡이 지시문을 붙여놓았다.

어림셈으로 자신의 답이 옳은지 보이세요. 도해나 그림을 사용해 자신이 문제를 푼 방법이 맞았음을 증명하세요. 이 컵에 있는 확인기(checker)를 사용해 스스로 문제를 푼 방식이 맞았다는 것을 보이세요.

학생들은 최종적으로 계산기로 짝의 답이 맞았는지 확인한다. 그리고 최종 검사카드(audit card)를 작성해 공부한 내용 옆에 붙인다. 최종 검사카드의 내용은 다음과 같다.

오늘 [학생 이름-철수]는 [계산식 이름-뺄셈]을 사용해 문제를 풀었고, 풀이방식을 [도해·교구]를 활용해 증명했다. 내 짝은 [이름-영희]이다. 나의 학습을 점검하기 위해 우리가 사용한 방식은 [어림셈·교구·그림]이었다. 계산기로 확인했을 때, [내 답이 맞았다. 나는 이 문제에 대하여 좀 더 생각해볼 필요가 있다.]

카드에 날짜를 적고 학습한 내용과 카드를 박스에 넣는다. 또 차트에 날짜를 쓰고, 공부한 계산식과 계산할 때 사용한 방법에 체크표시를 한 다음 정거장 2를 떠난다.

정거장 3은 연습광장(Practice Plaza)이다. 학생들은 선생님이 만든 과제, 컴퓨터 프로그램, 다양한 수학스킬을 게임으로 연습할 수 있는 앱, 교과서를 활용해 특정 계산식을 수월하고 정확하고 빠르게 수행하는 능력을 개발한다. 필요하면 정답표, 계산기나 컴퓨터로 학습내용을 확인한다. 끝으로 학습에 대한 자기평가서를 쓰는데, 필요하다면 정거장에 마련된 샘플표현을 참조한다. 서명과 날짜를 적은 학습내용을 적절한 상자에 넣는데, 컴퓨터를 사용한 활동은 자동으로 교사에게 보고서가 전송된다. 또 차트에서 자기 이름을 찾아 날짜, 연습한 계산식 종류, 풀어본 문항 수와 맞은 문항 수를 기재한다.

정거장 4는 상점(Shop)으로 계산식을 활용해 공부하는 곳이다. 상점

주인은 퍼들 씨인데, 학생이 항상 계산을 도와주어야 한다. 상점에서 취급하는 물건은 때때로 바뀌고, 학생이 풀어야 할 과제도 이따금 바뀐다. 학생들은 상점을 운영하거나 물건을 사는 상황을 연습하고, 어떻게든 곤경에 빠져있는 퍼들 씨를 항상 돕는다.

정거장 4에서 학생들은 온라인 또는 종이 카탈로그를 보고 물건을 구입할 때도 있고, 무엇을 팔아야 할지 또 정해진 예산으로 얼마를 살지 결정해야 할 때도 있다. 재고를 파악하고 물품을 분류하기도 하고 연이어 잔돈을 거슬러줄 때도 있다. 물품이 바뀌고, 과제도 달라지고, 또 도와야 하는 불쌍한 퍼들 노인이 있어서 상점에 가는 일은 재미있다. 정거장 4에서는 수학을 일상생활에서 유용하게 사용할 수 있다. 정거장 4를 떠날 때 학생들은 퍼들 씨에게 메모를 쓰거나 이메일을 보내는데, 먼저 날짜를 적고, 퍼들 씨가 어떤 문제에 봉착했고, 이를 해결하기 위해 자신이 무슨 일을 했고, 퍼들 씨가 이런 문제에 봉착하지 않으려면 무슨 일을 해야 하는지를 적는다. 이를 퍼들 씨 우편함에 넣어두거나 선생님 계정을 통해 전달되는 이메일로 보낸다.

정거장 5는 프로젝트 장소(Project Plaza)이다. 학생들은 혼자서, 짝을 지어 또는 소모둠 형태로 수학을 다양하게 활용하는 장기프로젝트를 완성한다. 프로젝트 수행기간 및 주제는 다양하다. 센터 설계, 교실 재설계, 학생 관련 설문조사 및 보고서 작성 등을 할 때도 있고, 스포츠·우주·문학·쓰기에 관해 프로젝트를 실시하기도 한다. 선생님이 프로젝트 주제를 생각해낼 때도 있고, 학생이 할 때도 있다. 모든 프로젝트에 공통적인 것은 수학을 더 큰 세계와 연결하고 학생의 흥미를 자극하는 방식으로 사용한다는 점이다. 학생들은 이곳에 올 때마다 프로젝트 일지에 두 가지 항목을 넣어 작성한다. 수업을 시작할 때는 프로젝트와 관련해 이제껏 수행한 바를 요약하고 오늘의 목표를 설정한다. 수업을 끝낼 때는 목표를 어떻게 수행했고 다음 단계에는 무엇을 할 것인지를 쓴다. 일지는 정거장 5의 파일박스에 보관한다.

마이너 선생님은 며칠 동안 반 전체를 대상으로 가르치고 복습하고 게임을 하거나 '시합'을 진행한다. 그때는 게시판에 학생의 이름을 적지 않는다. 정거장 한두 개를 '폐쇄'하는 경우도 가끔 있지만, 대부분은 학생에게 정거장 하나를 배정한다. 일주일 또는 열흘 동안 모든 학생이 모든 정거장을 거친다. 그러나 2주 동안 진행되는 정거장 학습에서 학생마다 각 정거장에서 공부하는 시간은 같지 않고, 순회하는 순서도 다르다. 학습준비도가 비슷한 학생들끼리 학습하는 경우도 있고 그렇지 않은 경우도 있다.

선생님은 정기적으로 실시하는 공식적인 평가와 더불어 학생이 기록한 양식, 학습일지 및 계획일지를 활용해 정거장을 배정한다. 어느 날 선생님이 정거장 1에서 여섯 명의 학생들과 두 자릿수 곱셈을 복습하고 있었다. 그중 두 명은 이틀째 이 정거장에서 공부하고 있는데, 선생님은 두 자릿수 곱셈은 꽤 잘했지만 며칠간 아파서 결석한 학생 두 명을 합류시켰다. 정거장 1을 떠난 네 명 중 두 명은 정거장 2(다양한 계산을 공부한 몇몇 짝들과 함께)로 갔고, 나머지 두 명은 정거장 3으로 가서 두 자릿수 계산을 연습했다. 정거장 5에서는 여덟 명의 학생이 세 개의 다른 프로젝트를 진행했다. 세 모둠에 속해 있는 학생 일부는 그날 다른 정거장에서 학습하고 있었다. 학생들은 자기 모둠에 속한 학생이 다른 정거장에서 공부할 수도 있다는 것을 이해한다. 프로젝트 일지가 있어서 모둠 내 모든 구성원은 공동작업에서 각자 맡은 바를 어디까지 진행하고 있는지 알 수 있다.

마이너 선생님은 학습내용 성취기준을 잘 알고 있고 항상 이를 염두에 두고 계획을 수립한다. 수학실력이 뒤처지는 학생이 있으면 선생님은 이들과 함께 목표 지식, 스킬, 이해를 학습해 학습 격차를 줄여 계속해서 진도를 나갈 수 있게 한다. 동시에 학습 순서상 전형적으로 다음에 올 내용을 소개하기 위해 과제나 숙제 또는 직접 가르칠 수업을 계획한다. 수학실력이 뛰어난 학생에게는 이해를 확장하고, 도전수준을 높이거나 학습 순서상 전형적으로 다음에 올 내용을 소개하는 과제, 숙제 및 직접 가르칠 수업을 계획한다.

무엇을 개별화하는가? 마이너 선생님은 지도정거장(정거장 1), 증명장소(정거장 2), 연습광장(정거장 3), 상점(정거장 4), 프로젝트 장소(정거장 5) 등에서 학습내용과 학습과정을 개별화한다. 모든 학생이 수학적으로 추론하고, 수학을 응용하고 연습한다. 선생님은 지속적으로 학생들의 강점과 필요를 파악해 이를 바탕으로 연산의 종류, 난이도 및 활동수준을 달리해 가장 적합한 학습을 제공한다. 정거장 5에서는 학습결과물도 개별화한다. 즉, 학습자 필요를 지속적으로 진단해 복잡도, 기간, 모둠구성, 필수 스킬 및 다른 변수에 변화를 준다.

어떻게 개별화하는가? 마이너 선생님은 정거장 1에서 4까지는 주로 학습준비도가 비슷한 학생들끼리 난이도가 비슷한 과제를 수행하게 한다. 정거장 5는 항상은 아니지만 학습준비도가 다른 학생들이 함께 프로젝트를 수행한다. 정거장 4에서는 학생의 흥미를 반영해 상품을 다양화하거나 상품에 대한 문제를 다양화한다. 정거장 5에서는 항상 학생의 흥미에 큰 비중을 두어 프로젝트 선택사항과 발표방식을 다양화한다. 정거장 2에서는 학생들의 다양한 학습양식, 그리고 학생들은 다양한 방식으로 수학을 이해한다는 사실을 고려해 학생들이 수학적 추리를 다양한 방식으로 생각해보고 증명하게 한다.

왜 개별화하는가? 학습준비도 수준에 맞춰 학습하면 수학 연산과 관련된 핵심 이해와 스킬을 좀 더 쉽게 습득할 수 있다. 학습법과 자료를 다양화하고 학습결과물 방식을 선택하게 하고, 다양한 학생들과 함께 공부하게 하면 학습동기가 높아진다. 학생에 따라 정거장을 달리해서 하는 수업이 전체 학급을 대상으로 하는 수업이나, 정거장에서 똑같은 과제를 수행하는 학습, 또는 시간을 동일하게 주는 학습보다 교수학습의 효과를 더 높인다.

고려사항 마이너 선생님은 학습모둠을 유연하게 구성하면서 정거장을 활용한다. 선생님이 직접 가르치다시피 하는 정거장 1(지도정거장)에서도 학생마다 머무는 시간을 달리한다. 정거장 2에서 4까지는 학습준비도가 다른 학생들이 같은 정거장에서 공부하기도 하지만 각자 과제는 다르다. 또한 정거장을 순회하는 순서도 일정하지 않고, 정거장에서 푸는 과제의 길이도 학생의 필요에 따라 달라서 학생들은 수학시간에 각자 다른 과제를 공부한다고 알고 있지, 능력별 수업을 한다고 생각하지 않는다. 또 정거장 4(상점)에서는 학생의 흥미를 기준으로 배정하고(예를 들어, 운동을 좋아하는 학생은 운동용품 주문, 재고조사, 물품구매와 관련된 과제가 있는 날 정거장 4에 배정), 정거장 5(프로젝트 장소)에서는 학생 스스로 프로젝트를 선택하게 하면, 특정 시점에 특정 정거장에 배정되는 이유를 눈치채지 않게 할 수 있다.

개인과제 목록

개인과제 목록(agenda)이란 특정 학생이 일정 기간 수행해야 할 과제 목록이다(196쪽 도표 7.1 참조). 과정 내내 수행할 개인과제 목록들 간에는 서로 유사한 요소와 상이한 요소가 있다. 교사가 만들어주는 개인과제 목록의 수행기간은 통상 2-3주이기는 하지만 달라질 수 있다. 하나를 끝내면 교사가 새로운 목록을 만든다.

일반적으로 개인과제 목록의 과제를 수행하는 순서는 학생이 정한다. 하루 수업 중 '개인과제 목록 시간'을 따로 정하는데, 대개 초등학교에서는 일과의 시작을, 그리고 블록시간표를 채택한 중등학교에서는 블록시간을 개인과제 목록 시간으로 한다. 그 외에는 일주일에 한 번 배정하거나 지정된 과제를 끝낸 학생들의 닻활동(anchor activity, 반 전체가 하고 있는 과제를 먼저 마친 학생이 독립적으로 할 수 있도록 부여한 과제. 배를 움직이지 못하게 하는 닻처럼 학생이 전체 과제에서 벗어나지 못하게 한다는 의미로 붙여진 이름-옮긴이)으로 활용한다.

개인과제 목록 시간에 교사는 매우 자유롭게 학생들 사이를 돌아다니면서 지도도 하고 학생들이 얼마나 이해하고 발전했는가를 살펴보기도 한다. 교사는 개인과제 목록을 활용해 특정 개념이나 스킬을 직접 가르쳐야 하거나 유도학습이 필요한 학생들을 따로 모을 수 있다. 개인과제 목록은 수업과제보다는 숙제로, 또는 둘 다, 혹은 할당된 과제를 끝낸 학생의 닻활동으로 활용할 수 있다.

도표 7.1 **개인과제 목록**

과제 완성 시 학생/교사의 서명	과제	특별 지침
	화산활동에 관한 컴퓨터 애니메이션을 완성하라.	과학적으로 정확하게 애니메이션을 설명하라.
	자신이 선정한 인물의 전기를 읽어라.	진행상황 일지를 기록하라.
	컴퓨터 정거장의 녹색과제를 수행하면서 분수의 덧셈을 연습하라.	막히면 친구나 선생님에게 도움을 요청하라.
	과학잡지에 실을 기사인 '화산이 왜 그곳에 생겼는가'에 대한 조사를 끝내라. 기사를 작성하고 편집자와 검토하면서 필요하면 기사를 수정하라.	철자와 구두법에 유의하라. 철자와 구두법 때문에 좋은 글의 내용이 훼손되지 않도록 하라.
	적어도 두 개의 철자 목록을 완성하라.	

5학년(다양한 교과): 개인과제 목록

매일 아침 학생들은 교실에 들어오면 겉옷과 책을 치우고 클레이터 선생님에게 인사한 후, 개인과제 목록 폴더가 들어 있는 상자로 향한다. 아침 공지시간이 끝나면 학생들은 각자 당일 개인과제 목록의 목표가 적힌 학습계획 일지를 작성한다. 선생님의 도움이 필요한 학생은 개인과제 목록 상자 위 게시판에 면담요청 메모를 써서 게시할 수 있다. 그런 다음 교실 여기저기에 자리를 잡고 과제를 시작한다. 많은 학생이 혼자서 읽기, 쓰기, 수학과제 및 독립연구를 한다. 교실 몇 군데 카펫 위에서는 학생이 두세 명씩 모여 협업과제를 완성한다.

선생님은 교실을 순회하면서 모든 학생이 질서 있게 그리고 집중해서 과제를 시작했음을 확인한 후, 학생 세 명을 불러 책장 근처 바닥에 함께 앉는다. 선생님은 이들이 전날 완성한 화산활동 컴퓨터 애니메이션에 관해 몇 분간 의견을 나눈다. 그래픽이 정말로 훌륭했다고 말하자 학생들은 이에 동의한다. 그런 다음 선생님은 과제 목표를 다시 확인하게 한다. 학생들은 '애니메이션을 본 사람은 화산의 폭발 원인을 명확하게 이해하게 된다'는 목표가 있음을 확인한다. 선생님의 지도로 학생들은 애니메이션 라벨과 주석이 이 목표에 미치지 못했음을 인정한다. 선생님은 목표를 모두 달성할 수 있는 계획을 작성해서 제출하도록 한다.

그러고 나서 선생님은 공동으로 시를 짓고 있는 한 쌍의 학생에게 간다. 선생님이 이 두 학생을 짝을 지어 개인과제 목록의 일부로 시를 공동창작하게 한 것은 두 학생이 서로에게 중요한 것을 가르칠 수 있기 때문이었다. 제나는 상상력이 매우 뛰어날 뿐 아니라 언어를 붓처럼 사용해 읽는 이에게 이미지를 그려 보인다. 하지만 끈기가 부족해 시를 잘 다듬지 못한다. 한은 2학년 때 이민 와서 영어가 제2언어라 심상을 잘 구현하지는 못한다. 그러나 시를 너무나 사랑하고 대단히 성실하다. 선생님은 제나와 한이 함께 공부하기를 즐길 뿐 아니라 둘이서 같이하면 서로의 작품 질이 높아진다는 것을 안다. 선생님은 이제까지 지은 시를 소리 내어 읽어보라고 하고, 거기서 효과적인 부분 몇 군데를 말해준 뒤 남은 개인과제 목록 시간 동안 생각할 도전과제 두 개를 내준다.

수학 보충연습이 필요한 두 남학생이 연산을 적절하게 사용해서 수학문제가 들어 있는 수수께끼를 함께 풀고 있다. 수학문제는 기초 수준이지만, 수수께끼라는 포맷이 매력적이다. 자신들이 푼 수수께끼를 기록해 '승진점수'를 달성하면 수학탐정 수료증과 배지를 받는다.

클레이터 선생님이 개인과제 목록을 만들 때 목표는 네 가지이다. 하나 이상의 핵심 영역에서 핵심 학습성과에 초점을 두는 학습 개발하기, 학생의 강점을 기반으로 하기, 부족한 부분 강화하기, 독립심 함양하기이다. 개인과제 목록 각각에는 위 네 가지 중 하나에 해당하는 학습이 들어 있다. 2-3주 단위로 반복되는 개인과제 목록 기간에 모든 학생은 여러 교과 영역에서 매번 핵심 지식, 이해 및 스킬을 연습하고 활용하며 전이시킨다. 학생들은 자신이 좋아하는 것을 학습하기도 하고 별로 좋아하지 않는 것을 학습하기도 한다. 모든 학생은 일일목표 및 주간목표를 설정하고 이를 모니터한다. 모두가 홀로 또는 급우들과 함께 학습한다. 개인과제 목록 기간 내내 모든 학생이 선생님과 학생 본인의 요청으로 공식·비공식적으로 교사면담을 한다.

클레이터 선생님은 개인과제 목록이야말로 학습준비도, 흥미 그리고 학습양식 차이를 고려한 훌륭한 수업전략이라고 생각한다. 개인과제 목록을 수행하는 시간에 교사는 모든 교과에서 학생들이 더 성장하도록 지원할 수 있다. 선생님 반 학생들은 개인과제 목록 덕택에 차분하게 학교수업을 시작할 수 있고, 다양함을 인정받고, 자주성을 갖게 된 것에 매우 만족해한다.

무엇을 개별화하는가? 클레이터 선생님은 개인과제 목록을 활용해 실질적으로 거의 모든 것을 개별화할 수 있다. 선생님은 자료, 과목, 과목 내 주제, 교사의 지원 정도 등을 다르게 하는 식으로 학습내용을 개별화한다. 과제 난이도를 다르게 하거나 이해하는 방식을 다르게 해서 학습과정, 즉 의미형성을 개별화할 수도 있다. 개인과제 목록을 갖고 학습속도에 변화를 주는데, 특정 스킬이나 개념을 이해하는 시간은 학생마다 다를 수 있다. 또한 개인과제 목록을 통해 수업시간에 장기프로젝트를 수행하는 학생의 계획, 연구, 사고의 질, 산출 등을 모니터하고 지도할 수 있어 학습결과물을 개별화할 수도 있다.

어떻게 개별화하는가? 개인과제 목록을 활용하면 학생의 학습쥬비도, 흥미 그리고 학습양식을 기반으로 수업을 매우 유연하게 조정할 수 있다. 클레이터 선생님은 학습준비도가 비슷한 학생들끼리 묶기도 하고 서로 다른 학생들끼리 묶기도 한다. 특정 영역의 스킬이 부족한 학생들끼리 모으기도 하고, 이미 오래 전에 기초적 성취기준을 숙달한 학생들끼리 모으기도 한다. 또한 개별 학생에게 적절하게 도전적인 자료나 과제를 지정할 수 있다. 선생님은 학생들의 학습환경과 학습한 내용을 표현하는 방식에 변화를 줄 수 있으며, 학생들은 혼자서 또는 협력하면서 학습할 수 있다. 선생님은 개인과제 목록을 활용해 학생들의 흥미를 반영할 수도 있는데, 이를 통해 학생들은 결국 맞춤형 학습기회를 얻는다. 예를 들면, 분수를 학습할 때 어떤 학생은 음악을, 어떤 학생은 야구 트레이딩 카드를, 또 다른 학생은 주식시장 보고서를 통해 공부할 수도 있다.

왜 개별화하는가? 클레이터 선생님은 비교적 신참이다. 선생님 반 학생들은 모든 과목에 대한 학습필요도 각자 다르고 흥미도 다양하다. 그러다 보니 온종일 모든 교과의 교육과정과 수업을 어떻게 조정할 것인가를 고민하는 것도 만만치 않은 일이다. 개인과제 목록 시간을 활용한 덕분에 선생님은 하루에 한 번 일정 시간 동안 개별화수업에 노력을 집중했고, 그 결과 다양한 학습필요를 처리할 수 있었다. 개인과제 목록을 활용함으로써 개별화수업이 목표로 하는 대부분을 달성할 수 있음을 알게 된 것이다. 선생님은 교직 경력이 그리 길지 않은 지금 시점에서 온종일 여러 과목의 수업을 개별화하는 것보다는 더 수월하게 개별화수업을 계획할 수 있다.

복합수업

복합수업(complex instruction)은 학문적·문화적·언어적으로 이질적인 교실에서 흔히 볼 수 있는 학문적·지적 능력의 다양성에 대응하는 수업전략이다(Cohen, 1994; Watanabe, 2012). 목표는 지적으로 도전적인 자료를 소모둠 형태로 학습하면서 모든 학생이 학습기회를 공평하게 얻도록 하는 것이다. 대부분의 유망한 다른 교수법처럼 복합수업은 그 자체로 복잡하기도 하고, 생각도 많이 해야 하고 세울 계획도 많다. 하지만 그 보답은 엄청나다. 복합수업은 모두가 각자 학습에 기여한 바를 소중히 여기고, 모든 학생이 높은 수준의 교육을 받는 것이 기본이 되는 교실을 형성하는 데 도움이 되는 수업전략이다.

복합수업의 과제는 다음과 같다.

- 이질적인 소모둠에서 함께 공부해야 한다.
- 소모둠 내 모든 학생의 지적 강점을 활용하도록 설계해야 한다.
- 열린 구조이다.
- 학생에게 본질적으로 재미있다.
- 다양한 해결책과 해결 경로를 허용한다.
- 실물을 포함한다.
- (학생마다 다른 언어를 사용한다면) 다양한 언어로 자료와 수업을 제공한다.
- 읽기와 쓰기를 통합해서 원하는 목표를 달성할 수 있도록 한다.

- 실생활의 다양한 능력을 활용한다.
- 멀티미디어를 사용한다.
- 많은 다른 재능이 동원되어야 적절하게 완성할 수 있다.

효과적인 복합수업은 다음과 같은 특징을 갖지 않는다.

- 정답은 하나이다.
- 전체 모둠보다는 한두 명의 학생이 더 효율적으로 완수할 수 있다.
- 저차원적인 사고를 반영한다.
- 판에 박힌 학습을 단순히 암기하게 한다.

교사는 복합수업을 수행하고 있는 모둠 사이를 돌아다니며, 질문도 하고, 학생이 어떻게 생각하는가를 살피며 이해를 촉진한다. 시간이 흐르면서 교사는 점점 더 많은 권한을 학생에게 위임하고, 학생들이 위임 받은 권한을 다룰 수 있는 스킬을 계발하도록 지원한다.

교사의 또 다른 매우 중요한 역할 두 가지는 학생의 지적 강점을 파악하고, '학습모둠 속에서 학생들의 지위를 배정'하는 일이다. 코언 (Cohen, 1994)은 전통적인 협동학습이 흔히 실패하는 까닭은 학생들 이 이미 '성적이 좋은 학생'과 그렇지 않은 학생이 누구인지 알고 있기 때문이라고 한다. 성적이 좋은 학생에게는 모둠과제를 성공적으로 마무리할 책임이 부여된다(또는 스스로 책임을 맡는다). 성적이 좋지 못한 학생은 그 책임을 포기한다(아니면 뺏긴다). 코언은 이런 현상은 많은 수업과제가 기호화, 기호해석, 계산 및 암기에 지나치게 의존하기 때문이라고 지적한다. 교사뿐 아니라 학생들도 학교에서 성공했다는 것은 이런 것을 잘한다는 것이라 생각한다.

복합수업에서는 이보다 훨씬 더 다양한 지적 스킬이 요구되는 과제를 추구한다. 예를 들어, 개념 생성하기, 면밀한 질문 던지기, 개념을 상징적으로 표현하기, 리듬을 활용해 개념을 해석하거나 표현하기, 가설 세우기, 계획 짜기 등이 있다. 교사는 지속적으로 그리고 체계적으로 학생의 장점을 면밀히 파악해 이들의 다양한 능력이 동원되어야 해결할 수 있는 복합수업 과제를 설계한다.

'지위 배정'을 할 때 교사는 학생들이 모둠활동에서 특정 학생(종종 급우들이 '성공한' 학생이라고 생각하지 않는)이 가치 있는 제안을 하는 중요한 순간을 놓치지 않는다. 교사는 해당 학생이 모둠학습에 중요하게 기여할 수 있는 말을 했고 교사 자신이 왜 그렇게 생각하는지를 모둠 구성원에게 명확하게 설명한다. 그러면 급우들은 그 학생을 다른 시각에서 바라보게 되고, 구성원의 다양한 지적 강점이 반영된 어휘를 만들어내기 시작한다. 마지막으로 복합수업 과제를 발표할 때, 이를 성공적으로 완수하는 데 필요했던 지적 과제를 목록으로 만들게 한다. 그러면 학생들은 모든 학생이 각자 필요한 능력을 부분적으로 갖고 있는 것이지, 어느 누구도 모든 능력을 다 갖고 있지 않음을 이해하게 된다.

10학년 영어: 복합수업

맥클리어리 선생님의 10학년 영어시간에 학생들은 작가의 삶과 작품이 어떻게 엮여 있는지를 공부하고 있다. 올해는 시를 포함한 다양한 유형의 문학작품을 읽으면서 글쓰기를 '거울과 은유'라는 개념으로 보고 있다. 즉, 작품 하나가 어떻게 더 큰 개념을 은유적으로 나타내는지, 또 글이 어떻게 독자에게 거울을 비춰서 자신과 세계를 더 잘 이해할 수 있게 하는지를 탐구해왔다. 학생들은 최근에 '디딤돌' 글쓰기 과제를 완성했는데, 이것은 이제껏 살아오면서 자신을 형성하는 데 중요한 역할을 한 사건들을 정리해 도표로 만드는 것이었다.

오늘 학생들은 소모둠으로 복합수업 과제를 시작할 것이다. 앞으로 4-5차례의 수업시간을 통해 과제를 완성한 뒤, 학습한 내용을 전체 모둠과 공유할 것이다. 이 기간 중의 숙제도 모둠과제에 집중할 것이다. 과제는 학기가 끝날 때 학생 평가의 핵심적 요소가 될 것이다. 맥클리어리 선생님은 각 모둠에 과제카드를 나누어 주었다(도표 7.2 참조).

무엇을 개별화하는가? 맥클리어리 선생님은 동영상, 음악 및 다른 자료들과 더불어 여러 언어로 된 다양한 읽기수준의 책을 제시해 학습내용을 개별화하되, 모든 학생이 반드시 동일한 핵심 이해에 집중할 수 있도록 한다. 학생들이 활동영역이 풍부한 과제의 부분 부분을 수행하면서 개념을 다양한 방식으로 이해하게 함으로써 학습과정을 개별화한다. 20분 동안의 발표(학습결과물)는 학생들이 전체 프로젝트의 특정 부분에 '전문화(특화)'할 수 있도록 해 학습결과물을 개별화한다.

어떻게 개별화하는가? 맥클리어리 선생님은 복합수업을 활용할 때 학습준비도는 자료의 종류와 출처를 다양화해서, 흥미는 학생 각자의 삶

도표 7.2 복합수업 과제카드 예시

우리는 이제까지 작가(또는 우리)가 글쓰기를 포함한 행위나 행동으로 자신의 삶을 은유 (metaphor)적으로 표현한다는 것을 알아보았다. 또 훌륭한 작가들이 어떻게 독자인 우리에게 거울을 내밀어 우리의 삶과 감정을 돌아볼 수 있게 하는지도 살펴봤다. 로버트 프로스트(Robert Frost)는 〈가지 않은 길(The Road Not Taken)〉을 썼다. 이 시를 프로스트의 삶에 대한 은유이자 우리의 삶을 비춰줄 거울로 분석하라. 순서는 다음과 같다.

1. 시를 읽고 해석한 다음, 무슨 일이 일어나고 있고 그 의미가 무엇인지 논의하라.

2. 프로스트의 삶을 조사한 후, 이달 초에 작성했던 여러분 삶의 '디딤돌'과 유사한 도식을 만들어보라.

3. 프로스트처럼 '숲속을 여행한다'는 느낌을 들게 하는 소리풍경을 제작하라. 음악, 주변에서 녹음한 소리, 음향효과, 적절한 무언극, 인체 조각상 또는 내레이션을 사용해 듣는 사람이 '숲속을 거니는 사람'이 경험하는 느낌을 알 수 있게 하라. 특히 숲속의 곧게 뻗은 길, 주요 지형지물 또는 결정적 지점에서 경험하는 느낌을 알 수 있게 하라. 발표원고도 작성하라.

4. 프로스트의 삶과 시가 중첩되는 작품을 만들어보라. 둘의 은유적 관계를 언어와 이미지를 사용해 나타내보라.

5. 시에 나타난 핵심 개념을, 우리가 알기는 하지만 자세히는 모르는 유명인사의 삶과 경험에 투영시켜보라. 해당 인물과 시의 관계를 명확히 설정하고, 문학이 삶을 이해하는 데 어떻게 도움을 주는지를 급우들에게 명확히 전달해야 한다.

6. 최종 결과물은 은유와 거울에 대한 발표자의 이해, 그리고 인간의 의미를 전달하는 데 있어서 다양한 예술형식이 시인과 시의 구체적인 모습과 어떻게 관련되는지에 대한 이해를 담고 있어야 한다.

일반적으로 모둠의 리더, 자료관리자, 기록자, 시간관리자를 지명한다. 구성원 각자에게 맞는 최상의 역할을 정하라. 구성원 각자가 모둠에 기여할 수 있는 장점을 지니고 있는 것이지, 한 사람이 모든 장점을 갖고 있지는 않음을 명심하라. 시간이 한정되어 있으므로 일정표와 회의시간을 포함한 계획을 작성한다. 구성원들끼리 모둠발표에 대한 평가기준(우수한 발표가 어떠해야 하는지에 대한 모둠의 생각뿐 아니라 필수 요소)을 공유하고 있어야 한다. 발표시간은 최대 20분이고 서로 청중의 관점에서 질의·응답할 수 있는 시간은 10분이다.

에서 중요한 주제를 선택하게 해서, 그리고 학습양식은 다중지능 모드를 통해 조사하고 표현하게 해서 개별화한다. 영어가 생소한 학생들이 성공적으로 학습할 수 있도록 가급적 복수의 언어로 자료를 제시한다. 가능하면, 영어를 처음 접한 학생들에게는 학생의 모국어와 영어를 둘 다 할 줄 알아 두 언어 간 가교 역할을 할 수 있는 학생을 같은 모둠에 배정해 해당 학생이 모둠의 토론학습에서 소외되지 않도록 한다.

왜 개별화하는가? 복합수업은 개인이 아닌 모둠이 학습하면서 학습과 표현의 선택사항을 개별화한 예이다. 맥클리어리 선생님은 학습준비도, 흥미 및 학습양식이 다른 학생들 각자가 존중받으면서 함께 공부하기를 바란다. 그래서 이질적인 모둠을 구성했고, 그 조건에서 학생 각자가 자신의 필요에 따라 성공적으로 학습할 수 있도록 엄청난 노력을 들여 준비했다.

궤도학습

크리스 스티븐슨(Chris Stevenson, 1992, 1997)은 중간 수준 학생의 공통점과 차이점 모두를 다룰 수 있는 이상적인 학습방식의 하나로 궤도학습(orbital study)을 제안한다. 실제 이 전략은 모든 수준의 학생에게 쉽게 적용할 수 있다. 궤도학습은 통상 3-6주 동안의 독립연구이다. 교육과정의 한 측면을 중심으로 '궤도를 도는' 즉, 회전하는 학습이다. 학생은 궤도학습 주제를 선택하고 교사의 지도와 코칭을 받아 주제 및 독립연구자가 되는 과정에 대한 전문성을 개발한다. 교사는 코스 목표 (course goals)에 명시된 중요한 지식, 이해 및 스킬이 궤도학습의 결과물에 녹아들게 하는 평가기준 또는 성공적인 학습에 대한 기준을 만들 수 있다. 이렇게 해서 학생은 자신에게 중요한 주제를 탐구하면서 교실에서 배운 내용이 어떻게 교실 밖 세계로 전이되거나 연결되는가를 확인할 수 있다.

궤도학습은 모든 학습자는 스킬과 지식을 개발하고 공유함으로써 존엄해진다는 전제를 토대로 한다. 이 전략은 보이스카우트의 공로배지 시스템과 다르지 않지만, 궤도학습의 경우 미리 지정된 목록에서 주제를 선택하지 않고 학생 스스로 개발하며, 주제는 교육과정에서 선택한다는 점이 다르다. 스티븐슨(Stevenson, 2001)은 처음에는 학생의 흥미를 조사해서 주제로 가능한 목록을 만들고, 여기에 부모나 멘토가 제안한 것을 추가할 수 있다고 했다. (또는 온라인이나 오프라인의 업종별 전화번호부에서 찾을 수도 있다.)

6학년(중학교 1학년) (다양한 과목): 궤도학습

핸드중학교 1학년 학생들은 궤도학습이 재미있고 그들이 독립적인 학습자가 되는 데 도움이 되어 좋아한다. 교사도 궤도학습이 교육과정을 통합할 뿐 아니라 이를 통해 학생들이 자신의 강점과 흥미를 활용하며 학습할 수 있어 이 전략을 좋아한다.

핸드중학교 1학년 교사들은 궤도학습에 관한 웹사이트를 개발해 학생과 학부모에게 궤도학습이 무엇이고, 왜 중요한지, 어떻게 운영하고 어떤 자원을 활용할 수 있는지를 알려준다. 가을에 궤도학습을 시작할 때 교사는 학급의 학생들과 함께 웹사이트를 검토하고, 학생들 가정에 사이트 주소 링크를 보낸다. 웹사이트에는 궤도학습의 일반적 특징들이 다음과 같이 서술되어 있다.

- 궤도학습은 교육과정의 특정 측면과 연계해 학생이 흥미있어 하는 주제에 초점을 맞춘다.
- 핵심 쓰기목표를 포함해서 수업시간에 배워야 하는 중요한 목표가 함께 들어 있다.
- 궤도학습은 3-6주 동안 진행된다.
- 교사는 학생이 연구를 위한 명확한 질문, 조사계획, 발표방식 그리고 품질기준 등을 개발하도록 돕는다.
- 궤도학습은 연구에 소요된 시간, 사용한 자원, 연구를 통해 습득한 스킬 그리고 수업시간에 배운 개념과 스킬을 궤도학습에서 어떻게 사용했는가를 기록으로 남겨야 성공적으로 마무리된다. 거기에 한 페이지 정도의 유인물 또는 시각자료를 제공하면서 전시나 시연을 통해 적어도 다섯 명의 급우에게 10-20분가량 발표를 해야 한다. 또 급우에게서 어떻게 내용과 발표에 대한 피드백을 받을 것인가를 계획하고 실행해야 한다.

일 년 내내 팀을 담당한 교사는 학생과 함께 다음 사항을 확인한다. 개인 또는 소모둠이 주제를 선정하고 이에 집중하는가, 일지를 작성하고 자료(유인물, 온라인, 정보원이 될 사람 등)를 찾고 사용하는가, 시간사용 계획을 세우는가, 성공기준에 비추어 진척상황을 확인하는가, 구두발표가 효과적인가, 유인물과 시각자료에 주요 개념이 포함되어 있는가 등이다. 이는 과제를 끝내서 여유시간이 있는 소모둠 학생들과 미니워크숍을 열거나 또는 교실 밖에서 급우와 함께 공부하고 교사의 점검을 받을 수 있는 앱을 활용하는 온라인 실무회의를 통해 실행한다.

학생들이 계획을 수립하고 시간을 관리하면서 연구를 진행해 결과를 발표할 수 있도록 모든 교사가 책임지고 돕지만, 교사가 개인적으로 흥미가 있거나 전문성을 갖춘 분야에서는 궤도학습 자문역할을 담당하기도 한다. 예를 들어, 공상과학 소설을 좋아하는 수학교사와 재즈에 대해 식견을 가진 영어교사가 있다고 할 때 교사의 담당 교과가 아닌 영역에서 흥미와 스킬을 공유할 수 있다는 점을 교사와 학생 모두 기쁘게 받아들인다.

자문위원을 이미 너무 많이 맡고 있지만 않다면, 학생이 교사를 자문위원으로 초빙하면 교사는 초대에 응할 것이다. 초대에 응할 수 없을 때는 교사팀 내 다른 교사를 추천한다. 팀 내 모든 교사는 학생이 궤도학습을 통해 수업시간에 배운 내용과 자신의 재능과 흥미 분야가 어떻게 연결되는지를 파악할 수 있게 특별히 노력한다. 또한 다양한 교과를 연계해 궤도학습을 진행하도록 돕는다. 학생은 일 년에 적어도 한 개의 궤도학습을 성공적으로 완성해야 하지만 여러 개를 하기도 한다. 주제가 개인적이고 흥미롭고 교사의 지원도 풍부해서 대부분 학생은 일 년 중 많은 기간 동안에 궤도학습을 수행한다.

현재 진행 중인 궤도학습은 다음과 같다.

- 타키샤는 무명의 미국 남녀영웅을 기리는 '말하는 벽화'를 디지털로 구현하려 한다. 미국사 연구에 자신이 좋아하는 예술과 인물사진 기법을 결합한 연구이다. 미합중국에 영향을 끼친 다양한 인종과 다양한 연령대의 거의 알려지지 않은 남녀영웅에 대해 조사하고 있고, 이를 '벽화'에 반영할 것이다. 연극에 재능이 있는 타키샤는 대본을 썼을 뿐 아니라 이를 직접 녹음해 디지털 벽화의 사운드트랙으로 사용할 것이다.
- 세마지는 과학 및 수학 지식을 활용해 로켓을 제작한다. 이것을 제작하면서 학교에서는 좀처럼 쓸 기회가 없는 손을 사용할 기회를 얻었다.
- 제이크와 엘리는 문학의 주요 요소가 포함된 만화책을 만들고 있다. 자신들이 문학시간에 읽고 싶은 공상과학 소설의 플롯을 개발하고 있다.
- 렉시는 집 근처 공원에서 테니스경기를 하고 있다. 체육수업의 연장으로 8학년 선배인 자원자로부터 서브와 스트로크를 배우고 있다. 친구 두 명과 아빠가 이를 동영상으로 녹화한다. 배우는 내내 프로선수 동영상(체육교사가 마련해준)과 비교한다. 배운 내용을 테니스를 좋아하는 친구와 나중에 공유할 것이다.
- 데이비드는 축구를 매우 좋아한다. 월드컵 우승국에 대해서 알아보면서 해당 국가의 지리와 문화를 연구하고 있다.

- 루이스는 지리 및 문화와 연계해 전통 민속요리를 연구하고 있다. 나중에 집에 친구들을 초대해 음식을 만들어 대접하려면 요리를 배워야 한다고 생각한다. 배운 내용대로 가족과 친구들에게 음식을 만들어주면서 디지털 요리책을 쓰고 있다.

궤도학습의 많은 내용은 집에서 완성된다. 하지만 각 교과 수업시간에 일정 시간을 할애해 궤도학습 탐구와 관련한 스킬을 공부한다. 교실수업을 끝낸 학생들은 나머지 시간에 궤도학습 공부를 할 수 있음을 알고 있다. 교사들도 매체전문가 및 미술교사와 협력해서 집에서 자료를 얻고 지원을 받기가 쉽지 않은 학생들에게 이를 마련해준다. 어떤 반에서는 세 번째 금요일마다 궤도학습을 완수한 학생이 이를 발표한다. 학회에서 참가할 분야를 선택하듯이 반 학생들도 흥미가 있는 발표에 사전등록을 하고 참석한다. 모든 참석자는 발표자에게 피드백을 준다. 발표에 참석하지 않는 학생은 자기 프로젝트를 수행하거나, 빠진 수업을 따라잡거나, 또래에게 도움을 받아 자기 공부를 한다.

중학교 1학년 4개 교실 모두 궤도학습 발표장소를 지정해둔다. 그 외의 장소는 혼자서 또는 짝과 함께 조용히 공부하는 곳이다. 학습장소에서 공부할 계획을 미처 세우지 못한 학생에게는 교사가 적절하게 학습내용을 제공한다. 발표할 궤도학습이 여러 개가 되면 두 개 교실을 발표만 하는 장소로 지정하고, 하나는 혼자 또는 짝과 함께 공부하는 장소로, 나머지 하나는 과목과 관계없이 교사의 도움을 받아 준비하는 장소로 지정한다.

교사들은 궤도학습 발표내용을 검토한 후 요약한 내용을 팀 내의 다른 교사들과 공유한다. 교사팀은 서로 긴밀히 협력해 학생이 궤도학습을 통해 학습한 내용과 교실수업에서 배운 내용을 연결하도록 한다. 교사가 그 기회를 놓치면, 실은 그 기회를 얻기도 전에 학생들이 상기시켜주는 경우가 많다. 발표를 동영상으로 녹화해두어 다음 해에 아이디어를 얻을 때 쓰거나 양질의 연구모델로 활용한다.

무엇을 개별화하는가? 궤도학습을 통해 학습내용(학생들이 스스로 주제와 탐구자료를 선택하므로), 학습과정(학생들이 스스로 학습계획을 세우므로), 학습결과물(학생들이 학습을 표현할 방식을 다양하게 선택할 수 있으므로)을 개별화할 수 있다. 즉, 궤도학습에서는 교사가 아니라 학생이 선택해서 학습내용, 학습과정, 학습결과물을 개별화한다. 그러나 교사도 학생이 이해하고 준비하고 발표를 성공적으로 마칠 수 있도록 지도하고, 궤도학습에 핵심 내용목표가 반드시 포함되도록 적극적인 역할을 담당한다.

어떻게 개별화하는가? 궤도학습은 학생들의 흥미(주제와 발표방식을 선택할 수 있으므로)와 학습양식(학습환경 그리고/또는 우세한 지능을 결정할 기회가 있으므로)을 바탕으로 개별화하는 데 초점을 맞춘다. 이번에도 교사의 주된 역할은 학생의 선택과 진척상황을 관찰하고 결과의 질을 높이기 위해 지도하는 것이다.

왜 개별화하는가? 학생은 학교에서 학습과정을 스스로 책임지고, 하고 싶은 일을 하면서, 스스로 빛날 수 있을 때 활력을 얻는다. 궤도학습을 통해 학생은 무엇을 공부하고 이를 어떻게 공유하며, 교실에서 배운 중요한 개념과 스킬을 다른 영역으로 어떻게 전이할 것인가를 스스로 선택한다. 교사들도 궤도학습을 통해 어린 학습자가 독립적으로 학습할 수 있도록 체계적으로 도울 수 있다.

———○———

전문가든 아마추어든 기술자를 보면 연장을 바르게 쓰냐 아니냐에 따라 결과물이 크게 달라짐을 알 수 있다. 이와 유사하게 교실에서 어떤 수업전략을 선택하느냐에 따라 교사가 제공하는 학습경험의 질도 크게 달라진다. 교사는 교육과정 요건과 학습자 필요에 맞춰 수업전략을 선택하는 것과 더불어 학습내용, 학습과정, 학습결과물 중 어느 것을 개별화할 것인가를 아는 것이 중요하다. 또 교사가 언제 학생의 학습준비도, 흥미, 학습양식에 대응하는 것이 적합한지를 아는 것, 그리고 특정 접근법이 특정 학생들의 학습에 왜 도움이 되는지를 파악하는 것도 중요하다.

08

개별화수업을 지원하는
더 많은 수업전략

내가 이 수업을 좋아하는 이유는 항상 뭔가 다른 것이 진행되기 때문이다.

다른 수업은 매일 점심으로 피넛버터를 먹는 것 같은데

이 수업은 선생님이 요리하는 법을 진짜 아시는 것 같다.

선생님은 엄청나게 다양한 메뉴로 식당을 운영하시는 듯하다.

7학년 학생의 수업평가

모든 학생의 학습준비도, 흥미, 학습양식이 같다고 전제하는 대신, 교사로 하여금 소모둠 및 개인의 필요에 주목하게 하는 수업전략은 여러가지다. 7장에서는 정거장, 개인과제 목록, 복합수업, 궤도학습 등 개별화수업을 쉽게 만드는 전략들을 살펴보았다. 이번 장에서는 센터, 진입지점, 층위별 활동, 학습계약, 삼원지능에 대해 자세히 살펴볼 것이다. 또한 소모둠학습, 필습면제(필수학습 면제), 선택판과 직소(jigsaw) 등에 대해서도 간략히 살펴볼 텐데, 이는 반 전체가 특정 주제나 단원을 공부할 때라도 교사가 개인이나 소모둠이 요구하는 바에 중점을 두고자 할 때 유용한 수업전략이다.

센터

교사들이 센터(center)를 오랫동안 애용한 까닭은 센터가 다양한 학습 필요를 유연하게 다룰 수 있는 전략이기 때문일 것이다. 정거장과 달리 센터는 독립적으로 운영된다. 정거장은 서로 연계되어 운영되지만, 센터는 그렇지 않다. 예를 들어, 교사는 과학센터, 쓰기센터, 미술센터 등을 만들 수 있다. 그러나 학생들이 모든 센터를 돌며 주제나 일련의 스킬을 익힐 필요는 없다. 7장에서 정거장 활용 예로 든 수학수업을 보라. 모든 학생이 다양한 수학적 개념과 스킬을 숙지하기 위해 모든 정거장을 순회했다. 정거장은 센터와 달리 서로 연계되어 있다.

교사마다 센터를 활용하는 방식이 달라서 센터에 대한 정의도 다르다. 개별화수업에 특히 유용한 센터 두 가지는 학습센터(learning center)와 흥미센터(interest center)이다. 먼저 두 센터에 대한 정의를 내리고 이를 개설하는 데 필요한 지침을 제공할 것이다. 하지만 교사와 학생의 필요에 따라 자유롭게 수정해도 된다.

내가 내린 학습센터의 정의는 지식·이해·스킬을 가르치고, 이들을 연습하고 확장할 수 있도록 고안된 활동과 자료가 모여 있는 교실의 한 구역이다. 흥미센터는 학생들이 특별히 흥미를 보이는 주제를 탐구하고 싶어 하도록 설계한다. 일반적으로 센터는 반드시 다음의 조건을 갖추어야 한다.

- 명확하게 확인된 중요한 학습목표에 초점을 맞춘다.
- 개별 학습자가 학습목표를 향해 성장할 수 있는 자료를 포함한다.
- 학생들의 다양한 읽기수준, 학습양식, 흥미에 적합한 자료와 활동을 사용한다.
- 단순한 것에서 복잡한 것까지, 구체적인 것에서 추상적인 것까지, 구조화된 학습에서 열린 학습까지 다양한 활동을 제공한다.
- 학생들이 할 일을 명확하게 알려준다.
- 도움이 필요할 때 어떻게 해야 하는지를 알려준다.

- 과제를 완성한 후 무엇을 해야 하는지를 알려준다.
- 센터에서의 활동과 학습의 질을 추적·관찰하기 위해 기록한다.
- 형성평가를 통해 각 센터의 과제를 개선하고 학생에게 적절한 과제를 할당한다.

센터에서 무엇을 학습하고 어떻게 학습할 것인가는 교사와 학생이 함께 설계하지만, 센터의 자료와 과제는 일반적으로 교사가 만든다. 자료와 과제는 구체적인 지식·이해·스킬을 익히거나 확장하는 것에 초점을 맞춘다.

초등 2, 3학년(다양한 교과): 공룡센터

후퍼 선생님은 초등 2학년 및 3학년 교실에서 연령대가 섞여 있는 학생들을 가르치고 있다. 그 연령대의 아이가 대부분 그렇듯이 선생님 반어린 학습자들도 공룡에 매료되어 있다. 후퍼 선생님은 자연스러운 이들의 호기심을 장려하고, 아이들이 공룡을 공부하면서 패턴·분류·적응·변화와 같은 과학적 개념을 이해하기를 바란다.

가끔은 학급 전체가 공룡에 관한 이야기를 듣거나 동영상을 시청하거나, 과학자라면 공룡 사진이나 뼈대를 보고 무엇을 알아낼 수 있을지 이야기하거나, 공룡을 분류해 차트로 만들어본다 선생님은 과학센터를 활용해서 학생이 개별적으로 핵심 이해와 스킬을 연습하게 한다. 그런 다음 2주 동안 모든 학생이 고생물학자가 된 것처럼 다양한 공룡 모형을 분석한다. 센터학습의 하나로 공룡이 환경에 어떻게 적응했는가도

학습한다. 하지만 연령대가 다양한 학생들의 사고의 정교함과 읽기스킬의 폭은 매우 넓다. 공룡에 대한 사전지식과 흥미도 제각각이다.

과학센터에는 플라스틱 공룡 모형, 공룡 사진, 뼈·이빨·피부·발자국 화석, 공룡 뼈대 복제품, 몇 권의 책, 색칠공부책이 비치되어 있다. 다양한 미술자료 및 쓰기도구도 있다. 지시사항은 카드에 쓰여 있고 소형 디지털기기에 녹음되어 있다. 학생들은 '오늘의 고생물학자들'이라는 제목의 차트에서 자신의 이름을 찾아 배정된 센터로 간다.

후퍼 선생님은 센터에서 어떻게 학습할 것인가에 대한 지시사항을 글과 디지털 녹음으로 제공한다. 학습은 일반적으로 모형을 자세히 검사하고 관찰하는 일이다. 과학센터에서는 모든 학생이 패턴이라는 개념을 익히고, 분류하고 예측하는 스킬을 사용하며, 자연 속의 패턴을 자세히 관찰하면 정확하게 예측하는 데 도움이 된다는 것을 이해하면서 학습할 것이다. 학생들은 배정받은 과학센터에서 2주 동안 몇 차례 공부한다. 학습센터가 비어있을 때나 학생의 선택시간에 센터에 가서 공부할 수 있다. 초반에는 기초과제를 공부했던 학생이 나중에는 속진 학습자가 이미 끝낸 과제를 학습할 수도 있다.

오늘 방문한 고생물학자는 아홉 살이 다 된 지나와 빠른 일곱 살 조단이다. 둘 다 읽는 것을 어려워해서 지금은 고도로 구조화된 학습과제가 필요한 상태이다. 상자 안에는 공룡의 이빨 두 가지 모형과 세 가지 공룡 모형이 들어 있다. 두 학생은 공룡의 이빨을 자세히 관찰해 공룡이 무엇을 먹는지를 예측하고, 그런 다음 세 가지 공룡 모형의 다리·목·손을 살펴보고 이 특징들이 나타내는 바를 예측해야 한다(222쪽 도표

8.1 참조). 마지막으로 센터의 다른 공룡 모형을 골라 그 특징을 살펴보고 예측해야 한다. 원하면 디지털 녹음을 듣고 읽기에 도움을 받을 수도 있다. 후퍼 선생님이 지나와 조단을 함께 공부하도록 한 것도 학습센터에서의 학습을 더 많이 지원하기 위해서이다.

어느 날 여덟 살 미샤와 여섯 살 칼라가 비슷한 과제를 함께 수행하고 있었다. 과제는 읽기수준과 분류스킬이 매우 뛰어나고 공룡에 대해 잘 아는 두 아이의 수준에 맞춰 설계했다. 이번에도 디지털 녹음으로 지시사항을 들을 수 있다. 상자 안에는 이름이 쓰여 있는 다수의 공룡 그림과 함께 뼈대·뼈·이빨 화석이 들어 있다. 이들도 지나와 조단처럼 모형을 사용해서 공룡이 어떻게 적응했는가를 예측해야 한다. '고생물학자처럼 생각해서' 완성해야 하는 활동지(도표 8.2 참조)의 과제는 훨씬 더 복잡하고 덜 구조화되어 있다.

후퍼 선생님 교실에는 과학센터에 더해 기술기반 학습센터 두 곳과 흥미센터 한 곳이 있다. 학습센터 한 곳에서 학생들이 컴퓨터 프로그램으로 수학스킬을 연습한다. 이 프로그램은 학생의 진도를 모니터하면서 필요할 때 도움도 주고, 진도에 따라 과제 난이도를 높여 제시한다. 이 프로그램은 지금 배우고 있는 수학스킬을 연습하게도 하지만, 지난 단원 또는 지난 학년에 배운 수학스킬과 사고를 '다시 배워야' 하는 학생에게 특히 유용하다. 지금 배우는 스킬을 이미 숙달한 학생은 점점 더 복잡한 문제를 풀면서, 수학의 여러 분야에서 배운 것을 적용하고 확장하는 도전과제를 제공하는 프로그램으로 학습한다.

언어학습 센터에서는 학생들이 그래픽 오거나이저와 설명문을 사용

도표 8.1 더 구조화된 과학센터 과제: 공룡 활동지

1. 녹색 공룡은 힙실로포돈이다.

(1) 긴/짧은 목이 있다.

(2) 큰 나무/작은 관목의 잎을 먹기에 좋다.

(3) 길고 가는/짧고 굵은 다리가 있다.

(4) 천천히 걷기/빨리 달리기에 좋다.

(5) 자신을 보호하기 위해 발톱/뾰족돌기/달리기/곤봉 꼬리를 사용한다.

(6) 헤엄치기/균형을 잡기 위해 긴 꼬리를 사용한다.

2. 회색 공룡은 트리케라톱스이다.

(1) 긴/짧은 목과 뾰족한 이빨과 코가 있다.

(2) 키 큰 나무의 부드러운 잎/지표면 근처의 질긴 식물을 먹기에 좋다.

(3) 짧고 굵은/길고 가는 다리가 있다.

(4) 천천히 걷기/달리기에 좋다.

(5) 자신을 보호하기 위해 달리기/발톱/뿔/곤봉 꼬리를 사용한다.

3. 갈색 공룡은 유오플로케팔루스이다.

(1) 빨리 달리기/걷기에 좋은 다리가 있다.

(2) 코가 있어서 식물/동물을 먹는다고 볼 수 있다.

(3) 자신을 보호하기 위해 달리기/곤봉 꼬리/갑옷/뼈 돌기를 사용한다.

4. 또 다른 공룡을 골라 설명해보라. 원한다면 그림을 그려보라.

도표 8.2 덜 구조화된 과학센터 과제: 고생물학자처럼 생각할 수 있어요

공룡	다리	꼬리	이빨	기타
힙실로포돈 	• 종류 • 목적	• 종류 • 목적	• 종류 • 목적	• 종류 • 목적
트리케라톱스 	• 종류 • 목적	• 종류 • 목적	• 종류 • 목적	• 종류 • 목적
유오플로케팔루스 	• 종류 • 목적	• 종류 • 목적	• 종류 • 목적	• 종류 • 목적
티라노사우루스 	• 종류 • 목적	• 종류 • 목적	• 종류 • 목적	• 종류 • 목적
스테고사우루스 	• 종류 • 목적	• 종류 • 목적	• 종류 • 목적	• 종류 • 목적
선택한 공룡의 이름을 쓰라.	• 송뉴 • 목적	• 종류 • 목적	• 종류 • 목적	• 종류 • 목적

해 요지와 세부사항을 파악한다. 읽기자료는 공룡에 초점을 맞춰, 학생들이 텍스트 구조를 사용해서 그들이 알고 싶어 하는 주제인 공룡에 대한 지식을 함께 넓힐 수 있게 한다. 후퍼 선생님은 학생들의 다양한 읽기수준을 고려해 텍스트의 복잡도 수준이 다른 유인물과 인터넷 자료를 제공하고, 또 모국어가 영어가 아닌 학생들을 위해 여러 언어로 된 자료도 준비한다.

공룡에 관한 흥미센터는 학생들이 공식적으로 배우는 내용과 관련있는 주제(공룡)에 대한 이해의 폭과 질을 높여준다. 학생들은 선택활동 시간에 센터에 갈 수 있지만 반드시 그럴 필요는 없다. 혼자 또는 짝과 함께 공부해도 된다. 센터에는 선생님이 제안하는 몇 가지 과제와 그 과제를 수행하는 데 유용한 다양한 종류의 미술작품, 유인물 및 동영상 자료가 있다. 이번 주 흥미센터에 게시된 과제는 다음과 같다.

- 이구아나와 공룡의 비슷한 점을 찾아 둘을 비교한 그림을 그리고 라벨을 붙이시오.
- 공룡에서 영감을 얻어 쓰였을 중국의 용과 다른 신화 속에 등장하는 동물에 관해 읽고, 배운 내용을 학급의 과학 블로그에 올려 반 전체와 공유하시오.
- 진흙과 플라스틱으로 공룡의 뼈대를 만들어 공룡이 환경에 어떻게 적응했는지 보이시오.
- 과학자들이 추정하는 공룡의 멸종 원인 세 가지를 찾고, 이를 포스터로 만들어 학급에 발표하시오.

- 공룡과 동족인 현대의 파충류에 대해 알아보고, 그림 또는 모형으로 만들어 공룡과 비교하시오. 라벨을 사용해 비슷한 점을 표시하시오.
- 고생물학자가 하는 일이 무엇이고, 어떤 종류의 교육을 받아야 하는지를 설명하는 직무기술서를 써보시오.

  학생들은 또한 '알고 싶어요' 계획서 양식을 작성해서 하고 싶은 과제를 구상해 교사에게 제출할 수 있다(226쪽 도표 8.3 참조).

무엇을 개별화하는가? 학습센터에서 후퍼 선생님은 모든 학생이 반드시 핵심 개념과 스킬을 연습할 수 있게 내용의 일부를 개별화한다. 학습과정은 복잡도 수준이 다른 다양한 활동으로 개별화한다. 흥미센터에서는 학생들이 공부할 내용을 선택하게 해 학습내용을 개별화한다. 학습방식을 다르게 해 학습과정을 개별화하기도 한다. 또한 학습한 내용을 다양하게 시연하게 해 학습결과물을 개별화한다.

어떻게 개별화하는가? 선생님은 학습센터를 활용해 학습준비도 수준에 따라 수업을 개별화한다. 예를 들어, 자원과 과제의 복잡도를 각 학생의 출발지점에 맞게 달리한다. 흥미센터는 다양한 학생의 흥미에 초점을 맞추되 학생들 스스로 제안할 수 있는 선택권도 부여한다. 학습센터와 흥미센터 두 곳 모두 교사는 학습양식의 차이를 고려해 학생들이 혼자서 또는 급우들과 함께 공부하는 것도 허용한다. 지시도 시각 및 청각 방식 둘 다를 활용하고, 운동·시각·공간·언어 지능별 강점을 활용할 수 있는 자원도 제공한다.

나의 질문 혹은 주제는 다음과 같아요.

이것에 대해 알기 위해서 나는 이렇게 할 거에요.

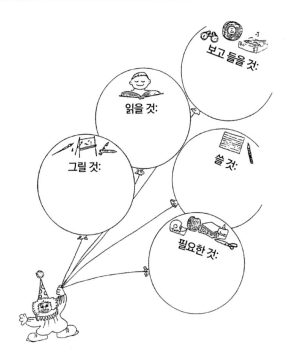

이 때까지 끝마칠게요.　　　　　　　　　내가 배운 것을 이렇게 공유할게요.

왜 개별화하는가? 연령대가 섞인 초등학생들로 구성된 교실에서는 학생들의 학습준비도·배경지식·흥미·학습양식이 명백히 다양하며, 이는 꼭 나이나 학년과 일치하지 않는다. 혼자서, 소모둠으로, 여럿이 함께 공부하게 하면 교사는 학생 개개인의 필요에 대응하면서 동시에 공동체 학습경험을 제공할 수 있다. 때로는 같은 학습센터 과제를 다른 시기에 학습하게 함으로써 선생님의 계획을 좀 더 쉽게 달성할 수 있다. 또한 선생님은 학생의 성장을 효과적으로 촉진시킨다. 더욱이, 센터를 사용할 때 선생님과 학생 양측이 균형 있게 센터를 선택할 수 있다. 학습센터의 핵심 과제는 선생님이 만들지만, 학습센터로 다시 가서 공부할 것인가는 학생들이 선택할 수 있다. 흥미센터에서 학습은 학생들이 먼저 결정한다.

진입지점 ○─────────────────────────

학생들의 우세한 지능과 강점이 각기 다르다는 것을 알게 된 데에는 하워드 가드너(Howard Gardner, 1993)의 공이 매우 크다. 가드너가 꾸준히 다양한 학습법을 연구한 덕택에 교사들도 이제, 예를 들어 공간지능이 뛰어난 학생은 언어지능이 강한 학생과 다르게 정보를 받아들이고 문제를 해결하고 학습한 내용을 표현한다는 것을 알게 되었다. 가드너도 여러 지능이 서로 연결되어 있고 일상생활을 하면서 다양한 지능이 활용된다는 점을 확실히 알고 있지만, 그는 또한 이러한 지능 사이에 중요한 차이가 있고 학습자들이 가진 이런 차이에 주목하면 학습을 촉진시킬 수 있다고 확신했다. 교사가 수업을 계획하고 실천할 때 이러한 차이를 고려하면 학습에 도움을 줄 수 있다.

가드너(1991, 1993)는 학습자마다 다른 우세한 지능을 다루는 수업 전략으로 복수의 '진입지점(entry point)', 즉 여러 개의 학습경로를 이야기한다. 학생들이 다음과 같이 다양한 진입지점을 통해 주제를 탐구할 것을 제안한다.

- 이야기 진입지점: 다루는 주제나 개념을 이야기로 제시하기
- 논리-수량 진입지점: 숫자를 사용하거나 연역적/과학적 방식으로 문제나 질문에 접근하기
- 기반 다지기 진입지점: 주제나 개념을 떠받치는 철학과 어휘를 검토하기
- 심미적 진입지점: 주제나 개념의 감각적 특징에 집중하기
- 경험적 진입지점: 주제나 개념을 나타내는 자료를 직접 다루는 실행 접근법 사용하기. 이 자료는 학생의 개인적 경험과도 연관된다.

7학년 역사: 중세시대에 대한 진입지점

부차드 선생님과 그녀의 7학년 학생들은 이제 막 유럽 중세시대를 탐구하기 시작했다. 선생님은 학생이 성당을 조사하면서 중세시대의 문화와 사상을 접할 수 있게 했다. 중세의 성당은 당대 전반의 전형으로 거의 메타포(metaphor, 은유)라 할 수 있다. 선생님은 학생들이 중세시

대와 당시 사람들에 대한 이해의 토대를 굳건히 하려면 성당의 건축기술, 중세시대에 건축가가 된다는 것의 의미, 건축재료, 이 놀라운 구조물의 제작과 건축을 지원한 직업체계 그리고 성당을 중시하는 신념체계 등을 이해해야 한다고 믿었다.

선생님은 중세라는 용어가 무엇을 떠올리게 하는지, 이에 관해 학급 전체가 토론하는 것으로 수업을 시작했다. 이는 학생들에게는 이미 알고 있는 내용과 앞으로 학습할 내용을 연결시키고, 선생님에게는 학생들의 중세에 대한 지식의 수준과 깊이를 비공식적으로 파악할 기회가 된다.

그런 다음 학생들은 다섯 가지 진입지점 조사활동(230쪽 도표 8.4 참조) 중 하나에 '참여'하기를 선택한 후, 혼자서 또는 최대 네 명의 모둠을 구성해 활동을 시작한다. 선생님은 조사활동별로 구체적인 성공기준과 과제활동지를 만든다. 학생들이 조사를 완성하면 부차드 선생님은 이를 바탕으로 단원 수업을 진행한다.

무엇을 개별화하는가? 선생님은 저마다 다른 학생들의 읽기능력에 맞춰 다양한 조사자료를 제공해 학습내용을 개별화한다. 또 성당을 여러 각도에서 생각하게 하는 식으로 학습과정을 개별화한다. 학생들은 학습결과물을 다양한 양식으로 발표한다. 성당이 무엇이고 성당을 통해 중세사람과 중세시대에 대해 알 수 있는 것이 무엇인지 모든 학생이 공통으로 생각해본다.

어떻게 개별화하는가? 개별화수업에서는 흥미와 학습양식을 특히 강조한다. 학생들은 가장 흥미롭게 보이는 조사활동을 선택해 자신의 우세한 지능을 전문적으로 활용하고, 학습환경과 학습한 내용의 발표방식을 선택할 수 있다. 선생님은 다양한 수준의 읽기자료를 준비해 학습준비도를 기준으로 개별화한다.

도표 8.4 **선택형 탐구 진입지점 개요**

진입지점	프로젝트 제목	과제
이야기	성당의 사연 찾기	성당이 사건 전개에서 (등장인물 수준으로) 중요한 위치를 차지하는 이야기를 교사가 제시하거나 다른 곳에서 찾는다. (사전이나 백과사전에 나오는 것이 아니라) 이야기 속의 정보를 활용해 성당 관련 용어집을 만들라. 그림이나 보충설명을 곁들여 작가가 이야기 전개에 성당을 어떻게 활용했는가를 보여준다. 성당이 '중심인물' 역할을 하는 자기 자신의 이야기나 모험담을 써보거나 말로 들려준다.
논리-수량	역사적 유산의 건축가	교사가 제안하거나 학생 스스로 찾아낸 자료를 활용해 성당의 주요 특징과 건축가가 사용한 건축공학 지식 및 스킬을 보여주는 모델을 만들어보라. 중세의 성당 건축 관련 지식과 스킬을 현재 가능한 지식 및 스킬과 비교해서 생각해보는 것이 중요하다.
기반 다지기	숨은 의미 찾기	성당에는 많은 상징이 담겨있다. 성당의 평면도, 기술, 장식 등이 성당을 건축하고 예배를 했던 중세 사람들의 믿음을 이해하는 데 어떻게 도움을 주는지 나타내고 설명할 방법을 찾아보라. 교사가 제공한 자료를 기초로 삼되 다른 것들도 찾아보라.
심미적	아름다움을 볼 줄 아는 눈	교사가 제공하거나 학생이 찾은 자료를 사용해 중세의 성당 건축술, 예술, 음악에 중세 사람들의 심미관이 어떻게 그리고 왜 투영되었는지를 보여줄 방법을 찾아보라. 우리 시대의 심미관과 비교해보는 것도 좋다.
경험적	나만의 '성당'	누구에게나 편안하게 쉬면서 마음의 평화를 느끼며 명상할 수 있는 '장소'들이 있다. 종교 건축물일 수도 있고 특별한 의미를 지닌 일상의 장소일 수도 있다. 교사가 제공한 성당의 구성요소 목록 및 성당에 관한 자료들을 활용해 나만의 성당이나 자신이 알고 있는 다른 누군가의 '성당'을 제시하라. 중세의 성당과 어떻게 유사한지를 급우들이 알 수 있게 하라.

왜 개별화하는가? 부차드 선생님은 다양한 지능과 흥미를 고려해 주제를 제시함으로써 학생들의 강점과 사전경험을 활용한다. 이렇게 하면, 각자 학습양식과 흥미가 상당히 다르긴 하지만 모든 학생이 학습동기를 높이고 동일 주제를 성공적으로 이해할 수 있다. 학습하는 방식은 다르지만, 학생 하나하나는 진입지점 조사활동을 통해 중세라는 시대와 당시 사람들에 대한 인식을 공유한다. 이는 단원의 나머지 부분에 나오는 사실·개념·원리를 연결하고 이해하는 데 도움이 된다.

층위별 활동

층위별 활동(tiered activity)은 학습능력이 다른 학생들이 같은 핵심 지식과 스킬을 활용해 동일한 핵심 개념을 학습하도록 할 때 유용하다. 즉, 층위별 활동은 학습준비도를 기반으로 한 전략이다. 예를 들어, 읽기능력이 부족하고 추상적 사고에 약한 학생이더라도 주어진 자료 및 이야기의 핵심 개념과 원리를 이해해야 한다. 동일 학년의 성취기준을 넘어설 정도로 뛰어난 학생도 위 학생과 같은 내용을 공부하되 자기 수준에 맞는 도전적 과제를 접할 수 있어야 한다. 학습에 어려움을 겪는 학습자나 해당 학년 수준의 학습자 모두 획일적 활동으로는 주요 개념을 자기 것으로 만들지 못할 뿐 아니라 그 분야의 지식과 스킬이 뛰어난 상급학습자도 이해의 폭을 넓힐 수 없다.

층위별 활동으로 모든 학생은 복잡성, 추상성, 개방성, 독립성의 수준이 각기 다른 상태에서 핵심 지식, 이해와 스킬에 집중할 수 있다. 교사는 활동의 초점은 같게 유지하면서도 다양한 난이도로 접근할 수 있는 경로를 마련함으로써 학생 하나하나가 핵심 스킬과 이해를 함양하고 학습이 모든 학생에게 적절하게 도전적일 가능성을 최대로 높인다.

층위별 활동을 구안하는 단계는 다음과 같다(234쪽 도표 8.5 참조).

1. 모든 학습자를 위한 활동의 초점이 되는 지식, 스킬, 이해(개념, 일반화)를 선정한다. 이는 학생들이 의미체계를 형성하는 데 도움을 주는 필수적인 요소이다.

2. 지금 계획하고 있는 활동을 수행할 학생들에 대해 생각하라. 형성평가(예: 출구카드, 일지, 숙제 및 수업시간 활동 등)를 활용해 다음 수업 주제와 관련한 이해도를 중심으로 학생들의 학습준비도를 파악하라. 기존에 파악한 학생들의 구체적인 장점, 학습방식, 흥미에 이를 추가하라. 복잡하게 할 필요는 없다. 그저 지속적으로 형성평가를 하고 학생을 비공식적으로 살펴보다 보면 자연스럽게 파생되는 것이라고 생각하라.

3. 활동을 새로 만들거나 과거에 사용해서 성공했던 것을 활용하라. 활동은 재미있으면서 고등사고를 필요로 하며, 학생들이 핵심 스킬을 사용해 핵심 개념을 이해하게 해줄 요소에 초점을 둬야 한다. 어느 지점에서 시작해도 상관은 없지만, 상급과제를 먼저 만드는 것이 좋다. 기초수준의 과제를 만들고 대상에 따라 이를 조정하는 것보다는 최상급 과제를 먼저 계획하는 것이 다양한 학생들에게 훨씬 득이 된

다. '지도에 낙관적으로 접근하는(teaching up)'방식으로, 즉 학생이 능력을 최대한 발휘할 수 있도록 상급과제를 먼저 만들고 여기에 다양한 수준의 점진적 지원장치를 추가한 과제를 만들면, 이러한 스캐폴딩(scaffolding) 전략을 통해 모든 학생이 풍부하면서도 복잡한 학습경험에 집중해 의미를 형성하고 이해하게 될 가능성이 더 높다.

4. 활동의 복잡도를 표로 만들어라. 사다리를 생각하거나 실제로 그려보라. 맨 윗단은 최상위 수준의 스킬을 보유하고 가장 높은 수준에서 주제를 이해하는 학생들이다. 맨 밑단은 스킬과 주제에 대한 이해 수준이 가장 낮은 학생들이다. 당신의 수업은 사다리 어디에 위치하는가? 최상위 수준의 학생이 능력을 최대한 발휘해야 할 만큼 도전적인가? 해당 학년 수준의 학생들에게만 도전적인가? 아니면 현재의 스킬과 이해 수준보다 낮은 학생에게만 도전적인가? 이렇게 사다리로 시각화해보면 또 다른 형태의 사다리가 필요한 학생이 누구인지 쉽게 알 수 있다. 다시 말하지만 층위별 활동에서는 상급과제를 먼저 만드는 것이 효과적이다.

5. 사다리를 따라 활동을 '복제(clone)'하되 난이도가 다른 여러 버전을 제공하라. 버전의 개수에 마법의 숫자는 없다. 두 개면 될 때도 있고, 다양한 학습자를 위해서 세 개, 네 개, 다섯 개까지 필요할 때도 있다. 형성평가를 통해 학생에게 필요한 내용의 패턴을 파악해 그날의 구체적인 과제에 적절한 층위별 활동 개수를 결정한다. 학습자료를 가장 기초적인 수준에서 최상위 학생에게도 도전적인 수준까지 다양하게 변화를 주거나, 학습결과물의 발표방식을 매우 친숙한

도표 8.5 층위별 활동 개발

1

활동 조직자 선정
- 개념
- 스킬
- 일반화 / 이해

→ 의미 틀 형성에 필수적 요소

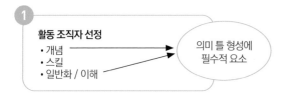

2

학생 파악 및 평가
- 준비도 범위
- 흥미
- 학습양식
- 재능

- 스킬
- 읽기
- 사고
- 정보
- 언어

3

구안할 활동의 성격
- 재미있음
- 높은 수준
- 핵심 스킬을 사용해 핵심 개념을 이해하도록 함
- 상급과제를 먼저 구현

4

활동의 복잡도 도표화

높은 스킬 또는 복잡도

낮은 스킬 또는 복잡도

5

필요시 학생들이 도전적으로 그리고 성공적으로 학습할 수 있도록 다음 기준의 사다리에 따라 활동 복제
- 자료 – 기초에서 상급 수준까지
- 표현의 형식 – 친숙한 것에서 덜 친숙한 것까지
- 경험의 형식 – 개인적인 것부터 개인과 무관한 것까지
- 이퀄라이저(equalizer)

6

학습양식과 과제 요구사항을 고려해 각 학생에게 맞는 과제 배정

방식에서부터 낯선 방식까지 허용하는 복제 등이 가능하다. 또 학생의 경험과 밀접하게 연관된 것에서 전혀 동떨어진 것으로 응용할 때도 복제가 가능하다. (활동을 복제할 때 매우 유용한 '이퀄라이저(equalizer)'에 대한 논의는 부록 316-322쪽을 참조하라.)

6. 개별 학생의 필요와 과제의 요구사항에 기반해 각 과제를 각각의 학생에게 배정하라. 과제 난이도와 속도를 학생의 학습준비도에 맞추는 것이 목표이다. 목표는 모든 학생이 안전지대를 약간 넘어서까지 노력해야 하는 수준의 과제를 주고, 이를 성공적으로 학습하는 데 필요한 지원을 제공하는 것이어야 한다.

8학년 과학 : 오존에 관한 층위별 활동

라이트너 선생님의 8학년 학생들은 대기를 공부하고 있다. 학급토론, 교재읽기 및 동영상 시청 등의 반 전체 활동을 마쳤다. 모든 학생이 오존이 무엇이고 왜 대기에서 오존이 중요한지를 이해해야 한다. 라이트너 선생님이 원하는 것은 학생 각자가 주제에 대해 추가적으로 지식을 쌓고 이해를 확장할 토대를 구축하는 것이다. 각 학생에게 도전적인 수준의 층위별 활동을 구안하기 위해 선생님은 가장 최근에 실시한 진단평가를 참조해 학생의 이해도를 파악하고 기존에 파악한 학생의 읽기 수준과 사고유형도 고려한다. 선생님이 감지한 학생의 필요를 바탕으로 이전에 사용했던 오존에 관한 활동을 '복제'하되, 개별 학생에 맞춰 버전을 달리한다. 새로 만든 네 가지 버전의 층위별 활동은 모두 다음과 같은 동일한 핵심 요소가 들어 있다.

- 모든 학생은 몇 개의 개별과제와 모둠과제를 완수해야 한다.
- 모든 학생은 오존의 정의와 작용방식 및 오존이 중요한 이유에 대한 한 묶음의 읽기자료를 받는다. 읽기 난이도는 동급 학년 수준 아래에서부터 대학 수준에 이르기까지 다양하다.
- 모든 학생은 읽기자료의 핵심 정보에 대해 필기를 해야 한다. 라이트너 선생님은 몇몇 학생에게는 필기양식을 주어 학습하게 하고, 또 다른 학생들에게는 주요 개념에 유의해서 필기하도록 한다. 선생님은 모든 학생이 명확하게 그리고 완벽하게 필기하는지를 모니터한다.
- 모든 학생이 인터넷을 활용해 오존의 중요성을 폭넓게 이해하게 될 것이다. 라이트너 선생님은 복잡도가 다른 다양한 웹사이트를 학생들에게 알려준다. 기본적인 정보를 탑재한 사이트, 전문가들이 활용하는 사이트, 그 둘의 중간 수준에 해당하는 사이트 등 다양하다. 도표나 사진 또는 녹음자료가 더 많은 사이트도 있다. 그리고 많은 학생의 모국어인 스페인어 사이트 등도 소개한다. 학생들을 독려해 유용한 사이트를 찾게 하고 이를 학급 웹사이트의 '게시판'에 공유하도록 한다. 모든 학생은 적절하게 출처를 명시하고 인터넷 자료에서 배운 것을 메모에 추가해야 한다.
- 학생들은 오존이 무엇이고 왜 중요한지를 이해하고 있다는 것을 입증하기 위해, 각자 한두 명의 다른 학생과 함께 같은 버전의 활동을 완성한다. 인터넷 자료와 자기가 필기한 내용을 바탕으로 배운 바를 적용한다.
- 모든 학생에게는 유의미한 청중이 있다.

예를 들어, 라이트너 선생님은 개념을 제일 어려워하는 모둠에게 오존붕괴에 따른 건강상 위험에 관한 공익광고를 작성하게 한다. 학생들은 CM송, 슬로건, 미술을 사용해 왜 오존이 중요한지, 오존이 고갈되면 어떻게 위험에 빠지게 되는지, 어떤 예방조치를 해야 하는지에 대한 생각을 전달한다. 이들이 만든 공익광고는 초등학교 학생들을 대상으로 하는 학교뉴스 영상용으로 제작된다.

이들보다 이러한 종류의 과학자료를 읽고 이해하는 스킬이 조금 더 우수한 학생들은 오존에 대한 급우의 인식과 이해를 조사하는 활동을 독립적으로 수행한다. 전문적으로 설계된 설문조사를 본보기로 활용해 설문조사를 설계·실시·분석·보고한다. 라이트너 선생님은 학생이 설문과제를 관리하기 쉽도록, 그리고 핵심 이유에 집중할 수 있도록 설문 개수 및 대상 학생 수를 지정한다. 첫 번째 모둠의 학생들처럼 이들의 조사결과도 학교방송 뉴스에 사용된다. 결과를 발표할 포맷은 그래픽, 스토리보드 등으로 선택할 수 있지만, 어떤 포맷이든 반드시 조사결과와 그 시사점을 전달해야 한다.

세 번째 모둠의 학생들은 이 분야에서 대체로 같은 학년 수준이거나 이를 약간 넘어서는 이들로 인간의 활동이 오존순환에 부정적 영향을 끼치는 정도에 대한 성명서(position paper)를 학교방송 뉴스용으로 작성한다. 모든 견해는 신뢰할 수 있는 증거로 뒷받침되어야 한다.

네 번째 모둠의 학생은 인류로 인해 발생하는 오존문제가 있는지를 토론한다. 각 토론자는 신념체계를 표방하는 특정 환경 또는 정치단체를 대표한다. 모든 토론자는 단체의 견해를 반영해야 하며 동시에 의견/대조의견 프레젠테이션 형식으로 반대의견에 대응하거나 반박해야 한다. 학생들은 오존에 대해 자신이 중요하게 이해한 내용을 제안하면서 다른 학생들이 제기한 반대되는 관점에 대응한다. 학교방송 뉴스에 나가기 전에 미리 토론을 연습한다.

무엇을 개별화하는가? 라이트너 선생님은 읽기 난이도의 수준이 다른 참고자료를 제공하고 다양한 인터넷 사이트를 제시하는 방식으로 학습내용을 개별화한다. 개별화하지 않은 것은 '오존이 무엇이며 왜 생명체에게 중요한가'라는 핵심 이해이다. 학습과정을 개별화하기 위해 필기(메모)할 때 도와주는 양을 달리하고, 학생들이 이해한 바를 입증하는 방식의 복잡도, 추상성과 다각적인 속성을 달리한다. 학습과정에서 개별화하지 않은 것은 모든 학생이 유인물 및 인터넷 자료를 사용하고, 정보를 추출하고, 이해한 내용을 발전시키고 적용하고 배운 내용을 친구들과 공유하도록 한 점이다.

어떻게 개별화하는가? 층위별 활동은 일차적으로 학습준비도 개별화에 초점을 맞춘다. 그러나 학생들의 흥미와 학습양식의 차이를 고려해 학생들이 학습한 내용을 표현하는 대안적 형식을 제안하게 하고, 모둠 크기도 달리하고, 혼자 학습할 수도 있게 하고, 또 원천자료를 녹음해 제공하고, 과제를 완성하는 시간을 달리하기도 한다.

왜 개별화하는가? 라이트너 선생님이 이 층위별 활동을 구안하는 핵심 목표는 두 가지이다. 첫 번째는 모든 학생이 오존이 무엇이고 오존의 존재 여부가 학생들 자신의 세계에 어떤 영향을 주는가를 실질적으로 이해하는 것이다. 두 번째는 학생들이 열심히 공부해서 성공적으로 이해하고 이해한 내용을 입증하는 것이다. 세심하게 초점을 맞춘 층위별 활동을 통해 위 두 목표를 달성할 확률을 극대화한다. 층위별 활동의 부수적 이점은 학생들이 바쁘게 연구하고 응용하는 동안 교사는 자유롭게 소모둠 학생들에게 읽기, 이해, 과학적 글쓰기, 인터넷 사용 또는 필기하는 법 등을 가르칠 수 있다는 점이다.

학습계약서 및 계약서 유형의 전략들 ○──────

학습계약서와 계약서 유형의 전략을 사용하는 접근법은 많지만, 모든 접근법에는 학생이 어느 정도 독립적으로 학습할 기회가 있다. 이때 학생은 반드시 그럴 필요는 없지만 대개 교사가 지정해준 교재로 학습하는데, 이는 계약서에 포함된 내용의 형성평가를 토대로 한 것이다. 학습계약서는 본질적으로 교사와 학생 사이의 협약으로, 이를 통해 학생은 특정 시점에 교사가 중요하다고 판단한 지식, 이해, 스킬을 어느 정도 자유롭게 습득할 수 있다. 많은 학습계약서와 계약서 유형의 전략에서는 학습할 내용의 일부, 학습환경 그리고/또는 핵심 내용을 어떻게 적용하고 발표할 것인가를 선택할 기회가 학생에게 주어진다. 계약서는 학습계약서, 생긱빙 놀이(think-tac-toe, 빌 게이츠가 개발한 tic-tac-toe 게임의 변형으로 수업내용과 목표에 따라 고안된 활동 9개를 3×3의 표 안에 넣고 학생이 선택하여 수행하는 수업방식-옮긴이), 학습티켓, 빙고(학

생들이 가로, 세로 및 대각선으로 칸에 들어 있는 일련의 과제를 수행하는 것),
학습메뉴, 개인과제 목록 등의 형식이 있다.

형식에 상관없이 학습계약서 또는 계약서 유형 전략에는 일반적으로
다음과 같은 특징이 있다.

- 중요한 내용목표를 구체적으로 기술하고 학생이 목표를 달성할 수
  있는 방향으로 학습을 진행할 수 있게 보장하는 것은 교사의 책임
  으로 상정한다.
- 학생도 자신의 학습에 대한 책임을 일부 질 수 있다고 상정한다.
- 연습해서 습득해야 할 지식과 스킬을 상세하게 서술한다.
- 학생이 위 스킬을 특정한 상황에서 적용 또는 사용하도록 보장한다
  (즉, 지식과 스킬을 사용해 중요한 이해를 탐구하고 확장한다).
- 계약기간 동안 학생들이 지켜야 할 학습조건을 구체적으로 지정한
  다(예컨대, 학생의 의무, 시간제한, 숙제와 수업과제에 참여하기).
- 학생이 학습조건을 지킬 때의 긍정적인 결과(계속해서 독립적으로 학
  습할 기회)를 정하고 또 지키지 않았을 때의 부정적인 결과(교사가 학
  습과제를 만들고 학습 한도를 정함)를 정한다.
- 학습 완료와 완성도에 대한 기준을 설정한다.
- 계약조건에 대해 교사와 학생 둘 다 서명한다.

4학년 국어: 시 연구를 위한 학습계약서

하우 선생님과 4학년 학생은 시를 공부하고 있다. 3주 동안 한 단원의

국어수업을 하면서 운율, 심상, 어휘선택, 감각묘사와 같은 개념을 배울 예정이다. 학생이 학습할 중요 원리는 다음과 같다.

- 시는 독자가 세상을 이해하고 감상하는 데 도움이 된다.
- 시는 정밀하고 효과적인 언어를 사용한다.
- 시는 독자가 주변의 세상을 보고 생각하는 데 도움이 된다.

학생은 운율이 맞는 단어의 사용, 심상과 착상을 정교하게 표현하기, 비유하기, 구두법 같은 스킬을 연습할 것이다.

하우 선생님은 가끔 반 전체를 대상으로 하는 수업을 통해 용어(은유, 직유, 운율 등)를 소개하고 학생들이 시 형식(예: 인물 4행시, 5행 스탠자, 하이쿠(일본의 짧은 시가-옮긴이), 아크로스틱(각 행의 첫 글자 또는 마지막 글자를 짜맞추면 하나의 말이 되는 유희시-옮긴이))을 익히게 한다. 학급 전체 학생은 시인들의 작품을 탐구하고 해당 단원에 들어 있는 원리를 시험해본다. 또 교실 안의 사람과 사물을 묘사하는 직유표현 만들기 연습과 같은 동일한 활동을 하는 경우도 있다. 또 다른 때는 이와 비슷한 활동인 짝과 함께 시에 구두점을 추가하는 활동을 하기도 하는데, 이 경우 선생님은 시와 구두점 과제의 복잡도, 학생의 시 해석 및 구두점 스킬을 보고 시를 달리 배정한다.

시 단원 공부의 중요한 부분은 학습계약서로 완성한다. 하우 선생님 반 학생들은 두 개의 학습계약서를 사용한다(244-245쪽 도표 8.6과 8.7). 두 계약서를 구성하는 칸의 제목은 유사하기는 하지만 항상 같지는 않다. 두 계약서 모두 시 단원을 배우는 동안 완성해야 하는 과제를 짧게 설명하고 있다. 또 두 계약서 모두 학생이 스스로 과제를 개발하거나 자신이 특별히 좋아하는 과제를 반복하도록 권장함으로써 학습을 자기 것으로 만들고 스스로 피드백을 주도록 한다. 학습계약서 속의 범주들은 학생이 완결한 학습을 기록하는 문서기록 체계와 일치한다.

시 단원을 학습하는 동안 계약서 과제를 학습하는 시간은 일주일에 세 번이다. 칸 안의 과제를 완성하면 네모와 동그라미에 체크표시를 한다. 동그라미와 네모의 용도는 하나 더 있다. 시를 짓고 해석하는 것이 낯설거나 어려운 학생은 동그라미 계약서(244쪽 도표 8.6)를 사용하고, 시에 대한 상급과제를 할 준비가 된 학생은 네모 계약서(245쪽 도표 8.7)를 사용한다. 이렇게 다른 기호를 사용하면 교사가 계약서 종류를 한눈에 파악하기가 더욱 쉬워진다. 학생은 이 같은 기호 차이에는 관심이 없거나 이를 인식하지 못한다.

하우 선생님은 단원 계약서에 대해서 세 가지 방식으로 성적을 부여한다. 첫째는 학생이 얼마나 잘 학습했는가에 대해 성적을 부여한다(목표를 정하고, 목표를 향해 꾸준히 공부하고, 학습조건을 지켰는지 등). 둘째는 선생님이 한두 칸의 과제를 임의로 조사해서 완결 여부, 정확성, 우수함을 평가한다. 셋째는 각 학생이 학급의 디지털 포트폴리오에 들어갈 두 편의 시를 선정하면 이를 학생 자신, 급우, 선생님이 교실 벽에 붙여 놓은 시 형식별 완성도 체크리스트에 따라 평가한다. 학생들은 또래와 선생님의 피드백을 보고 작품을 수정해 최종적으로 포트폴리오에 수록하기 위해 제출한다. 포트폴리오 수록 작품에는 이에 대한 본인의 의

견이 들어가고, 관련 그림이나 사진을 곁들일 수 있다.

두 계약서 활동 모두 학생들에게는 비유적 표현 공부하기와 시 해석하기와 같은 스킬을 연습하는 경험이 된다. 또 이 스킬들을 통합해 시를 창작해보는 기회도 된다. 학습준비도를 고려해서 두 계약서 칸의 내용을 달리한다. 예를 들어, 5행시를 써보는 것은 7행시를 쓰는 것보다 간단하다. 이브 메리엄(Eve Merriam)의 〈시를 먹는 방식(How to Eat a Poem)〉은 나오시 고리야마(Naoshi Koriyama)의 〈피어나는 봉오리(Unfolding Bud)〉보다 구체적이다. 두 시 중 어떤 시를 공부하든 학생들은 '시에 관한 시'를 해석하게 된다.

학습준비도 차이를 고려하는 또 다른 방식은 지시사항을 달리하는 것이다. 예를 들어, 동그라미 계약서의 지시사항은 〈시를 먹는 방식〉을 읽고, 이를 설명하고 요약하고 시의 의미와 그 시를 통해 알게 된 것이 무엇인지를 쓰라는 것이다. 반면에, 네모 계약서의 지시사항은 〈피어나는 봉오리〉를 읽고, 다른 말로 바꾸어 표현하고 그렇게 해보면 시인과 시를 이해하는 데 무슨 도움이 되는지 설명하라는 것이다. 또 시인들처럼 은유를 사용해서 '시에 관한 시'를 유사하게 써보거나 다른 주제에 관한 시를 쓰게 한다.

학생들은 과제를 완성할 일정을 정하고, 어느 날 무슨 과제를 할지를 고르고, 계약서 빈칸을 어떤 활동으로 채울지를 결정할 때 자신들이 누리는 자유와 책임에 열광한다. 하우 선생님도 계약서 활동 기간에 얻은 자유시간을 즐기며, 특히 이를 시 또는 다른 학습과 관련해 교사의 관심이 필요한 학생들과 개별적으로 면담하는 데 사용한다.

도표 8.6 첫 번째 시 학습계약서

운율바퀴 만들기 ○	**운율바퀴를 활용해 시 써보기** ○	**아크로스틱 시 써보기** ○
자신의 어휘목록을 갖고 시작하세요.	셀 실버스타인(Shel Silverstein)이 썼을 것처럼 들릴 시를 써보세요.	반드시 두운(頭韻)을 넣으세요.
시 써보기 ○	**컴퓨터 아트** ○	**자신에 대해 써보기** ○
5행시 (다른 5행시 작가를 확인해 확실하게 패턴을 익히세요.)	컴퓨터의 클립아트를 사용해 수업목록에 있는 직유, 은유, 비유 또는 여러분이 생각해낸 것 하나를 설명해보세요.	묘사적 어휘를 알맞게 사용해 급우들이 여러분에 대해 중요한 것을 알고 이해하는 데 도움이 되게 하세요.
시 해석하기 ○	**유명한 사람 조사해보기** ○	**시를 설명해보세요.** ○
〈시를 먹는 방식〉	유명인의 전기(傳記)를 그래픽 오거나이저를 활용해 메모하세요.	급우들과 함께 또는 혼자 읽은 시 중 좋아하는 시 한 편을 찾아 설명하세요. 그리고 그 이유를 쓰세요.
하고 싶은 활동 #1 ○	**하고 싶은 활동 #2** ○	**하고 싶은 활동 #3** ○

운율바퀴 만들기 ☐	운율바퀴를 활용해 시 써보기 ☐	아크로스틱 시 써보기 ☐
여러분의 단어목록과 사전을 사용해서 시작하세요.	여러분을 웃게 하거나 미소 짓게 만드는 것에 대한 시를 써보세요.	두운과 의성어가 반드시 들어가는 시를 써보세요.
시 써보기 ☐	컴퓨터 아트 ☐	자신에 대해 써보기 ☐
7행시 (다른 7행시 작가를 확인해 확실하게 패턴을 익히세요.)	컴퓨터의 클립아트를 사용해 여러분이 생각해 낸 직유, 은유, 비유를 설명해보세요.	묘사, 비유적 언어, 이미지를 알맞게 사용해 급우들이 여러분에 대해 중요한 것을 알고 이해하는 데 도움이 되는 시를 써보세요.
시 해석하기 ☐	유명한 사람 조사해보기 ☐	시를 설명해보세요. ☐
〈피어나는 봉오리〉	체계적으로 메모를 하고, 유명인에 대해 알게 된 내용을 이용해 인물에 관한 시를 써보세요.	수업시간에 다루지 않은 시 중 좋아하는 시 한 편을 찾아 독자들이 시의 의미를 이해할 수 있게 설명하세요. 그리고 그렇게 해석한 이유를 쓰세요.
하고 싶은 활동 #1 ☐	하고 싶은 활동 #2 ☐	하고 싶은 활동 #3 ☐

무엇을 개별화하는가? 계약서를 활용해 교사는 학습내용(쓰고 해석할 시의 종류 및 자료)과 학습과정(다양한 지시사항)을 개별화한다. 단, 학생 모두 동일한 필수 개념과 스킬을 학습한다.

어떻게 개별화하는가? 하우 선생님처럼 계약서를 활용하면 학습준비도(서로 다른 시, 지시사항, 자료 등), 흥미(학생들이 선택하는 칸), 학습양식(언제 어떻게 과제를 할 것인가를 학생이 결정)을 기준으로 개별화할 수 있다.

왜 개별화하는가? 계약서를 활용하면 각 학습자는 도전적이면서 성공적으로 배울 가능성을 높이는 정교한 수준에서 시를 배울 수 있다. 나아가 반 전체 대상의 수업과 각자 계약서를 활용한 수업의 균형을 맞추면 교사의 지도와 학생중심 수업을 훌륭히 배합할 수 있다.

삼원지능수업

삼원지능(Tri-mind) 수업은 로버트 스턴버그(Robert Sternberg, 1985, 1988, 1997)의 연구를 기반으로 한다. 스턴버그는 모든 살아 움직이는 인간이 일상생활에서 사용하는 '지능', 즉 정보처리 방식에는 세 가지가 있다고 제안하면서, 대부분 세 가지 지능 모두가 아니라 하나 내지는 두 개의 지능을 선호하거나 이에 강점을 나타낸다고 했다. 세 가지 지능은 분석지능(부분에서 전체를 파악하고, 선형적 및 순차적으로 학습하는 방식이 특징인 '학교'지능), 실용지능(실제 상황에서 지식을 사용하는 것이 특징인 실생활 적용학습), 창의지능(상상력이 풍부한 문제해결, 혁신 그리고 유용한 방식으로 고정관념에서 탈피하는 사고를 하는 것이 특징)이다. 학생들이 선호하는 영역에서 학습하고 표현하게 하면 학업성취도가 높아진다(Grigorenko & Sternberg, 1997; Sternberg, Torff, & Grigorenko, 1998).

삼원지능수업은 일반적으로 활동을 통해 학생이 숙달해야 하는 학습목표가 무엇인지를 자세히 설명하는 것에서 출발한다. 그런 다음 교사는 학생들이 어떤 과제를 선택하든지 같은 학습목표를 달성하게끔 분석과제, 실용과제, 창의과제(또는 각 영역에서 복수의 선택과제)를 개발한다. 모든 중요한 학습에서와 마찬가지로 학생은 과제, 그 과제를 완수하기 위한 학습조건, 학습목표 및 성공기준을 이해해야 한다. 삼원지능수업은 특히 학생의 학습양식을 기준으로 개별화한 수업에 적합하지만, 학습준비도 및 흥미를 토대로 한 학습필요를 다루게끔 조정할 수도 있다.

10학년 생물: 인간의 세포 학습을 위한 삼원지능 활용 과제

알베로 선생님의 생물반 학생들은 약 일주일 동안 인간의 세포 구조와 기능을 학습해왔다. 주제에 대한 배경지식을 어느 정도 갖췄다고 생각한 선생님은 학생들이 세포의 상호의존적 속성을 되새겨보도록 삼원지능 과제를 개발했다. 선생님이 바라는 수업목표는 과제를 끝내면 학생들이 세포의 각 구성요소의 명칭과 기능을 알고, 세포란 구성요소들이 서로 연관되어 있는 하나의 체계(system)임을 이해해 요소들 상호관계 및 기능을 분석할 수 있으며, 마지막으로 이해한 바를 명료하고 재미있으면서도 참신하게 발표하는 것이다.

알베로 선생님은 과제를 소개할 때 사람은 자신에게 가장 자연스럽고 유용해 보이는 방식으로 가장 잘 배운다는 점을 특별히 언급한다. 효과적인 학습법이 무엇인지는 자신이 가장 잘 판단할 수 있으므로, 중요한 개념을 탐구하는 수업시간에 학생들 자신이 여러 선택사항 중에서 고를 수 있다고 설명해준다. 어떤 과제든 학습목표는 같다는 것도 알려준다.

선생님의 과제목록(도표 8.8 참조)은 분석과제 하나, 실용과제 하나, 창의과제 둘(시각 또는 촉각 창의성을 강조하는 과제와 언어적 창의성을 강조하는 과제)로 구성되어 있다. 선생님은 그 둘 중 하나에만 끌리는 학생들이 있다고 생각한다.

학생들이 공부하는 모습을 보면서 알베로 선생님은 깜짝 놀랐다. 학생들은 과제에 완전히 몰두해 있었고, 매우 다양한 방법으로 과제의 핵심 이해사항을 명확하게 파악하고 있었다. 선생님은 촉각 창의과제를 선택한 학생들이 수행한 과제에 특히 관심이 갔다. 작은 물건을 사용해 세포를 묘사한 학생이 있는가 하면, 가구와 같이 큰 물건을 사용한 학생도 있었다. 또 다른 학생들은 친구들을 활용해 세포모형을 만들고, 그 기능을 설명하면서 세포의 부분이 하는 역할과 친구들이 수업시간이나 학교에서 하는 역할이 유사함을 밝혀내기도 했다.

학생이 과제를 마치면 두 개의 소모둠 활동을 통해 이를 공유한다. 첫 번째 모둠활동은 같은 과제를 수행한 두 명의 급우들과 공유하고 두 번째 모둠활동은 다른 과제를 수행한 두 명의 급우들과 공유한다. 첫 번째 모둠활동으로는 학생의 이해가 깊어지고, 두 번째 모둠활동을 통해서는 이해의 폭이 넓어짐을 선생님은 확인했다. 그해 말에 알베로 선생님은 올해처럼 학생들이 세포의 구조와 기능을 잘 이해하고, 이를 오랫동안 유지하고, 여기서 얻은 통찰력을 나중에 배우는 다른 체계에 전이할 수 있었던 적이 없었다고 했다.

도표 8.8 **삼원지능 기반 생물과제**

이름 : _____

인간 세포의 구조와 기능을 배웠다. 아래의 과제 중 하나를 골라 세포 구성요소들의 상호의존적 특성을 알아보자.

선택과제 1 **(분석과제)**	사슬 인과구조나 여타 형식을 활용해 세포의 각 부분이 서로에게 끼치는 영향과 세포 전체에 끼치는 영향을 알 수 있는 자료를 개발하라. 이름표, 화살표 등을 사용해 세포를 전혀 모르는 사람도 세포의 작동방식을 알 수 있도록 만들어라.
선택과제 2 **(실용과제)**	우리 주변이나 더 넓은 세상에서 세포와 가장 유사한 체계를 찾아보라. 최고의 유사물('최고의' 유사물이란 일치도가 가장 높고, 세포 체계를 설명해주거나 이해에 도움이 된다는 의미)을 고르라. 세포와의 유사성을 명확하고 가시적으로 밝히는 자료를 만들어 급우들이 세포의 작동방식을 더욱 명확하고도 폭넓게 이해할 수 있도록 하라. 세포 각 부분의 개별 기능과 이들 사이의 상관성을 강조하도록 하라.
선택과제 3 **(창의과제-공간적, 촉각적)**	세포의 구조와 기능을 설명하는 데 어울리지 않을 것 같은 교실 내 '물건'을 활용해 해당 물건의 구성요소들 사이의 상호연관성을 강조해보라. 세포와 그 구성요소 그리고 그들의 상호연관성의 중요한 점을 밝혀줄 수 있는 물건을 신중하게 골라야 한다. 모두가 수긍할 만큼 창의적이어야 한다.
선택과제 4 **(창의과제-언어적)**	세포가 하나의 체계임을 알려주는 이야기를 써보라. 등장인물, 플롯, 배경 그리고 인물 간의 잠재적 갈등 등이 서로 어떻게 엮여있는지를 보여주는 이야기이다. 고유의 상상력을 동원하고, 선호하는 서사방식을 사용하여 체계를 구성하는 요소들이 상호의존적임을 이해할 수 있는 이야기로 만들어라.

무엇을 개별화하는가? 알베로 선생님은 학습과정을 개별화했다. 세포의 구성요소와 세포라는 체계 안에서 이들의 상호연관성을 이해할 기회를 제공했다.

어떻게 개별화하는가? 삼원지능수업은 학생들이 다양한 방식으로 학습하도록 한다. 그러므로 학습양식 선호도를 고려한 수업전략이다.

왜 개별화하는가? 알베로 선생님은 학생들이 세포라는 체계를 이해하고 그 이해한 내용을 어떻게 공유할지 그들 스스로 선택할 수 있도록 기회를 주고 싶었다. 세 가지 접근방식 모두 학습결과는 같았으므로, 학생들에게 셋 중 하나를 배정하기보다는 가장 재미있는 것을 학생들이 선택하게 했다. 학생들은 재미있고 흥미롭게 보이는 방식을 자유롭게 택해 학습했고, 같은 방식으로 학습한 급우들 및 다른 두 가지 방식으로 학습한 급우들과 경험을 공유하면서 유익한 도움을 받았다.

개별화를 유도하는 기타 전략들

수많은 교수전략과 학급운영전략을 활용해 교사는 수업을 소규모 학습단위로 나눌 수 있다. 모든 단원에 반 전체를 대상으로 하는 수업이 필요하기는 하지만, 교사는 종종 학생의 학습준비도, 흥미 및 학습양식을 기반으로 반을 모둠으로 나눔으로써 학생들의 다양한 학습필요에 대응한다. 학습모둠 구성방식은 반드시 모든 학생이 핵심 내용을 제대로 다루면서도 매력적이고 수준 높은 과제를 수행하도록 해야 하고, 또 정기적으로 다양한 급우들과 함께 학습하도록 해야 한다.

다음에 나오는 전략들은 개별화를 유도하는 많은 전략 중 일부에 지나지 않는다. 여러분이 즐겨 쓰는 전략을 목록에 추가하라. 목록은 끝이 없을 것이다. 교사가 학생의 학문적 필요에 대응하는 수업을 구안하는 전문성이 높아지면서 그 목록은 계속 늘어날 것이다. 실제로 교사가 개발한 전략이 다른 곳에서 빌려온 전략보다 해당 학생과 내용영역에 더 적합한 경우가 많다.

소모둠 수업

학생들의 다양한 학습필요를 다루는 효과적인 전략 중의 하나가 소모둠 수업(small-group instruction)으로 교수, 연습, 또는 토의에 사용할 수 있다. 수업 중 관찰과 형성평가를 통해 학생들 중 주요 내용을 숙달하지 못한 학생, 사전에 필수적으로 알아야 할 내용을 모르고 있는 학생, 내용이 어떻게 작용하는지 잘못 이해하고 있는 학생, 핵심 내용을 이미 꿰뚫고 있는 학생 등을 파악했을 때, 소모둠 수업은 다시 가르치고, 복습하고, 교사의 감독 하에 집중적으로 연습하는 기회를 제공하고, 잘못 알고 있는 것을 바로잡고, 잘하는 것을 더욱 잘하게 하는 간단하고도 직접적인 수업전략이다. 또 핵심 지식, 이해 및 스킬을 학생의 흥미와 연결할 때에도 유용하다.

반 전체 대상 수업보다는 교사 주도의 소모둠 수업을 통해 더 잘 배우고 적극적으로 참여하는 학생들이 있다. 소모둠 수업은 형성평가에도 도움이 된다. 소모둠 수업은 길게 하지 않아도 되지만, 대상 학생이 다음 단계에 학습할 내용에 초점을 맞춰야 한다. 그래야 소모둠 수업에 참여한 학생이 핵심 지식, 이해 및 스킬을 더욱 효과적으로 그리고 효율적으로 진전시킬 수 있다. 교사가 소모둠 수업을 하고 있을 때 이 모둠에 속하지 않는 학생이 유의미한 활동을 생산적으로 수행하는 방식을 아는 것도 중요하다. 동시에 교사가 다른 일로 바쁠 때 도움을 얻는 방법, 그리고 전체 학급이 다시 모이기 전에 자기 과제를 끝내고 무엇을 할 것인가를 아는 것 역시 중요하다.

필습면제

필습면제(compacting, 새로운 학습을 하기 전에 평가를 한 후 이미 목표수준에 도달한 학생에게는 해당 학습을 면제해주는 것-옮긴이), 즉 교육과정 압축하기(Reis, Burns, & Renzulli, 1992)를 실행하려면 교사는 특정 단원을 시작하기 전 또는 특정 스킬을 계발하기 전에 학생을 평가해야 한다. 사전평가에서 우수한 결과를 낸(3/4 정도를 맞힌 경우) 학생은 이미 알고 있는 내용을 계속해서 공부할 필요가 없다. 필습면제를 시행할 때 교사는 3단계로 기록한다. 첫째는 학생이 이미 알고 있는 내용(그리고 그렇게 결론을 내리게 된 증거), 둘째는 사전평가를 통해 학생들이 주제 또는 스킬에 대해 모르는 것으로 파악된 내용(그리고 학생들이 이를 학습할 계획), 셋째로 주제나 스킬을 이미 알고 있는 학생이 '언게'될 시간을 의미 있고 도전적으로 사용하게 할 계획이다. 필습면제는 학습준비도에 초점을 맞춰 시작하되 학생의 흥미를 강조하는 것으로 마무리한다.

선택판

선택판(choice boards)은 학습준비도와 흥미가 다른 학생을 다루는
데 매우 적합하다. 교사는 선택판 상설 주머니 안에 과제를 바꿔 넣고
학생에게 특정한 줄의 과제를 고르게 한다. 이렇게 해서 교사는 학생의
필요에 과제를 맞출 뿐 아니라 학생이 과제를 선택할 수 있게 한다. 글
을 읽지 못하는 어린 학습자에게는 카드에 아이콘이나 색깔을 넣어 기
호화하고, 고학년 학생에게는 카드에 단어로 과제나 교실 내 장소를 지
정해줄 수 있다. 두 경우 모두 과제에 대한 상세한 지시는 선택판에서
제시하지 않고 과제를 수행할 장소에서 준다. 즉, 선택판은 단지 교사
가 학생들을 '교통정리'하는 데 사용한다.

문학서클과 토론서클

문학서클(literature circle)은 읽고 있는 소설에 대해 소모둠으로 대화
를 나누는 학생중심 접근법이다(Daniels, 2002). 학생이 문학작품을 더
잘 이해할 뿐 아니라 작품을 파악하고, 텍스트를 분석하고, 구두로 표
현하는 등의 스킬을 계발하며, 교사보다는 학생이 토론에서 주도적인
역할을 맡도록 고안된 전략이다. 또 읽고 토론할 책을 대개 학생 스스
로 고르기 때문에 책과 토론은 모둠별로 다르다. 각자가 중요한 역할
(예: 토론진행, 요약, 연결, 어휘정리, 텍스트 찾기)을 맡고, 일정 기간 역할
을 놀아가며 맡는다. 교사는 학생에게 역할에 대한 기대치와 토론조건
을 알려준다. 문학서클은 어떤 주제나 텍스트에도 쉽게 적용할 수 있다.
유연한 전략이어서 교사가 텍스트를 정해줄 수도 있고 학생이 선택하

게 할 수도 있다(학생의 선택이 원래 중요한 측면이긴 하지만). 학생의 흥미와 강점 등을 기반으로 역할을 배정하거나 각 역할을 돌아가며 맡긴다.

직소

직소(jigsaw)는 3단계의 협업전략이다(www.jigsaw.org).

1. 교사는 직소모둠이 탐구할 주제나 개념을 소개하고 지시사항과 학습조건을 정해줘 학생들이 성공적으로 직소를 완성하려면 무엇을 해야 하는지를 파악하도록 한다.
2. 학생은 '본부'모둠에 모여 과제에 대한 지시사항과 자료를 검토한다. 모둠은 하나의 팀으로 할당된 주제의 여러 측면에 대해 학습할 것이다. 각 모둠의 학생 수는 거의 같고 전체과제에는 모둠 내 학생 수와 같은 수의 부분과제가 있다(학생 수가 이를 넘는 모둠의 경우 두 학생이 같은 주제를 학습한다). 본부모둠에서 학생들이 목표와 학습방향을 명확히 알고 나면 '전문가모둠'(또는 학습모둠)으로 나뉜다. 전문가모둠에서 학생들은 유인물, 동영상, 인터넷 자료를 활용해 자신들의 주제와 질문에 대해 찾아본다. 마지막으로 전문가모둠의 학생들은 배운 바를 토의하면서 정보와 통찰을 공유한다. 이를 통해 자신의 학습뿐 아니라 다른 학생들의 학습으로부터 도움을 얻는다.
3. 전문가모둠에서 본부모둠으로 돌아온 학생들은 같은 주제의 다른 측면을 배운 급우들과 내용을 공유한다. 학생들은 자신의 학습뿐 아니라 급우들의 학습내용을 기록하고 조직하며 이를 되돌아보는 방

식에서 도움을 받고, 또 교사는 중요한 정보와 개념을 공식화하고 공고히 하는 토론수업을 뒤이어 하는 것이 종종 도움이 된다.

직소는 학생들의 언어 및 읽기 수준에 따라 자료를 달리하고 복잡도가 다른 주제를 배정하는 식으로 학습준비도에 따라 수업을 개별화할 수 있다. 전문가모둠에서 학생들이 자신과 가장 관련이 깊거나 흥미로운 주제를 기반으로 학습하는 것이 흥미를 기반으로 한 개별화학습이다. 직소를 활용하면 협력학습뿐 아니라 개별학습도 가능하다.

○—

일부 수업전략은 매우 유연해 다양한 콘텐츠와 학생의 필요를 다룰 수 있다. 예를 들어, 학습계약서는 교사가 학생의 학습준비도, 흥미, 학습양식을 고려해 수업을 계획하는 데 도움을 주며, 이는 학습내용, 학습과정, 학습결과물을 개별화하는 데 유용하다. 또 더욱 전문화된 기능이 있는 전략들도 있다. 예를 들어, 개념학습은 교사가 소개하고자 하는 내용을 아직 이해하지 못한 학생들의 학습준비도 필요를 해결하는데 가장 도움이 될 것이다. 소모둠 학습이나 미니워크숍과 같은 학습전략은 교사의 준비시간을 최소한으로 단축시키고 학습에 도움을 주는 교실장치이다. 예를 들어, 궤도학습, 독립연구, 진입지점과 같은 전략은 가끔 사용하기에는 적합하지만 대개는 교사가 폭넓게 준비해야 한다. 교사의 장기적인 목표는 광범위한 수업전략 도구세트를 개발해 학습사이클 어디에서든 지도를 용이하게 하고 학습을 촉진하는 것이다.

09

교사는 이 모든 것을
어떻게 실천에 옮길 것인가

공부하는 학생들은 시끄럽다.
서로 얘기하고 비교하고 문제를 풀어나가면서
교감선생님이 그렇게도 싫어하는 소음을 낸다.
학생들의 활동이 나타내는 또 하나의 불편한 진실은
남들보다 더 빠르게 활동을 해내는 학생이 존재한다는 것이다.
수업속도를 오직 교사만이 조정할 때라야 가능한,
깔끔하게 교과서 진도를 나가는 일은 더는 가능치 않다.

Theodore Sizer, 『Horace's School』

지금까지는 주로 교육과정 개별화와 수업 개별화 그리고 이 두 가지 노력이 열매를 맺도록 평가와 환경이 어떻게 지원할 수 있는가와 관련된 이슈에 초점을 맞췄다. 학급운영의 구성요소인 분위기, 절차 및 과정은 여타 요소가 효과적이고 효율적으로 역할을 수행할 수 있는 상황을 조성하기도 하고, 반대로 이들을 억제하고, 잠재력을 저해하는 상황을 초래하기도 한다. 교육과정과 수업이 건강한 수업의 심장과 팔다리라면, 학급운영은 중추신경계이다. 심장이 없다면 생명이 존재할 수 없지만, 신경계가 없으면 아무런 기능도 할 수 없다. 이번 장에서는 개별화수업 철학의 자연스러운 부산물이기도 한, 개별화수업을 지원하는 학급운영에 초점을 맞춘다.

학교 이미지

우리 모두는 학교가 어떠해야 하는가에 대한 이미지를 갖고 있다. 학부모는 13년이 넘는 자신의 학창시절을 토대로 학교에 대한 이미지를 갖고 있다. 교사도 자신의 학창시절로부터 교원양성과정을 거쳐 첫해 교직경험을 통해 얻게 된 이미지까지 학교에 대해 다양한 이미지를 갖고 있다. 학생 또한 '교양인'이 되기 위한 긴 순례 중에 매일매일 학교에 대한 이미지를 만들어간다.

만화, 영화, TV, 인터넷, 책도 학교에 대한 이미지를 만들어낸다. 일반적으로 이들이 만들어내는 이미지는 열 지어 있는 책상과 교실의 맨 앞에서 교사가 가르치는 모습이다. 학생들은 구부정하게 앉아 있거나 꼼지락거리면서 교사가 그날 수업으로 계획한 것을 실행하기만을 수동적으로 기다리고 있다. 학생의 다양한 학습필요에 대응하는 개별화수업을 만들기는커녕 이를 상상하기도 어렵게 하는 이미지들이다.

안타깝게도 상식적으로 (그리고 많은 연구결과) 오늘날 학생들에게 더 효과적일 교수·학습 접근법을 실패 없이 안전하게 숙달할 수 있는 방법은 없다. 이 장에서 모든 답을 제공할 수는 없지만, 개별화수업에 대해 진지하게 생각하고, 계획하며, 개별화수업의 리더가 될 효과적인 방식을 찾는 교사들에게 폭넓은 지침을 제공하고자 한다.

시작하기

학생중심의 개별화수업이라는 개념이 낯설다면, 그 방향으로 사고하고 계획하는 데 도움이 될 몇 가지 제안을 소개한다. 새로운 무언가를 시작할 때 필요한 것이 그렇듯, 대부분은 실용적이고 구체적이지만 좀 더 심사숙고해야 하고 장기적인 제안도 일부 있다.

개개의 필요에 대한 가치관을 점검하라

개별화수업을 실천하려고 열심히 노력하는 젊은 교사가 한번은 "개별화수업은 전략이 아니다. 이는 교사가 가르치면서 실천하는 모든 것, 그리고 학생이 학습하면서 행하는 모든 것에 대한 사고방식이다."라고 말한 적이 있다. 옳은 말일뿐 아니라 여기에는 중요한 지침도 들어 있다. 즉, 학생을 '관리(manage)'하기 위해 교실에서 해야 할 일에 우선적으로 집중하기 보다는 효과적인 교수·학습법을 생각하는 데 집중해야 한다는 것이다. 그리고 나서 모든 학생에게 효과가 있는 수업을 만들기 위해 학생들을 어떻게 '이끌(lead)' 수 있을지를(‘관리'하는 게 아니라) 생각하라는 것이다(Tomlinson & Imbeau, 2010). 다음의 몇 가지 질문으로 시작해보자.

- 수업시간에 교사가 대부분의 활동을 맡거나 학생이 활동과 사고를 주로 맡는 것 가운데 어느 것이 더 타당하다고 생각하는가? 또 그 이유는 무엇인가?

- 모든 학생이 항상 같은 책, 같은 웹사이트, 같은 수학문제, 같은 미술 교과를 배우고 같은 숙제를 하는 것이 교사에게 더 이로울까? 아니면 학생들의 읽기, 수학, 그리기 및 학교에서 배우는 다른 모든 과목에 대한 학습준비도가 제각각 다를 테니 이에 맞춰야 할까? 왜 그렇게 생각하는가?

- 모든 학생이 같은 방식 또는 같은 속도로 학습하는 것으로 보이는가? 아니면 일부는 정보처리 방식 및 속도가 다른 학생들과 다른가?

어떻게 알 수 있는가?

- 학생들에게 말하는 것과 학생들과 함께 대화하는 것 중 어느 쪽이 학생에 대해 더 많이 알게 하는가? 왜 그런가?

- 학생들은 수업시간에 항상 지시를 받을 때 독립적인 학습자가 될까, 아니면 교사가 체계적으로 학생들에게 학습 책임감을 더 많이 부여하고 독립성을 지혜롭게 활용하는 법을 가르칠 때일까? 왜 그렇게 생각하는가?

- 학생들은 무엇을 어떻게 배울지에 대한 선택권을 갖는 것에 관심이 있을까? 관심이 클까, 작을까? 왜 그렇게 생각하는가?

- 성장하고픈 동기가 더 커질 때는 자신의 한계에 도달하려고 노력할 때일까, 아니면 타인의 한계를 넘어서고 싶을 때일까? 왜 그렇게 생각하는가?

- 일반적으로 교사는 개별 학생과 소모둠을 더 효과적이고 효율적으로 지도할까, 아니면 반 전체 대상의 수업을 더 효과적으로 지도할까? 왜 그렇게 생각하는가?

- 단순 암기식과 의미기반 학습 중 어느 쪽이 더 풍요롭고 지속적일까? 이를 어떻게 아는가?

- 학생은 루틴(routine)과 프로세스(process)를 만드는 데 자신이 기여한 환경에서 적극적으로 학습할 가능성이 더 높을까, 아니면 자신은 남이 조작하는 게임판의 한 조각에 불과하다고 느끼는 환경에서 그럴까? 그 대답에 대한 증거는 무엇인가?

가르침에 대한 여러분 자신의 질문을 앞의 목록에 추가하되 질문의 수를 제한하지는 말라. 결국 수업에 대한 신념이 발전함에 따라, 개별화수업을 계획하고 성찰할 때 어떤 선택을 해야 할지 알 수 있을 것이다. 또한 교사로서 수업에 대한 신념이 무엇인지 안다면, 자신이 가르치는 방식의 이유를 묻는 학생, 동료, 행정가 또는 가족의 질문에 더욱 편안하게 그리고 자신 있게 대답할 수 있을 것이다.

작게 시작하라

학생과 마찬가지로 교사도 다양한 수준의 도전에 대비할 준비가 되어 있다. 작지만 잘 준비된 변화를 통해 개별화수업을 성공적으로 시작하는 교사가 많다.

모든 학생에게 하나의 '닻활동(anchor activity)'을 지도하는 것으로 개별화수업을 시작하라. 닻활동은 학생이 혼자서 조용하게 수행하는 유의미한 학습이며, 학습일지 작성, 자유독서, 외국어 패턴연습, 수학문제 풀이 또는 스케치북 과제 등이 될 수 있다. 적어도 일 년 중 일정 기간 비교적 정기적으로 시행하는 유용하고도 중요한 활동이다. 개별화하지 않은 활동으로 개별화수업을 시작하는 것이 조금은 역설적으로 보일 수도 있다. 하지만 모든 학생이 소음을 전혀 내지 않고 하나(또는 그 이상)의 닻활동을 하는 법을 익히게 하면, 나중에 개인별로 또는 소모둠으로 분리해서 다른 과제를 하도록 하기 위한 길을 닦는 셈이 될 것이다. 그동안 나머지 학생들은 편안하고 예측 가능한 닻활동을 계속해나간다.

처음부터 일부 학생들은 하나의 닻활동을 하게 하고, 또 다른 학생들도 또래와 대화하거나 협업할 필요가 없는 다른 과제를 하게 할 수 있다. 이를 통해 학생들은 모두가 항상 같은 공부를 하지 않아도 된다는 인식을 하게 된다. 교사는 학생 개개인에 집중하는 데 도움이 되는 분위기를 형성하고, 다른 아이들의 공부보다 자신의 공부에 관심을 기울일 것을 강조한다.

그런 다음 짧은 시간 동안 개별화 과제를 시도하라. 예를 들어, 초등학교 교실에서는 언어수업을 '짝과 읽기' 시간으로 시작할 수 있다. 모든 학생이 같은 '독서상자' 안의 책을 골라 짝과 함께 읽게 하는 것이다. 읽기 준비도에 따라 개별화한 '짝과 읽기'를 10분 동안 한 후, 모든 학생을 읽기코너로 불러모아 함께 하나의 이야기를 듣게 한다. 그리고 반 전체 학생이 이에 대해 토론한다. 중학교 역사수업의 경우, 학급토론을 하면서 함께 그래픽 오거나이저를 사용해 두 시대를 비교하는 것으로 시작하라. 수업 마지막 10분 동안 학습일지 또는 개인일지의 두 항목 중 하나를 작성하게 한다. 항목은 복잡도의 수준을 다르게 하거나 두 개의 흥미 영역을 기반으로 할 수도 있다.

이렇게 작게 시작하는 것을 '가라앉지 않게 사고하기(think-versus-sink)' 접근법이라고 한다. 즉, 너무 많은 변화를 주어 자칫 가라앉아 버리는 대신 성공으로 가는 방도를 궁리하는 것이다. 또 독립적이고 학습자가 중심이 되는 수업에서 학생이 성공적으로 학습할 수 있도록 차근차근 가르쳐야 한다. 학생이 준비가 되지 않았는데 너무 많은 루틴과 프로세스를 관리하게 하는 것은 현명하지 않다.

천천히, 그러나 반드시 성장해야 한다

적은 수의 일이라도 잘하는 것이 낫다. 스스로 목표를 설정하고 이를 고수하되 합당한 목표인지 확인하라. 교사도 학생처럼 적절한 수준의 도전에 직면했을 때 가장 크게 성장한다. 조건이 무르익을 때까지 또는 스스로 확신에 찰 때까지 기다리면 성장하는 대신 무기력해질 뿐이다. 반면에, 충분히 생각하지 않은 채로 너무 많은 것을 하려고 하면 실패하고 좌절할 것이다. 다음은 여러분에게 효과가 있을 수도 있는, 작지만 중요한 시작 방법들이다. 이 중 한두 개를 골라 일 년 동안 실천할 목표로 삼아라.

- 디지털기기로든 종이에든 학생들에 대해 매일 기록하라. 무엇이 누구에게 효과가 있고 없는지를 잘 인지하고 있으라.
- 스킬이나 주제를 가르치기 전에 학생들을 평가하라. 사전평가 결과와 그것이 학생과 교사에게 의미하는 바를 주의 깊게 생각하라.
- 학생의 모든 학습(토론, 일지항목, 센터, 학습결과물, 퀴즈, 모둠과제, 숙제)을 성적표의 등급이 아니라 학생의 학습필요를 나타내는 지표로 생각하라.
- 단원별로 하나씩 개별화수업을 만들어라.
- 학습결과물은 한 학기에 한 번 개별화하라.
- 교육과정의 핵심 학습내용을 공부할 자료는 복수로 준비하라. 예를 들어, 교과서를 여러 개 사용하고, 보충서적이나 웹사이트도 읽기수준을 다양하게(기초에서 최상급에 이르는 범주로) 준비하며, 학생이 성

장하고 텍스트를 성공적으로 학습하도록 지원하기 위해 교사 자신이나 자원자들이 오랜 시간에 걸쳐 만든 동영상이나 오디오파일을 활용할 수도 있다.

- 과제와 학습결과물에 대한 학급의 성공기준을 정하고, 학생과 함께 개인별 기준을 추가하라. 교사가 파악한 학생 각자의 강점과 필요에 따라 각 학생을 위해 한두 개의 기준을 추가할 수 있다.
- 학생에게 학습방식, 학습결과물 표현방식, 그리고 숙제에 대해 더 많은 선택권을 주라. (일반적으로 처음에는 선택지가 없는 자유선택보다는 구조화된 선택이 가장 효과적이다.)
- 첫 번째 마킹기간(marking period, 미국 학교에서 학업성취도를 평가해 통지하는 시점으로, 9주에 한 번씩 총 4회에 걸쳐 통지됨-옮긴이)에는 학습계약서를 2일 단위로, 두 번째 마킹기간에는 4일 단위로, 세 번째 마킹기간에는 일주일 단위로 작성하여 사용하라.

위의 항목들은 단지 몇 가지 가능한 예일 뿐이다. 목적은 성장을 도모하는 것이다. 새로운 것을 시도해보고, 그 경험에서 배운 바를 곰곰이 생각해보고, 거기서 얻은 통찰력을 다음 단계에 적용하라.

활동이 어떻게 전개될지를 머릿속에 그려보라

올림픽 선수들은 흔히 경기를 시작하기 전에, 잠시 눈을 감고 시합을 끝내는 자신의 모습을 상상하곤 한다. 장대를 넘고, 스키점프를 해내고, 다이빙을 성공하는 모습 등을 그려본다. 이것은 개별화교실의 교사에게도 좋은 전략이다.

하루를 시작하기 전에 시간을 내어 개별화수업 활동을 어떻게 시작하면 좋을지, 수업이 어떻게 진행되기를 바라는지, 그리고 어떻게 끝내야 할지를 자신에게 물어보라. 수업이 진행되면서 어떤 문제가 발생할 수 있으며 이를 어떻게 예방할지를 생각하라. 스스로 수업절차와 학생에게 줄 지침을 써보라. 물론 소소한 문제 모두를 상상해볼 수는 없겠지만, 이렇게 하면 예측하고 계획을 세우며 효과적인 지침을 주는 일이 점점 더 수월해질 것이다. 특히 초기단계에서 즉흥적으로 수업을 개별화하는 것은 안무를 짜듯이 연출한 개별화수업보다 성공 확률이 낮다.

한 걸음 물러서서 반추하라

개별화수업을 실행할 때는 반드시 이에 대해 고심하면서 방법을 모색해야 한다. 새로운 것을 시도할 때는 다음 단계를 진행하기 전에 시간을 두고 생각하는 게 꼭 필요하다. 다음과 같은 질문을 할 수 있을 것이다.

- 학습에 몰두하는 것으로 보였던 학생은 누구이고 그렇지 않았던 학생은 누구인가? 그 이유를 아는가?
- 교사가 수업을 통해 얻기를 기대했던 바를 학생들이 이해했고 '자기 것으로 만들었다'는 증거는 무엇인가? 이 질문에 답하기 위해 더 많은 증거가 필요한가?
- 활동이나 수업을 소개할 때 스스로 어떤 느낌이 들었는가?
- 활동이나 수업이 교사가 원했던 대로 시작된 측면은 무엇인가? 활

동이나 수업이 궤도를 벗어났다면 어떻게 된 것인가? 학생이 활동을 시작하면서 효과적이었던 것과 그렇지 않았던 것은 무엇인가? 교사의 지시사항은 명확했는가? 자료는 쉽게 이용할 수 있었는가? 학생들이 (정거장, 센터 및 소모둠으로) 이동할 시간을 명시했는가? 자리를 잡고 준비가 될 때까지의 할당 시간을 확인했는가?

- 활동이나 수업이 진행되는 동안 학생들이 얼마나 집중했는가? 집중력이 흐트러진 시점이 있다면 그 이유를 알 수 있는가? 모두가 끝까지 집중을 유지했다면 그 성공요인은 무엇일까? 모둠의 크기는 어떤 영향을 주었나? 모둠을 옮겨야 할 학생은 없었나? 학습성과가 낮은 짝이나 모둠을 발견했는가? 모둠 안에서 학습이 잘 안되는 학생 또는 개별적으로 학습하는 데 어려움을 겪는 학생은 없었나? 학생들은 자신의 학습을 모니터하는 법과 도움을 청하는 법을 알고 있었는가?

- 활동 또는 수업의 결말은 어떠했는가? 학습을 마무리하며 정리정돈을 하도록 충분한 주의를 주었는가? 학생들이 교재와 교구를 어디에 놓아야 하는지 알고 있었는가? 교재를 치우고 책상을 옮기거나 기타 청소를 할 몇몇 학생을 지정했는가? 다음 수업을 위한 정리정돈은 잘 되었는가? 학생은 자율적으로 다음 수업 또는 활동으로 이동했는가?

- 수업을 하면서 누가 무슨 공부를 하고 있는지 파악하고 있었는가? 학습하고 있는 개인 또는 모둠과는 어떻게 상호작용했는가? 모둠을 옮겨다니면서 얻은 유용한 정보는 무엇인가? 효과적으로 코칭할 수

있었던 것은 무엇인가? 정보를 수집하고 코칭을 개선할 방법에는 어떤 것이 있나?

다음에 개별화 활동을 시도할 때 계속 유지할 사항과 개선하고 싶은 사항을 기록하라. 심사숙고해서 얻은 통찰을 사용할 구체적인 계획을 수립하라.

장거리 경주를 위한 준비 ○━━━

당신의 교육철학에 개별 학생에 대한 관심이 포함되어 있다면, 그리고 개별화수업을 위한 루틴과 프로세스를 체계적으로, 그리고 신중하게 개발한다면, 개별화수업은 점차 생활화될 것이고, 그저 아주 가끔 하는 일로 그치게 되지는 않을 것이다. 그 시점에 적어도 다음 세 가지 사항을 루틴으로 포함시켜야 한다.

학생들과의 대화는 일찍부터 자주 하라

수업을 개별화하는 것이 무엇을 의미하는지에 대한 교사 자신의 철학이 명확해지면, 이를 학생과 공유하라. 자신의 생각을 읽고 공유할 수 있는('메타인지적(metacognitive)') 교사가 되어라. 즉, 학생과 대화할 때 교사의 생각을 풀어내라. 많은 학생이 학교에 대해 갖고 있는 이미지와 비교하면, 당신은 지금 '규칙'을 바꾸고 있는 것이다. 학생들에게 그 이유와 방법을 알게 하라.

다음은 학생들이 참여해 반응적 교실(responsive classroom)을 만드는 데 도움이 될 수 있는 몇 가지 아이디어이다.

학생들이 각자 서로 배우는 방식과 배우고 싶은 내용이 다르다는 사실을 숙고하는 데 도움이 되는 활동을 하라. (학생들은 이미 이 사실을 꽤 명확히 알고 있다.) 학생들의 연령에 따라 다양한 활동이 가능하다. 어떤 교사들은 학생에게 현재 배우고 있는 수업과 관련이 있든 없든 다양한 스킬에 대한 자신의 강점과 약점을 도표화하게 한다. 또 다른 교사는 학생에게 학습자로서의 자신에 대한 평전을 쓰게 한다. 또 일부 교사는 학생에게 자신의 학교경험을 가장 잘 표현하는 이미지를 인터넷에서 찾게 하고 왜 그 이미지를 선택했는지를 설명하게 한다.

예를 들어, 어린아이를 가르치는 한 교사는 설문지를 집으로 보내 아이가 몇 살 때 처음으로 앉고, 걷고, 달리고, 말을 하고, 처음으로 이가 나고 빠졌고, 자전거를 탔는지를 조사했다. 선생님의 도움을 받아 학생들은 각자 얼마나 서로 다른 시간대에 그것들을 해냈는지 보여주는 막대 그래프를 만들었다. 이것을 보고 그 반 학생들은 '언제 말을 배우느냐'는 '말을 배운다는 사실'만큼 중요하지는 않다는 결론을 내렸다. 일 년 내내 교사는 학생들에게 이 그래프를 다시 보여주면서 스킬을 먼저 또는 늦게 습득하는 것은 전혀 문제가 아님을 상기시켰다. 결국, 중요한 것은 스킬을 배우고 잘 사용하는 것이다.

긍정적이고 부정적인 학교경험, 최고 및 최악의 과목, 효과적이고 비효과적인 학습법 등에 대한 학생들의 질문과 의견을 어떤 방식으로든 곰곰이 생각해보라.

학생들의 강점, 학습필요, 선호하는 학습양식이 다르다는 사실이 교사인 당신에게 흥미로운 도전임을 학생들에게 알려라. 교사가 학생 개개인의 강점을 계발하는 데 주목하고, 그들이 어려워하는 영역을 잘하게 하려면, 각자에게 가장 효과적인 학습방식에 초점을 맞춰야 한다고 생각하는가? 이 질문을 학생들에게 해보라. 혹시 학생들은 교사가 이런 것쯤은 다 무시하고 항상 모든 학생을 똑같이 가르쳐야 더 잘 가르친다고 생각할까? 아마도 그들은 '우리가 누구인지를 잊고 가르치세요(forget-who-we-are)'라는 접근법을 선택하지는 않을 것이다.

개별화교실이 어떠해야 하고 어떻게 운용되어야 하는지에 대한 지속적인 토론을 시작하라. 교사의 역할이 어떻게 달라질 것인지에 대해 이야기하라. 예를 들면, 교사는 학급 전체를 대상으로 하는 수업만이 아니라 개별적으로 또는 소모둠으로 수업을 진행할 것이다. 학생의 역할 또한 달라질 것이다. 즉, 학생들은 서로의 학습을 다른 방식으로 돕고 지원할 것이고, 덕분에 교사는 개별 학생 또는 소모둠과 함께 학습할 수 있을 것이다. 학생들이 수업운영에 더 많은 책임을 지면서, 교사는 모든 학생이 배울 수 있게 시간을 현명하게 사용할 것이다. 숙제도 각자 다를 것이다. 수업시간에 푸는 과제나 집에서 해 와야 하는 숙제가 모든 학생에게 항상 같지는 않을 것이다. 수업모습도 달라져 개별 학생 또는 소모둠이 다양한 과제를 수행할 것이다. 학생들이 더 많이 움직일 것이고 더 다양한 교재를 사용하게 될 것이다.

수업을 진행하기 위한 지침과 절차를 만드는 일을 도와달라고 학생들에게 부탁하라. 수업을 시작하는 방식, 여러 가지 일이 동시에 시작될 때 지침을 주는 방법, 교사가 바쁠 때 도움을 얻는 방식, 과제를 끝내고 학생들이 해야 할 일, 활동 내내 학급 전체가 집중을 유지하는 방법, 그리고 수업활동을 순조롭게 마무리하는 방식 등을 결정할 때 학생들을 참여시켜라. 새로운 절차가 필요할 때마다 이런 대화를 할 수 있겠지만, 이는 성공적인 학습환경을 조성하고 유지하는 데 매우 중요하다.

학생에게 계속해서 자율권을 주라

수업에서 교사만이 할 수 있는 역할은 있기 마련인데도 교사 중에는 학생 스스로 하는 법을 가르치는 것보다는 교사가 학생을 위해 직접 해주는 것이 더 쉽다고 생각하는 교사들이 많다. 교사가 하지 않아도 되는 일들을 찾아보고, 학생이 이를 효과적으로 처리할 수 있도록 차근차근 준비시켜라. 먼저, 이렇게 자문해보라. 교실을 정리정돈해야 할 때 학생들이 책걸상을 조용히 그리고 효과적으로 옮기는 법을 배울 수 있을까? 학습폴더 등의 자료를 나누어주고 걷는 것을 학생들이 할 수 있을까? 학습주기 중 몇몇 특정 시점에 학생들이 서로의 학습내용을 교차해서 점검할 수 있을까? 학생들이 교실을 깨끗이 정돈하는 법을 배울 수 있을까? 학생들이 과제를 교사에게 가져오기보다는 지정된 장소에 정리해 보관하는 법을 배울 수 있을까? 완수한 과제가 무엇이고 언제 끝냈는가를 정확하게 기록하는 법을 배울 수 있을까? 자신의 등급을 기록해 성적이 얼마나 나아지고 있는가를 측정할 수 있을까? 개인적인 목표를 설정하고 이를 기준으로 얼마나 발전했는지를 평가하는 법을 배울 수 있을까? 이 모든 질문, 아니 이보다 더 많은 질문에 대한 답은 '그렇다'이다. 단, 교사가 그 방법을 가르쳐주어야 한다! 학생들이 위와 같은 일을 능숙하게 하도록 돕는 것이 곧 더욱 독립적이고 사려 깊은 학습자를 키워내는 길이며, 또한 교사만큼 학생도 주인인 교실을 만드는 길이다.

끊임없이 분석적이어야 한다

교실은 바쁜 공간이다. 교사는 너무 바빠 '뭔가를 하느라' 곰곰이 생각할 시간을 못 내는 경우가 흔하다. 개별화수업 운영방법을 배우는 것은 대규모 오케스트라를 지휘하는 법을 배우는 것과 같다. 많은 연주자, 파트, 악기 그리고 많은 스킬을 필요로 한다. 숙련된 지휘자는 한 번에 많은 것을 보고 듣지만, 지휘대를 떠나서도 시간을 내어 작곡가의 의도와 여러 악기부 사이의 조화 등 많은 것에 대해 깊이 생각한다. 그들은 리허설 녹음을 들으면서 연주목표와 견주어보고, 추가로 신경을 쓸 악절이 있는지, 또 악기부별 리허설이 필요한지를 확인한다.

개별화수업이 점차 안정적으로 자리를 잡아가면, 분석하는 스킬을 연마하라. 며칠 동안은 학생이 어떻게 모둠에 들어가고 나오는지 살펴보기만 하거나, 현재 배우는 과목을 완벽하게 잘하는 학생이 누구인지 살펴보기만 하라. 선택권을 줄 때 시각자료를 선택한 학생은 누구인지, 누가 돌아다니면서 공부하려 하고, 누가 문맥 속의 개념을 활용하려 하는지를 기록하라. 종종 수업을 녹화하거나 동료교사에게 같이 관찰해 달라고 부탁하라. 어떤 경우이든, 안 그랬으면 놓쳤을 점들 - 수업에서 잘 진행되는 부분이나 추가적인 노력이 필요한 부분 등 - 을 발견하게 될 것이다.

학생들과도 함께 분석하라. 교사와 함께 만들었던 효율적인 모둠활동을 위한 지침을 기억하게 하고, 효과가 있는 것과 그렇지 않은 절차를 교사와 함께 분석하도록 하라. 공동학습, 수업을 시작하는 법, 교실 안에서 이동하기 위한 규칙 등을 더 향상시킬 방법을 제안하게 하라. 학생의 책임감과 독립심이 커가는 것을 확인했을 때는 기쁘다는 표현을 하라. 학생이 자부심을 느끼면 언제든지 교사에게 말하게 하라. 또 불협화음이 생길 때도 함께 해결하라. 불협화음이 있다고 그 소절을 악보에서 삭제하지 말고, 단원 전체가 연습할 때 또는 악기부별 리허설에서 해결할 수 있도록 하라. 오케스트라 지휘자처럼!

실용적인 고려사항 ○─────────────────

오래전에 한 교수가 내게 언질을 주기를, 대부분의 성공적인 가르침은 연필을 어디에다 두어야 하는지 아는 데에서 비롯된다고 했다. 당시에는 워낙 초보여서 그 말뜻을 헤아리지 못했고 그를 깊이가 없다고 생각했다. 40년 동안 수천 명의 학생을 가르치고 난 뒤에야 그 말을 이해했다. 다음은 개별화수업을 확립해가면서 고려해야 할, 평범하지만 매우 필수적인 사항들이다. 목록이 완전하지도 않고 일부 항목은 당신의 교실에 해당되지도 않겠지만, '연필을 어디에다 두어야 하는지'와 관련해 매우 중요한 사안들을 검토해보게 될 것이다.

사려 깊은 지침을 주라

다수의 과제에 대한 지침을 동시에 주어야 할 때 모둠 전체에게 모든 과제에 대한 지침을 주지 말라. 시간낭비이고 혼란을 초래할 뿐 아니라 서로 다른 과제들 간의 차이에 지나치게 주목하게 만든다. 모둠 전체에 지침을 주는 대신 학생 각자가 해야 할 일을 알게 하는 것이 요령이다. 다음의 것들을 시도해보라.

- 수업 시작은 친숙한 과제로 한다. 학생들이 자리를 잡으면 한 번에 한 모둠씩 방문해 개별화된 과제에 대한 지침을 주라.
- 내일 과제에 대한 지침을 오늘 주라. 오늘 각 모둠에서 주의 깊게 듣는 학생, 그리고 열심히 따라하는 학생에게 지침을 준다. 다음날 과제를 시작할 때 그들이 모둠 전체에 지침을 전달할 수 있을 것이다.
- 과제카드, 파워포인트 슬라이드, 플립차트(flip chart) 또는 화이트보드를 활용하라. 학생들은 지정된(또는 자신이 선택한) 장소로 가서 자세하게 적힌 과제카드를 읽거나 재미있는 프레젠테이션을 시청함으로써 해야 할 일을 알 수 있다. 어린 학생들의 경우에는 활동 초반에 읽기에 유창한 학생을 배정해 모둠 전체에게 과제카드를 읽어주게 하고, 컴퓨터를 잘하는 학생은 화이트보드를 사용하도록 지시하라.
- 녹음된 지침을 활용하라. 유인물이나 교실언어를 어려워하는 학생

에게, 또는 교사가 과제카드를 쓸 시간이 없거나 지침이 복잡해서 몇 가지 다른 방식으로 설명하고 싶을 때, 녹음된 지침을 사용하면 효과가 매우 좋다.

- 소모둠 과제로 완전히 새로운 형식을 도입할 때는 신중하게 생각하라. 예를 들어, 그래픽 오거나이저는 전 학급을 대상으로 몇 번 사용하고 나서 소모둠에게 사용하라고 하는 것이 훨씬 좋다. 모든 학생이 학습법을 이해할 때까지 동일한 학습센터에서 학습하도록 한 후 센터 안의 개별화 과제를 수행하게 하라.

- 수업을 진행하면서 특정 전략 지점에서는 학생이 교사에게 '접근할 수 없게' 하라. 활동 시작 후 5분 동안은 어느 학생도 교사에게 질문할 수 없는 절차를 정례화할 수 있다. 이렇게 하면 교사는 학생 사이를 돌아다니면서 학생이 교재를 꺼내고 있는지를 확인할 수 있다. 한 학생에 묶여 있으면 다른 학생들을 과제 없이 손이 빈 상태로 방치해둘 수 있기 때문이다. 교사도 방해받지 않고 소모둠이나 개별 학생을 면담할 시간이 필요하다. 고학년 학생에게는 '접근금지시간'이라고 공표하면 되고, 어린 학생에게는 해당 시점에 야구모자를 쓰거나 목에 리본을 둘러서 접근금지시간임을 알릴 수도 있다. 어느 경우든 그 시간에는 학생이 왜 교사에게 접근할 수 없는지를 반드시 이해하게 한다.

도움을 얻는 방식을 정례화하라

여러 가지 이유로, 복수의 과제를 수행하는 교실에서 학생들은 대부분

교사가 아닌 다른 이로부터 도움을 얻는 법을 배워야 한다. 학생에게 그런 도움을 얻는 방법을 가르치고, 다른 출처에서 구할 수 있는 도움을 마련해두라. 다음은 몇 가지 지침이다.

- 어떻게 하면 상대방의 말을 경청할 수 있을지에 대해 학생과 함께 논의하라. 어린 학생들은 자신이 놓친 부분은 누군가 다시 반복해서 말해줄 것을 알기 때문에 대충 듣는 습관이 몸에 배는 경우가 많다. 교사가 말할 때 집중하는 법을 배울 수 있게 돕고, 교사가 말한 것을 머릿속으로 '재생(replay)'하게 하고 한 명을 시켜 핵심 지시사항을 요약해서 말하게 하라. 처음부터 교사의 말을 경청하면 도움을 덜 구할 줄 알게 될 것이다. 이것은 학생에게는 시간이, 교사에게는 인내가 필요한 일이다.

- 다음에 무엇을 해야 할지 모르는 상황에 직면했을 때 사용할 전략을 가르쳐라. 일종의 기억술 RICE(Recall(회상하라), Imagine(상상하라), Check(확인하라), Expert(전문가의 도움을 받아라))이다. 먼저 학생은 교사가 말한 내용을 회상하려고 열심히 노력해야 한다. 이것이 도움이 안 되면, 눈을 감고 교사가 말하는 모습을 떠올리며, 실용지능을 활용해 해당 과제에 대한 지침이 무엇이었을지를 (논리적으로) 상상해야 한다. 이것도 도움이 안 되면, 급우(짝꿍 또는 가까이에서 같은 과제를 수행하는 급우)에게 물어볼 수 있는데 작은 소리로 물어야 한다. 그래도 지침을 이해하지 못한다면, 지침을 알려주는 데 필요한 자립성이나 스킬을 갖춘 한 명 이상 지정된 '오늘의 전문가'에게 물어볼

수 있다. '전문가'는 곤경에 처한 학생을 돕자마자 곧바로 자신의 학습으로 되돌아가야 한다. (시간이 흐름에 따라 학생 대부분이 하나 이상의 과제에서 그날의 전문가 역할을 할 수 있다.)

- 학생이 다음에 무엇을 해야 할지 알게 하라. 드물기는 하지만 도움을 얻는 절차가 작동이 잘 안될 때 학생은 사전에 승인을 받은 닻활동으로 이동해야 한다. 이때, 학생은 자신이 어떻게 그 절차를 시도했고, 어떻게 소용이 없었으며, 교사의 도움을 얻을 때까지 사전에 승인된 대체활동을 어떻게 시작했는지를 교사에게 말해도 된다. 이때, 가만히 앉아서 기다리고만 있거나 다른 학생을 방해하는 것은 허용되지 않는다는 점을 주지시켜라.

교사가 시간을 얼마나 소중히 여기는지 알게 하라. 달성해야 할 중요한 일은 많은데 시간이 너무 적다는 것을 학생들이 이해할 수 있게 하라. 시간의 현명한 사용이 교실윤리여야 한다.

항상 의식하고 체계를 잃지 말라

개별화수업에서 학생들이 다양한 과제를 할 때 진행상황을 놓칠까 봐 염려하는 교사가 많다. 유능한 교사라면 이를 몰라서는 안 된다. 개별화교실 교사는 학생이 무엇을 어떻게 하고 있는가를 일반교실에서보다 더 잘 인식하고 있어야 한다. 교사는 학생들의 발전상황에 대한 인지라는 이슈를 다양한 각도에서 검토해야 한다. 다음은 학생이 독립적으로 개별화학습을 할 수 있도록 교사가 체계를 갖추기 위한 몇 가지 지침이다.

- 학습폴더를 사용하라. 항상 교실 내에 비치하고, 진행 중인 활동 모두(부분적으로 완성된 과제, 독립연구, 그리고 선택한 닻활동)를 담아라. 폴더에는 완수한 학습, 완성일자, 달성한 목표, 진도 및 목표에 관해 교사와 나눈 개인면담 등을 기록할 수 있는 기록지도 들어 있어야 한다. 고학년 학생은 표지 안쪽에 현재의 등급을 기록해갈 수 있다. 폴더를 활용하면 학생들의 진도를 간편하게 재검토할 수 있고, 교사와 학부모 면담, 그리고 교사·학부모·학생들 간 면담에서도 유용하게 사용할 수 있다.

- 과목의 각 측면(예를 들어, 쓰기, 철자, 독해와 문법, 계산, 문제풀이, 수학적 추론 등)에서 학생이 숙달하길 바라는 모든 스킬과 역량을 목록으로 만들어라. 그런 다음, 목표 스킬보다 더 기초적인 스킬 및 상위 스킬로 목록을 확장하라. 이것을 종이점검표 또는 전자점검표로 만들되, 역량을 차례대로 기재하고 역량별로 날짜와 간략한 평을 기록하도록 한다. 학생별로 점검표를 만들어 공책이나 컴퓨터 폴더에 철자 순으로 보관한다. 정기적으로 점검표를 활용해서 무작위로 학생들의 학습을 확인하거나 때때로 개인 또는 모둠에게 공식적인 지필평가나 구두평가를 시행한다. 시간을 두고 관찰한 내용을 기록해보면 개인별 성장패턴이 확연하게 보일 것이다. 이는 학생의 성장을 모니터하는 데 도움이 될 뿐 아니라 학생의 필요에 맞춰 개별화된 과제를 개발하는 데도 큰 도움이 될 것이다. 관찰내용은 학생과 교

사 간의 학습계획 면담에도 도움을 준다.

- 학생이 완성한 숙제를 놓아둘 장소(예를 들어, 서류함, 상자, 폴더 또는 전자파일)를 신중하게 준비하고 부호로 표시하라. 숙제를 교사에게 직접 제출하게 하는 것보다 더 효율적이고, 다양한 숙제를 함께 쌓 아놓는 것보다 더 효과적이다.

- 수업에 클립보드나 태블릿을 들고 다녀라. 학생이 멋지게 한 활동, '아하!'했던 순간, 혼란스러웠던 때, 또는 좀 더 엄격하게 제한해야 할 학습환경 등에 대해서 짧게 메모하라. 그 메모를 성찰과 계획, 개 인별 대화, 학급대화에서 활용하라.

모든 것에 점수를 매겨야 한다고 생각하지 말라. (피아노를 배우는 학 생의 연습연주에 매번 점수를 매겨야 한다고 생각하지는 않는 것처럼!) 학생 이 뭔가를 파악해야 할 시간도 필요하고, 자신이 파악했는지를 판단할 시간도 필요하지만, 둘이 항상 동시에 일어나야 하는 것은 아니다. 활 동을 끝냄으로써 점점 더 숙련되고 통찰력을 갖춘 사람으로 성장하는 것이야말로 중요하다는 것을 학생들에게 이해시켜라. 정확한 체크가 반드시 필요할 때는 상호점검표를 활용하거나 '오늘의 전문가'를 활용 하라. 정기적으로 명확한 피드백을 제공하고 학생들끼리 피드백을 주 고받는 법을 익히도록 도와라. 공식적인 평가기간에는 착실한 연습이 성공을 낳는다는 것을 학생들이 깨우칠 수 있게끔 하라.

의미 만들기 활동에 대해 성적을 부여해야 할 때는 학생들이 과제 를 꾸준히 했는지, 열심히 했는지, 적절하게 도움을 얻었는지, 수정을 가하여 과제의 질을 향상시켰는지, 그리고 활동을 끝냈을 때 닻활동으로 옮겨갔는지와 같은 점을 집중해서 확인하라. 클립보드나 태블릿에 학급명부를 붙여놓고 위의 내용을 매일매일 평가할 여백을 만들 수도 있다. 혁신적으로 변화되거나 비약적으로 발전하는 학생을 보면 오늘의 칸에 +표시를 하라. 계속 환기를 시켜줘도 과제를 지속해나가는 것을 정말로 힘들어하는 학생이 있다면 오늘의 칸에 −표시를 하라. 나중에 그 학생이 과제를 적절하게 수행하고 있다는 것을 나타내려면 다른 칸에 ∨표시를 하라. 시간을 두고 패턴을 찾아보고 그 패턴이 의미하는 바에 맞게 작업하라. 필요하다면 그 패턴을 하나의 '일일학습'에 대한 성적으로 전환할 수도 있지만, 공식적으로 성적을 부여할 기회는 이것 말고도 많다. 교사가 발견한 패턴을 활용해 학생이 자신의 학습 및 사고 습관에 대해 더 생각해보도록 도와라. 끊임없이 성적을 매기면 학생은 실수를 하더라도 그 실수를 통해 배우고자 하는 의지를 접고 교사에게 의존하게 되며, 공부 자체보다는 성적을 위해서 공부하게 된다는 점을 기억하라(Earl, 2003; O'Connor, 2011; Tomlinson & Moon, 2013). 또한 성적 매기는 업무 때문에 교사는 더 분주해지기도 하고, 성찰하고 계획할 중요한 시간을 빼앗기기도 한다.

'본부'좌석을 고려하라

개별화수업 교실에서는 매일 수업을 시작하고 끝낼 때 학생들이 앉는 '본부'좌석을 지정해 두면 편리할 때가 많다. 학생들은 수업을 항상 '본부'에서 시작하고 어떤 날은 계속 그곳에서 공부하기도 한다. 교실의 다른 곳으로 이동하여 개별화수업 활동을 하더라도 수업을 끝낼 때는 본부로 돌아온다.

본부좌석을 활용하면 교사는 빠르게 출석을 확인할 수 있고, 교사 대신 학생들이 쉽게 학습폴더를 배포할 수 있다. 또 활동을 끝낼 때 교실 정리를 확인하기가 더 쉬워지고, 질서정연하게 수업을 끝내거나 다른 수업으로 넘어갈 수 있다. 또한 본부에서 지정좌석이 있으면 본부학습 때 교사는 유용하게 짝끼리 모둠을 구성할 수 있다.

수업 시작 및 마무리 절차를 확립하라

학생들이 다양한 학습구역으로 이동하기 전에 얼마나 빠르게 다음 장소로 이동해서 공부해야 하는지 알려주라. 이동시간은 현실적이어야 하지만 다소 빡빡하게 설정해야 한다. 학생들이 이동한 후에는 그들이 어떻게 했는지 알려주라. 함께 노력해 학생들이 효율적으로 자리를 잡는 데 익숙해지도록 하라.

활동시간에는 시계를 주시하라. 활동시간이 끝나려고 한다는 2분 전 신호를 주라. 불빛을 깜박이거나 각 탁자에 가서 말해주라. 그다음에는 본부좌석으로 돌아가라는 신호를 준다. 학생들은 질서 있게 조용히 자기 자리로 30초 이내에 돌아가야 한다는 것을 명심한다.

학습에서 탁월성을 추구하는 법을 가르쳐라

어떤 학급이든 공부할 때 얼마나 깊이 숙고했는가보다는 얼마나 빨리 끝냈는가를 기준으로 성공을 가늠하려는 학생들이 몇 명은 있다. 학습할 때는 장인정신과 자부심이 중요하다는 것을 명확히 하자. 급하게 끝낸 학습과, 인내와 검토 및 창의성을 보여주는 학습의 차이를 분석하도록 해서 그 이유를 이해하게 하라.

내용이 너무 쉽거나 탁월성의 기준을 명시한 지침이 부재했던 탓에 학생이 활동을 일찍 끝내버리는 경우가 있다. 이런 문제가 아니라면, 탁월한 수준의 학습만 인정한다고 참을성을 갖고 끈질기게 강조하라. 어떤 교사는 이를 '빙고를 위한 학습'이라고 불렀다. 그 교사는 학생이 개선할 수 있는 모든 것을 완벽하게 할 때까지는 제출해버리고 싶은 충동을 참도록 지도했다. 그런 다음에야 학생들은 "빙고! 바로 이거야! 이게 내 최고의 작품이야."라고 말할 수 있는 순간을 맞이할 것이다.

반항적 행위에 미리 대처하라

교사에게는 반항적으로 행동하고 급우들의 학습을 방해하는 학생들 때문에 교사는 학생이 사려 깊게, 자신과 급우들을 존중하며 활동하는 수업관행을 만들려는 의지가 꺾일 수 있다. 학생이 '체제에 반항하는' 이유는 여러 가지여서, 이들이 점진적으로 그러나 꾸준하게 자기 학습에 대한 책임을 떠맡도록 도울 해결책을 단 하나로 추려 말하긴 어렵다. 여러 면에서 이들이야말로 집중력 있는 급우들보다 개별화수업이 제공하는 것을 더 필요로 하는 학생들이다. 예를 들어, 성공적으로 학습할 수 있다는 자신의 능력에 대한 믿음, 이를 위한 지원, 진입지점에서 앞으로 나아갈 수 있도록 도울 신중하고도 단계적인 계획, 의미가 풍부한 교육과정, 다양한 학습방식과 학습결과 표현방식, 구조와 융통성이 조화를 이룬 학급 루틴 등이 이에 해당된다.

이런 학생들은 '따뜻한 마음으로 요구하는 교사'와는 소통을 잘한다 (Bondy & Ross, 2008). 그런 교사는 학생들에게 깊은 신뢰감과 포용을 표현하지만, 동시에 학생이 반드시 최선을 다해줄 것이라 기대하고 있다는 것도 명확히 나타낸다. 따뜻한 마음으로 요구하는 교사들은 학생들의 최선의 노력을 지원하는 구조, 설명, 스캐폴딩(scaffolding, 비계)을 지속적으로 제공하며 돌봄의 정신에 근거해 그렇게 한다. 학생이 문제행동을 보이더라도 그들을 포기하지 않으며, 기대치를 낮추거나 수업강도를 낮추지 않는다. 오히려 학생들이 더 나은 학습을 할 수 있도록 지도한다. 실제로 모든 학생은 자율성을 발휘하는 역량 면에서 성장할 수 있으며 그 같은 진실을 존중하는 교실환경에서 그럴 가능성은 더 커진다.

지원체계를 만들어라

개별화수업을 향해 가는 교사의 여정에 도움을 줄 집단은 최소 넷이다. 즉, 동료교사, 교무행정 담당자, 학부모, 지역주민 모두가 교사와 학생을 도울 수 있다. 그러나 이들의 도움을 이끌어내야 하는 주체는 교사인 당신일 것이다.

동료에게 요청하기

불행하게도 많은 학교에서 교사가 무언가 혁신적인 것을 시도하거나 평균 이상의 에너지를 쏟아 가르치면 일부 동료교사들이 불쾌감을 드러내는 것이 사실이다. 다행인 것은, 같은 상황에서도 가르치면서 활력을 얻고, 다른 교사의 아이디어에 자극을 받고, 성장을 위해 위험을 감수할 준비가 된 영혼의 동반자가 항상 몇 명씩은 존재한다는 사실이다. 이런 교사 한두 명을 찾아서 함께 작업하라.

많은 학교에서 미술교사, 특수교사, 영재반 담당교사 그리고 소수의 교사들은 이미 수업을 개별화하고 있다. 그들은 스스로를 전문가로 생각하지 않을 수도 있고 당신도 마찬가지이다. 그들은 이미 훌륭한 아이디어와 고정적인 교수학습 루틴을 갖추었고, 당신도 그들의 수업을 풍요롭게 할 수 있는 아이디어와 질문을 갖고 있다. 적어도 당신이 그들에게서 뭔가를 배우고 협업하고 싶어 하는 것만으로도 그들은 찬사를 받은 느낌일 것이다. 정기적으로 만나서 서로의 교실에서 시간을 보낼 일정을 잡고, 팀으로 문제를 해결하고, 수업과 자료를 공유하고, 코칭 동료로서 번갈아가며 수업과 참관을 하라. 이렇게 협력적인 동반관계로 얻는 시너지야말로 고립되기 쉬운 교직에서 누릴 수 있는 가장 놀라운 이점 중의 하나가 될 수 있다.

교장을 동반자로 만들기

일부 교장은 교실에서 학생들이 돌아다니고 대화하는 수업을 미심쩍어한다. 나와 함께 협동수업을 운영했던 동료가 이런 교장들의 태도를 변화시키는 것을 본 적이 있다. 그녀는 개별화교실에서 교사가 하는 일이 무엇이고 왜 중요한지를 명확하게 알고 있었다. 그녀는 자주 교장실에 들러 "교장선생님이 오늘 시찰하실 때 우리 학생들이 모둠으로 공부하고 있는 것을 보시게 될 거예요."라고 말했다. 왜 그런지를 설명하고 나서 "교실에 잠시 들르셔서 한번 보세요."라고 말하곤 했다. 처음에 교장은 교실 문 옆에 잠시 서 있기만 하다가 자리를 떴다. 마침내 교장이 '교실 안으로 들어와 잠시 수업을 참관하시라'는 초청을 받아들였을 때, 교사는 교장에게 학생들과 대화해보고 그 아이들이 능숙하게 잘해나가고 있는 것을 확인해보라고 권했다. 우리가 학생들을 슬기롭고 독립적인 학습자가 될 수 있도록 가르치고 있을 때, 그녀는 그런 수업의 진가를 인정할 수 있도록 교장 역시 가르치고 있었다. 교장은 우리 개별화수업의 가장 든든한 후원자가 되었다. 여러분 학교의 교장이 개별화수업에 의구심을 보이거나 이런저런 이유로 도와주지 않는다면, 여러분도 교장의 교사가 되어보라!

학교의 교무행정 담당자가 이미 학생중심의 개별화수업을 지지하고 있다면, 개인적인 월간목표 또는 연간목표를 공유하라. 교장을 초대해 교실에서 그 목표를 달성할 방법을 찾는 일을 도와달라고 하라. 그러면 교장은 관찰목표를 좀 더 적절하게 설정할 수 있고, 당신은 무수한 수업현장을 거쳐온 베테랑 교육자의 통찰력을 활용할 수 있다.

학부모를 참여시키기

학부모는 누구나 자녀가 학교로부터 좋은 것을 얻기를 원한다. 부모는 자기 아이가 성장하고 강점은 최대로 키우고 약점은 최소화하면서 수업을 재미있어 하고 다음 날 눈을 뜨면 어서 학교에 가고 싶어 하기를 바란다. 그러나 개별화수업을 하려면 아이들이 학교에 대해 갖고 있던 기존 이미지에 맞서야 하는 것처럼, 분명히 학부모들의 학교에 대한 고정관념도 해결해야 한다.

학년 초에 학부모에게 이번 학년에 바라는 바가 무엇인지 알려달라고 요청하는 이메일 또는 편지를 보내고, 그들의 말을 귀 기울여 듣고 파악하라. 부모에게 개별화수업이 어떻게 학생의 강점을 인식하고 그것을 바탕으로 성장시키고, 약한 부분을 보강할 기회를 제공하고, 개인별 성장을 관찰·기록해 학생의 수업 참여와 흥미를 촉진할 것인지를 체계적으로 보여주라. 주기적인 이메일, 학급 홈페이지, 학생의 학습을 돌아보기 위한 교사-학부모회의, 그리고 학생의 자기평가 등을 활용해 당신의 교육과정과 수업방식이 학부모가 자녀에게 품은 것과 어떻게 같은 목표를 반영하고 있는지 이해할 수 있도록 하라.

학부모를 수업에 초대해 적극적인 역할을 맡길 수도 있다. 학부모 자원자들은 학업에 어려움을 겪는 학습자와는 수학의 개념을 함께 복습하고, 독서에 관한 수준 높은 대화가 도움이 되는 상급학습자와는 글을 함께 읽고, 또 학생들과 함께 프로젝트를 수행할 수 있다. 이는 아이들에게 그들 자신이 어른들의 시간과 관심을 할애받을 자격이 있다는 메시지를 전달하는 일이기도 하다. 학부모는 소설, 컴퓨터 스킬, 지도(map), 실습용 학습자료 등으로 자기 자녀뿐 아니라 남의 자녀가 제공받을 학습의 선택지를 확장해줄 보물창고가 될 수 있다.

개별화수업에서는 가정과 학교가 동반자 관계를 형성하는 것이 중요하다. 부모는 항상 자녀에 대해 교사보다 더 깊이 알고 있다. 자녀에 대한 부모의 심도 있는 지식에서 교사가 배워야 할 것이 많다. 반면, 교사는 다른 방식으로 아이들을 파악하고 있고 부모는 교사의 폭넓은 이해에서 얻을 것이 있다. 양자의 관점에서 아이를 바라보면 아이가 자신의 잠재력을 최대한 실현할 기회가 커진다. 가장 현명한 교사는 아이들뿐 아니라 부모를 가르치면서 동시에 부모에게서도 배울 기회를 열정적으로 찾는다.

지역사회 참여시키기

아무리 환상적인 교실이라고 해도 교실 밖 세계보다 더 많은 기회를 제공할 수는 없다. 개별화교실을 더 큰 세상에 개방하는 것이 이치에 맞다. 프레드릭은 무언가를 모형으로 만들어볼 때 가장 잘 배운다. 팬은 모국어로 누군가가 아이디어를 설명해주어야 영어로 쓸 수 있다. 사란은 학교 내 어느 어른보다도 컴퓨터를 잘하고, 4학년 찰리는 6학년 수학을 꽤 훌륭히 끝냈다. 프란시는 정말 간절하게 춤을 배우고 싶어 하고, 필립은 고고학을 배우려고 안달이 났다. 지니스는 디지털카메라와 애니메이션을 사용해 역사 프로젝트를 수행하고 싶어 한다. 이 모든 것을 가능하게 할 수 있는 교사는 실제로 많지 않다.

그러나 지역사회 봉사동아리는 수업을 어려워하는 학습자와 학습장애 학생을 위해 텍스트의 녹음본을 제작할 수 있고, 많은 교과서 출판사도 이제 흔히 오디오와 디지털 방식의 자료를 제공한다. 멘토의 도움으로 학생들은 사진, 야구기록, 컴퓨터 애니메이션, 재즈에 대한 가능성의 세계를 발견할 수 있다. 교회는 두 가지 언어로 의사소통하려고 노력하는 학생을 도와줄 자원봉사자를 댈 수 있다. 기업은 교실 내 읽기장소를 위한 중고카펫을 기증할 수 있다. 박물관과 미술관을 활용해 학생은 개념, 자료, 독립적인 프로젝트에 대한 지침을 얻을 수 있고 인터넷으로 가상 답사도 하고 소장품을 볼 수도 있다. 노인종합복지관에서도 다양한 궤도학습을 위한 지침과 자원을 얻을 수 있다(7장 참조). 세상은 자료와 멘토가 넘쳐나는 교실이다. 학생들을 기꺼이 돕고자 하는 개별화수업 교사는 학습자들을 이렇게 다양한 선택지들과 연결시킨다.

○——

다시 한번 말하지만, 한 번에 모든 것을 하려고 노력할 필요는 없다. 매년 동료와 소통하고, 교무행정 담당자들에게서 통찰과 지원을 얻고, 학부모를 가르치면서 동시에 학부모에게서 배우는, 그리고 세상의 일부를 교실로 끌어들일 수 있는 새로운 방안 하나를 고안하라. 개별화수업의 전문가가 된다는 것은 교직생활 내내 꾸준히 실천해서 다다라야 할 목표여야 한다. 한 번에 한 걸음씩 걷다 보면 마침내 도달할 수 있을 것이다.

10

개별화수업의 촉매 역할을 하는 교육리더

변화과정의 복잡함을 과소평가하기는 아주 쉽다.

변화는 딜레마, 상반되는 가치 그리고 역설로 가득 차 있어서 절대 간단치 않다.

변화는 결코 함께할 수 없어 보이는 대책들을 결합한다.

예를 들어,

명확한 비전을 갖는 동시에 열린 사고를 해야 하고,

주도권을 갖되 남들에게 권한을 부여해야 하고,

지원하면서도 압박해야 하고,

시작은 작게 하더라도 생각은 크게 해야 하며,

결과를 기대하지만 참을성과 끈기가 있어야 하며,

계획을 세우되 융통성이 있어야 하고,

하향식과 더불어 상향식 전략을 사용해야 하며,

불확실성과 만족 둘 모두를 경험해야 한다.

마이클 G. 풀란, 『학교개혁은 왜 실패하는가』

개별화는 하나의 수업전략도 아니고 전략모음집도 아니며 교수모델도 아니다. 이는 교수 및 학습에 대한 하나의 사고방식으로, 학생들의 차이를 도외시한 채 미리 정해진 계획대로 실행하는 것이 아니라 각각의 학생이 현재 있는 곳에서 출발하는 교육을 옹호한다. 즉, 평가·교수·학습·교실역할·시간사용·교육과정에 대해 교육자가 전형적으로 생각하는 바에 이의를 제기하는 사고방식이다. 또한 인간이 어떻게 학습하는가를 더 잘 이해하게 되면서 도출된 사고방식이기도 하다.

이런 도전을 해볼 필요가 있다고 느끼는 교사는 이 책과 같은 책을 읽고, 개별화수업의 철학을 자신의 수업실천에 융합해 교실모습을 바꿔나간다. 그러나 흔히 성장을 중시하는 교육리더는 더 큰 규모의 변화가 필요하다고 생각한다.

이 장은 개별화수업 개발의 촉매 역할을 자임하는 교과주임, 교장, 학구행정가 등 리더의 위치에 있는 사람을 대상으로 한다. 학교를 변화시키는 것은 어렵지만 전혀 불가능한 것도 아니고, 변화의 과정에 대한 현재 최고의 지식에 바탕을 둔다면 그 가능성은 더욱 커진다. 학교가 개별화수업을 개발하기 시작할 때 학교는 이미 중요한 변화를 향한 길에 들어선 셈이므로, 변화과정을 이해하는 것은 매우 중요하다.

우리는 교육의 변화과정에 대해 많은 것을 알고 있다. 변화를 촉진하는 것과 저해하는 것, 변화의 단계, 다양한 참여자들의 역할과 반응 등이 그것이다. 이 장에서 마이클 풀란(Michael Fullan, 1993, 2001a, 2001b), 시모어 새러슨(Seymour Sarason, 1990, 1993), 로버트 에반스(Robert Evans, 1996), 토머스 세르조바니(Thomas Sergiovanni, 1999, 2005) 등 명확하지 않았던 변화과정을 밝혀준 통찰력 있는 학자들의 연구를 전부 소개하기란 불가능하다. 그러나 그들 연구의 주요 결론은 다음 섹션에서 기술할 조언, 즉 학교의 변화를 이끌 몇 가지 핵심 원리를 뒷받침한다. 변화는 복잡하고 까다롭고 예측 불가능하므로 이 조언을 차례대로 적용할 수는 없을 것이다. 변화에 착수하게 되면, 시작하고 다시 새롭게 시작하고 단계를 건너뛰기도 한다. 하지만 다음 제안들은 모두 학교 또는 학구 리더가 개별화수업을 지향해 변화를 이끌어갈 때 시간을 두고 중요하게 생각해보아야 할 것들이다.

신념과 목표를 점검하라

시간을 내어 개별화수업이라는 아이디어가 왜 합리적이고 자신에게 중요한지를 생각해보라. 미래 학교 및 사회를 위해서는 효과적인 이질적 학습공동체가 중요하다고 굳게 믿고 있기 때문인가? 표준화된 수업에 환멸을 느끼는 학생이 너무 많아서인가? 인지심리학과 뇌의 작동방식에 대한 지식이 있기 때문인가? 돈을 아끼고 싶기 때문인가? 이처럼 모든 동기가 같지는 않다.

개별화수업을 구안하면서 겪는 어려움을 스스로 왜 가치가 있다고 생각하는지 알아야 한다. 자신이 이끌어갈 이들에게 교사 자신의 견해를 분명하고 믿을 만하게 표현할 수 있어야 한다. 개별화교실의 가치를 강력하게 설득할 자신만의 신념이 없다면 개별화수업을 리더십의 핵심으로 삼지 않는 것이 현명하다.

비전을 수립하고 공유하라

리더십이란 비전을 만들어내고 다른 사람에게 영감을 주어 함께 그 비전을 달성하는 데 참여하게 하는 것과 관련이 깊다. 변화가 일어나면 학교나 학구의 교실은 어떤 모습이 될까? 그 모습은 누구를 위한 것이고, 왜 긍정적일까?

불확실성 속에 보이지 않는 것을 교사들에게 하자고 강요하지 말라. 개별화수업에 대한 자신의 정의와 목표를 명확히 하라. 그리고 이를 다른 사람들에게 설명해 그들이 이를 점검하고 당신과 이야기 나눌 수 있게 하라. 그러고 나서, 어려운 일이긴 하지만 한 손으로는 비전을 붙들고 나머지 손을 내밀어 다른 리더, 교사, 학부모를 초청해 그 비전을 검토하고 확장하게 하라. 리더는 자신의 생각을 믿어야 하지만, 진정으로 변화가 일어나게 하려면 다른 사람들도 반드시 그 생각을 긍정적인 방향으로 새구성해야 한다는 현실을 받아들여야만 한다. 이것이 바로 변화의 역설이다.

목표는 명확하다. 저마다 다른 학생의 다양한 학습필요를 충족시키는 훌륭한 수업이 이루어지는 교실을 만드는 것이다. 이 책은 그 목표 달성에 대해 생각할 하나의 방법을 제공하려 한다. 물론, 다르게 생각할 수도 있다. 모든 생각에 대해 열린 마음을 유지하고 이해당사자들을 초대해 사고의 폭을 넓혀라. 변화를 시작하는 것은 방향감각을 공유하는 것에서부터 출발하지만, 가치 있는 여행은 순탄하게만 진행되지 않는다는 것도 알아야 한다.

과부하를 피하라

교사는 연관성 없는 다수의 계획을 동시에 배우고 실행하라는 요구 아래 놓인다는 느낌을 종종 받는다. 만약 개별화수업에 대해서도 해야 할 일이 하나 더 늘었을 뿐이라고 느낀다면, 낙담하거나 화가 나는 것은 당연할 것이다. 그래서 교사가 과부하를 느끼지 않도록 하는 것이 매우 중요하다.

효과적인 변화를 이끄는 씨앗을 심으려면 리더는 먼저 핵심 목표 하나에 집중할 필요가 있다. 예를 들어, 다양한 학생 모두의 필요를 수용하는 교실 만들기 같은 것이다. 모든 사람이 그 목표를 중심으로 사고하도록 하라. 목표에 대한 집중을 방해하는 계획은 최대한 보류하고 그 상황에서 목표달성에 도움이 되는 계획을 제시하라. 예를 들어, 교사들에게 "우리가 문학서클을 알아야 하는 이유는 이를 활용하면 다음과 같은 방식으로 학생의 다양한 학습준비도와 흥미를 수용할 수 있기 때문입니다."라고 말하라. 또는 "문화와 성별패턴에 대해 알게 되면 반응적 교실(responsive classroom)을 만들려는 우리의 목표를 다음과 같

은 방식으로 달성하는 데 도움이 됩니다."라고 설명하라. 또는 "이 앱
(apps)을 이런 식으로 사용하면 많은 학생의 학습필요를 더 효율적으
로 충족시킬 수 있을 거예요."라고 말하면서 시연하라. 즉, 가능한 한 자
주 다음 메시지를 전해야 한다. "우리는 다양한 학생들이 학습을 극대
화할 수 있도록 우리가 해야 할 일을 하고 있습니다. 오늘 우리가 논의
하는 것이 이 목표를 이루게 해줄 것입니다."

장거리 여정에 대비하라

실질적인 변화는 착수되고, 실행에 옮겨지고, 제도화되어야 하는 느린
과정이다. 실질적인 변화가 탄탄하게 뿌리를 내리기까지는 필히 거의
5-10년이 필요하다. 개별화교실을 만들려는 마음이 진심이라면 그 기
간 동안의 추진 일정 및 계획을 수립하라. 계획과 일정표의 핵심 내용
을 공표해 다른 사람들에게 그 생각을 '확고히 유지할 것임'을 알게 해
그들도 함께 장기적인 시각을 갖게 하라. 물론 시간이 흐르면서 계획을
고치고 추진 일정을 수정할 수도 있다. 그러나 의미 있는 변화를 이룰
때까지 당신이 흔들림 없이 매진할 것임을 보여주어야 한다.

교육계의 리더들에게는 그해 또는 심지어 그달에 유행하는 것을 요
란스럽게 선전하다가 그만두고 마는 나쁜 습관이 있다. 그래서 많은 교
사들은 잠시만 잠자코 있으면, 피하고 싶은 성가신 계획은 어느덧 사라
질 것임을 대부분 알고 있다. 개별화수업을 실현할 즉효약 같은 묘책은
없다. 일 년 단위로 목표를 설정하면 결국 실패할 것이며, 수업을 의미
있게 변화시키기 위해 필요한 것들을 동료교사들이 제대로 배울 가능

성도 줄어들 것이다.

영리하게 시작하라

영리하게 시작하려면 먼저 작게 시작하라. 전체 학교 또는 학구보다는 소수의 교사와 교실을 실험적으로 활용하라. 그러나 반드시 시작하라. 초반에 수업에서 가시적인 변화가 일어날 수 있게 전면적으로 지원하면서 시작하라. 변화에 대한 의지와 스킬을 보유한 교사들과 시작하라. 이 교사들은 이미 자기의 수업관행을 돌아보고, 학생을 세심하게 헤아리고 있으며, 수업패턴에 융통성이 있고, 배울 준비가 되어 있다. 이렇게 하면 초반에 성공을 거둘 것이고, 필연적으로 발생할 수밖에 없는 문제를 해결할 전략을 얻을 뿐 아니라 장차 과정이 확장될 때 교원개발을 담당할 핵심교사 집단이 형성될 것이다. 그런 다음 함께 작업하고, 아이디어와 자료를 공유하고, 서로의 문제를 해결해주고 협력수업도 하고, 서로의 수업을 참관해 피드백을 주고받을 수 있는 교사팀을 구성하라. 새로운 아이디어를 키워나가는 데에는 고립상태보다는 교사들끼리의 협업이 훨씬 효과적이다.

이렇게 핵심집단이 형성되면 신념대로 행동에 옮겨라. 변화가 일어날 때 교사는 자신의 신념에 대해 생각해보는 것이 매우 중요하다. 예를 들어, 새로운 수학교수법이 더 큰 그림의 학습에 어떻게 적합한지를 모른 채 실행에 옮기면 전략을 잘못 사용하게 될 확률이 크다. 다른 한편으로, 수업을 하는 교사는 실용주의자가 되기 십상이다. 다시 말해서 교실에서 성공적으로 실행한 것 때문에 자신의 신념을 바꿀 가능성이 더 크지, 단지 신념을 바꾸었다고 해서 반드시 새로운 접근법을 시도하려고 하지는 않을 것이다. 교사가 교실에서 무엇을 실천할 것인지를 확인하도록 돕고, 특정 행위가 왜 중요하고, 어떻게 학생들의 성장을 도울 수 있는가에 대해서도 끊임없이 대화해야 한다는 것을 명심하라.

개별화 과정의 모델을 만들어라

개별화수업에서 교사는 학생들에게 다음과 같은 말을 한다.

우리의 지향점을 알려줄게. 우리 모두가 배우고 성장하면서 그 과정에서 열심히 노력해야 한다는 것은 협상의 여지 없는 사실이지만, 목적지에 도달하는 방식만큼은 그렇지 않아. 남들보다 빨리 나아가는 아이들도 일부 있을 거야. 훨씬 앞서 시작하는 아이들도 있겠지. 계획 A로 학습이 더 잘되는 아이들도 있고 계획 B가 더 맞는 아이들도 있어. 교사인 내가 결정할 때도 가끔 있겠지만, 학생인 너희가 결정할 때도 있을 거야. 우리가 함께 결정하는 경우도 자주 있을 거야. 우리는 항상 모두의 성장을 극대화하려는 목표를 달성하는 데 도움이 되는 방향으로 결정하고자 노력할 거야.

교육계의 리더가 개별화수업과 같은 계획을 착수할 때는 바로 이 교사 역할을 맡는다. 학교와 교사들은 다양하다. 모두가 개별화수업이라는 목표를 향해 나아간다는 점에는 협상의 여지가 없지만, 목표에 도달하는 방식은 그럴 수 있다. 학교와 교사에 따라 학생들의 학습준비도, 흥미, 학습양식도 다르다. 따라서 다른 시간계획, 경로, 지원형식 등을 통해 서로 다른 개별화 과정을 개발해야 할 것이다. 중요한 결정을 리더가 할 때도 있고 교사가 해야 할 때도 있다. 개별화교실을 향한 진전을 최대로 이루겠다는 하나의 목표에 초점을 두고 둘이 함께 결정하는 경우가 많다. 개별화수업의 모델을 만드는 리더는 반응적인 교실에 필수적인, 구성원을 존중하는 환경을 어떻게 조성하는지 그 모범을 보여준다. 개별화수업 모델과 리더는 개별화수업이 어떻게 작동하는지에 대해 동료들과 대화할 자연스러운 기회도 제공한다.

정책과 절차를 점검하라

리더는 국가, 주, 학구 및 지역에서 설정한 정책과 절차로 목표를 달성하는 것이 쉽지 않은 상황에서도 교사에게 이를 요구하는 경우가 자주 있다. 때때로 리더는 동료와 협의해서 서로 대립되는 지시와 과정을 수정해 다양한 학생의 필요를 다룰 길을 터주어야 할 것이다. 다음은 몇 가지 고려해야 할 질문이다.

- 방해받지 않고 수업할 수 있는 시간을 교사에게 더 많이 제공하기 위해 학교일정을 조정할 수 있는가? 개별화한 과학실험을 40분 수업 내에서 설정하고 실행하기는 쉽지 않다.
- 학구는 특정 학년 특정 교과의 교과서를 복수로 채택하는 것을 고려해야 하는가? 3학년 모든 학생이 같은 책을 사용해야 한다고 지시하는 학구는 개별화수업을 중요시하지 않는다는 메시지를 보내

는 셈이다.

- 학구는 학업성적에만 초점을 맞추기보다는 학생의 마음습관과 학업수행, 그리고 개인적인 성장 관련 데이터를 포함하는 수정된 성적표 양식을 고려해야 하는가?

- 학교는 일부 학급에서 학습자 다양성의 범위를 좁히는 것을 고려해야 하는가? 노아의 방주에서처럼 모든 종류의 학습자 두 명씩을 배정해 가르치는 것이 모든 교사에게 가장 고무적이고 효율적인 초기 학생배정 방식은 아닐 것이다. 동질집단 구성이 공정한 학습공동체를 조성하는 데 좋은 해결책은 아니지만, 일부 교사는 개별화수업 초기 단계에서 무리하게 한 교실 내 모든 학생의 학습필요를 충족시키려고 시도하다 좌절할 수 있다.

- (적어도 교사가 배우는 초기 단계에서만이라도) 개별화수업을 진지하게 시도하는 교사를 위해 학급크기를 줄이고, 더 많은 조력자를 구하고, 교실공간이나 교사가 계획에 할애할 시간을 늘릴 어떤 방법을 찾을 수 있는가?

- 학교 또는 학구 차원에서 학부모들과 개별화수업에 관해서 의견을 나눌 필요가 있는가? 아니면 교사만이 일방적으로 학부모들에게 개별화수업, 학생들이 누릴 잠재적 혜택, 그리고 참여할 기회 등에 대해서 교육할 것으로 기대하는가?

가끔은 리더가 사태를 바꾸지는 못하고 단지 교사들이 특정한 정책이나 절차를 재고하도록 도울 수밖에 없는 때도 있다. 예를 들어, 표준화시험에 무게를 두는 것은 학생의 차이를 고려하는 지침과 대립된다는 생각을 하는 교사가 많다. 실제로 상급학습자와 수업을 따라가지 못해서 절망하는 학생을 같은 교재로 가르치고, 또 대부분 학생에게는 비현실적으로 빠르지만 일부 학생에게는 너무도 느린 속도의 교사중심 수업방식으로는 결코 이상적인 성적이 나올 수 없다. 이런 수업으로는 결코 학생들을 자극하거나 설레게 할 수 없다. 개별화수업을 효율적으로 실천하면 더 많은 학생의 표준화시험 성적도 좋아진다. 리더라면 효과적인 가르침에는 모순이 없다는 것을 교사가 깨닫도록 해야 한다.

하향식 성취기준과 교육과정 지침은 결코 교육과정이 되어서는 안 된다. 하지만 학생이 몰입할 수 있는 수업계획에 통합시킬 수는 있다. 교사가 그 차이를 파악하도록 돕는 것, 더욱 매력적인 교수법을 택할 수 있는 자유를 주는 것이 개별화수업을 현실로 정착시키기 위한 핵심이다. 일 년의 특정한 날에 시행하는 시험에서 모든 학생이 '평균 이상의' 점수를 받도록 하는 능력에 따라 교사의 성공과 가치가 결정된다는 메시지를 말과 행동으로 보이는 학구 리더는 개별화수업 방침을 지시해서는 안 된다.

변화의 복잡성에 대비한 교사연수를 계획하라

변화과정의 초기에 교원연수를 개설해 개별화수업을 정의하고 이에 대해 토의하고 실례를 들어 설명하는 것이 좋다. 이런 연수가 학교 또는 학구의 정의·원리·목표와 일치한다면, 그리고 이런 것들이 설득력 있게 제시된다면 새로운 아이디어에 대한 효과적인 오리엔테이션의 일부가 될 수 있다. 그러나 줄곧 주입식 강의 형태로만 제시한다면 교사가 이를 실천에 옮길 동력은 급격히 감소할 것이다.

교사가 주제에 대한 새로운 정보, 즉 개념, 원리 및 스킬을 필요로 할 때가 있다. 교원연수의 프레젠테이션, 독서, 동영상 시청, 개별 연구 및 소모둠 연구를 통해 이 필요가 충족될 수 있을 것이다. 그런 다음 새로운 아이디어를 이해할 시간과 기회가 필요하므로 리더는 교사가 새로운 개념에 대해 깊게 생각할 수 있는 시간과 구조를 제공해야 한다. 교사가 개념을 교실에서 행동으로 옮길 개인적 장·단기 목표를 정하고, 실행을 위한 구체적인 계획을 수립할 수 있어야 한다. 이 과정에서 교사를 지원하려면 먼저 두 명씩 함께 계획을 세우도록 장려하고, 그런 다음 협력수업, 동료교사 수업참관 및 토론회를 주선하라.

이 시점에서 교사는 실행으로 옮기는 시도(자기성찰, 동료교사의 조언 및 학생들의 피드백 포함)를 통해 알게 된 것을 토대로, 정보를 추가적으로 얻고, 도움을 얻어 시도해본 스킬을 연마하고, 다른 방법도 체험해 교사의 필요에 맞는 추가적인 조언을 받을 준비가 되어 있을 것이다.

교직원 연수 기간은 좋은 수업과 매우 비슷하다. 교직원 연수 개발자는 반드시 다음과 같이 해야 한다.

- 원하는 결과를 도출하는 데 필요한 핵심 사실, 개념, 원리 및 스킬을 알아야 한다.
- 이를 교사에게 제시하거나 학습자인 교사가 접할 수 있는 경로를 개발해야 한다.

- 이를 숙달하기 위한 학습자의 준비도를 진단해야 한다.
- 학습자가 새로운 아이디어를 이해하고 실행할 기회를 제공해야 한다.
- 학습자가 새로운 아이디어를 활용한 방식에 초점을 맞춘 피드백을 제공해야 한다.
- 학습자의 현재의 필요에 맞춰 다음 학습기회를 조정해야 한다.

학습자로서의 교사들 역시 여러 영역의 연속선 상에서 서로 다른 지점에 위치한다는 것을 명심하라. 개별화수업을 탄탄하게 구상할 수 있는 역량은 갖고 있지만 실천할 의지가 부족한 교사도 있고, 의지는 있지만 교육과정을 새로운 방식으로 볼 역량이 부족한 교사도 있을 것이다. 또 일부는 교육과정에 대한 새로운 접근법은 다룰 줄 알지만 이를 학생중심 수업으로 전환하는 일에는 서툴 수 있다. 학생중심 수업을 이미 구현하기는 했지만 이해, 즉 의미기반 교수법을 적용하는 데 어려움을 겪는 교사도 있다. 일부 교사는 지침이 있어야 새로운 신념체계를 개발할 수 있다. 개별화수업에 대한 교사연수를 획일적인 방식으로 진행하는 것은 잘못이다. 교사연수는 우리가 믿는 바, 즉 개별화를 실현시켜볼 또 하나의 중요한 기회이다.

지속적으로 지원하라

변화의 긴 주기 내내 교사는 지속적인 도움이 필요할 것이다. 교사에게는 다음과 같은 도움을 주는 리더가 필요하다.

- 교사의 성장에 대한 목표를 명확히 한다.
- 개별화수업을 계획할 시간을 준다.
- 교육과정 지침을 개정할 때 개별화 교육과정을 만든다.
- 개별화수업을 참관할 기회를 제공한다.
- 광범위한 학습자중심 기술(learner-focused technologies)과 자료를 접할 수 있게 한다.
- 다소 잡음과 어수선함이 있더라도 비판에 대한 두려움 없이 교사가 새로운 교수법을 안전하게 시도할 수 있게 한다.
- 개별화 작업에 대해 의미 있고 목표가 명확한 피드백을 제공한다.
- 개별화수업 계획에 일찍 참여한 교사들이 서로 지원하고 격려할 수 있는 관계망을 만들게 해, 변화를 거부하는 교사들로부터 '응징을 받더라도' 고립감을 느끼지 않게 한다.
- 훌륭하게 수업을 해냈거나 성공적이진 않더라도 모험을 감수했을 때는 확실하게 칭찬한다.

유능한 리더는 계속해서 교사들의 노력을 지원하고 유지할 방도를 모색한다. 교사들을 미지의 영역으로 홀로 내보내지 않는다.

압력을 가하되 지원을 제공하라

가르침은 자주 시행하다 보면 타성이 생기게 마련이다. 학생들은 요구 사항이 너무 많고, 교사와의 상호작용도 매일 그만큼 많이 필요로 한다. 학교와 교실의 상황은 대개 변화에 저항하며 개별화수업을 시도할

'더 좋은날' 이 오기를 기다리게 만들기 쉽다.

언젠가 한 강사가 교사들이 변하는 이유는 멀리서 빛을 보거나 혹은 열기를 느끼기 때문이라고 말하는 것을 들은 적이 있다. 빛과 열기 모두 동기부여 요소이다. 유능한 관리자라면 빛과 열기의 원천이 되어주면서 발전을 독려하는 동시에 교사가 새로운 계획의 이점을 볼 수 있도록 도와야 한다.

과목영역 코디네이터, 학년주임 교사, 특수교육 교사와 같은 리더교사들은 빛의 훌륭한 원천이지만 일반적으로 열기를 더해줄 능력은 없다. 그렇다고 그들이 스스로를 무능하다고 느껴서는 안 된다. 대신 리더교사들은 열기를 만들어내도록 허용하는 위치에 있는 사람으로부터 그 열기를 지원받아야 한다.

개별화를 전문적 책임감과 연계하라

'수업을 개별화한다'는 용어는 비교적 새로운 것일 수 있지만, 고객의 요구를 충족시키는 맞춤서비스에 대한 생각은 전혀 새로운 것이 아니다. 학생이라는 고객이 한 번에 20-30명씩 집단으로 도착하는 교육에서도, 교사는 이들이 모두 같지 않으며 획일적인 방식으로 제시되는 것을 받아들이지 못한다는 것을 일찍부터 알았다. 많은 교사가 지속적인 진단평가를 바탕으로 하면서 다양한 필요를 충족시킬 목표로 사전에 계획된 개별화수업을 적극적으로 실행하고 있지는 않지만, 교사 대부분은 학생 하나하나가 성공적으로 학습하도록 돕는 것이 자신의 역할이라고 실제로 믿는다.

모든 학생이 의미 있고 효과적인 학습에 참여하게 하는 것이 교사의 직업적인 책임임을 이해하게 해주는 것이 개별화수업으로 나아가는 핵심이다. 샬럿 대니얼슨(Charlotte Danielson, 2007)이 제시한 네 가지 핵심 지도영역(즉, 계획과 준비, 교실환경, 수업, 직업적 책임감)에서 교사연수를 기획하기 위한 틀은 교사의 수행에 대한 표준과 기준척도로서 '불만족스러운(unsatisfactory), 기본적인(basic), 능숙한(proficient), 탁월한(distinguished)'이라는 4단계의 수준을 제안하고 있다.

대니얼슨의 풍부하고 광범위한 틀에서 '탁월한' 수행은 학생들의 다양한 필요에 대한 대응성(responsiveness)으로 특정 지어진다. 그의 틀은 개별화수업을 압도하려는 의도가 아니다. 오히려 훌륭한 교사의 특징은 아이들을 집단으로서가 아니라 하나하나의 개인으로서 보고 돕는 능력이라는 사실을 반영하고 있다.

대니얼슨의 것과 같은 틀을 활용하면 교사들이 자신의 노력을 반성하고 개선하게 되어 학생 개개인에게 다가갈 때 능력과 자신감을 향상시킬 수 있다. 그런 기준척도가 교사평가과정의 일부가 될 때 특히 도움이 된다. 교사평가과정을 통해 교사는 먼저 반응적 지도(responsive teaching)에 대한 개인적 목표를 설정하고, 그 목표를 위해 실천하며, 교사의 발전을 효과적으로 지원하는 리더로부터 맞춤 피드백을 받고, 지속적으로 성장을 이어가기 위해 양질의 교사연수를 받는다. 이런 접근방식은 실행과 책무성에 대한 통찰을 제공함으로써 빛과 열기의 원천이 될 것이다.

대니얼슨의 틀과 개별화수업 간의 연결에 대한 자세한 예시(개별화수업이 어떻게 직업적인 책임으로 여겨질 수 있는지 강조하는 예시)는 ASCD 웹사이트(www.ascd.org/ASCD/pdf/books/TDC14.pdf)에서 찾아볼 수 있다.

초임교사에게 드리는 말씀

미래 수업의 질은 다음 세대의 교사를 오늘 어떻게 준비시키고 있느냐에 전적으로 달려 있다. 연구에 의하면, 교사교육프로그램은 학생들의 학습능력이 저마다 다를 수밖에 없는 교실상황에 예비교사들을 충분히 준비시키지 못하는 경우가 너무 많다(Santangelo & Tomlinson, 2009; Tomlinson et al., 1997). 예컨대, 예비교사들은 다음과 같다.

- 교원양성프로그램에서 개별화수업을 경험하는 경우는 매우 드물다.
- 통상 학습능력이 서로 다른 학습자들의 필요에 대한 이해를 돕는 과목으로 특수아동 관련 개론과정 하나만을 배우고, 이 과목도 거의 예외 없이 전적으로 학습자의 특성만을 다루지 '그들을 어떻게 가르쳐야 하는지'에 관한 지침은 거의 주지 않는다.
- 교육학과 교수, 실습지도 교수 및 멘토교사들이 개별화수업을 적극적으로 실행하도록 권장하는 경우는 거의 없다.
- 특히 '일체식 수업(keep everyone together)'을 장려하는 멘토교사들 때문에 자주 개별화수업을 포기하게 된다.

- 편안하게 사용할 수 있는 수업전략이 거의 없어서 학생들의 다양한 필요를 다룰 수 있는 선택지의 폭이 좁다.
- 첫 교직 임무에서 활용해볼 다중과제수업(multitasking classroom, 학생 또는 모둠별로 활동이 다른 수업-옮긴이)에 대한 이미지가 거의 없다.

처음 수업을 시작하는 신임교사들에게는 가르치는 것이 복잡하기 때문이기도 하고 '학교에서 기존에 해왔던 대로' 따라 하라는 동료교사의 압력 때문에도 '중간 수준의 학생을 대상으로 가르치라'는 기류가 강하다. 강력하고 지속적으로 개별화교육을 강조한 교사교육프로그램을 이수하고, 수업을 개별화하는 멘토교사를 둔 초임교사는 교직 초반에 다양한 학습자 필요를 해결하려는 시도를 할 가능성이 훨씬 더 높다.

교직 초반은 직업에 대한 총체적인 '대근육운동 스킬'을 단련하는 시간이다. 탄탄한 개별화수업은 지도의 '소근육운동 스킬'과 같다. 따라서 완전한 개별화수업을 계획하고 실행하는 데 능숙한 실력을 발휘할 초임교사는 거의 없고 그렇게 기대해서도 안 된다. 그러나 예비교사 준비과정에서 개별화수업에 대해 양질의 교육을 받는다면, 초임교사들도 대근육운동 스킬 뿐 아니라 반응적인 지도의 토대인 소근육운동 스킬도 일부 갖춘 상태로 교직의 여정을 시작할 수 있다. 교사교육프로그램과 학교는 학생들의 학습능력이 저마다 다른 교실에서 초임교사가 성공적으로 가르칠 수 있는 스킬과 의지를 계속 계발할 수 있도록 활발하게 그리고 일관되게 투자하는 것이 현명하다.

초임교사를 고용하는 교사교육프로그램 및 학구는 다음사항을 실천해야 한다.

- 학생중심 수업 및 반응적인 지도 스킬에서 초임교사들의 성장 기대 치를 명확하게 설정하라.
- 시행 중인 개별화 교육과정과 개별화수업에 대한 명확한 모델을 제 공하라.
- 학생들의 필요와 이에 대한 적절한 대응을 교사가 성찰하도록 멘토 링을 제공하라.
- 개별화수업을 유도하고 이를 쉽게 관리할 수 있는 점점 더 다양한 수업전략을 교사가 편안하게 실행에 옮길 수 있게 하라.
- 개별화수업을 실천하는 교사들과 일찌감치 파트너십을 맺도록 해 주라.
- 학생의 필요에 대해 곰곰이 생각하고 계획을 수립하는 데 필요한 시간과 구조를 제공하라.
- 반응적 수업을 향해 이룬 성장을 의미 있는 방식으로 칭찬하라.

———o———

학교 내 다양성이 증가함에 따라 학교가 모든 학생 각자에게 의미 있 고 선택권을 부여하는 교육을 제공할 수 있으려면, 학교는 초임교사들 이 중간 수준의 학생을 대상으로 가르치는 수업을 멀리할 수 있도록 시간, 자원 및 지침에 기꺼이 투자해야 한다. 우리는 모든 교육자가 개 별 학생의 학습준비도, 흥미 그리고 학습양식을 고려하는 가르침을 펼 칠 수 있도록 지원을 아끼지 말아야 한다.

제2판 후기

이끈다는 것은 앞서 간다는 것이다.
내가 앞서 얼음판을 확인했으니 나를 믿고 발을 내디뎌도 좋다.
나는 어느 정도 살았다. 그리고 너희들이 어른으로 성장하면서,
그리고 스스로 세상을 만들어나가면서 맞닥뜨릴 보상과 함정을 안다.
앞서 간다는 것이 성공을 보장하지는 않지만
(세상에는 여러 위기와 위험이 없지 않기에),
교육이라는 세계에서는 좀 더 든든한 약속이 된다. 그것은 다음과 같다.
'무슨 일이 일어나든 나는 이곳에 있다. 그러니 너희들은 나를 믿어도 된다.'

Max van Manen, 『The Tact of Teaching』

많은 교사에게 교실은 교직경력 전체를 보내는 장소이다. 25년 또는 30년 동안 교직을 배우고 실천하는 곳, 외떨어져 있지만 아이들로 북적이는 교실을 드나들면서 세월을 보낸다. 교실은 우리 교사들이 학생들에게 영향을 주려고 노력하면서 생의 대부분을 보내는 곳이다.

똑같은 날이 하루도 없다는 것이 교직의 역설이지만 주의를 기울이지 않으면 매일이 끔찍하리만치 똑같게 될 수 있다. 우리는 처음 교직에 들어섰던 때의 모습 거의 그대로 정체된 채 있을 가능성만큼이나

우리 자신과 교수관행을 바꿀 기회가 충분하다는 것을 기억해야 한다.

이 책에 제시된 아이디어들은 야심차다. 그러나 한편으론, 우리가 학생들에게 권해야 할 '모험에의 시도, 능력을 최대한 발휘하기, 안전지대에서 조금이나마 걸음을 떼어보기' 같은 실천을 매일 스스로 하려고 노력하는 교사들이라면 충분히 할 수 있는 것들이기도 하다.

루이스 토머스(Lewis Thomas, 1983)는 인류로서 우리는 삶의 복잡한 문제에 대해 많은 답을 아는 척하기보다는 차라리 무지함을 축하해야 한다고 했다. 그는 "우리는 어느 만큼 걸어왔다는 것에 상당히 만족할 수 있지만, 아직도 먼 길을 가야 한다는 사실에 더 만족하고 설레야 한다."라고 말했다(p. 163).

가르치는 것도 마찬가지이고, 그것은 이 책의 정신이기도 하다. 즉, 하지 못한 것을 애통해하지 않고 승리에 안주하지도 않으며, 이튿날도 어김없이 교실 문 앞에 나타나, 진정으로 중요한 것을 배우는 우리 학생들 하나하나와 기꺼이 함께해야 하는 모든 이유를 탐색하는 것이다. 우리에게 오는 학생들은 취약할 것이다. 이제 막 꾸기 시작한 꿈을 갖고 올 것이다. 그들은 우리의 도움에 기대어 기회와 노력, 성공의 이야기를 쓸 것이고, 그 이야기는 인간의 마음에 학습이라는 전력(電力)을 권하고 학습자로서 그들 자신의 능력을 강화해줄 것이다. 날마다 가르치는 우리는 이런 현실을 못 본 척, 마치 존재하지도 않는 것인 양 가르칠 것인지, 아니면 두렵지만 인간적인 기회를 받아들여 학생들과 함께 그들의 삶을 계발하는 공동 설계자가 될 것인지를 결정할 것이다.

뛰어난 가르침이란 젊은이를 이끄는 리더십이다. 인간으로서(그리고 교사로서) 가장 큰 두려움은 우리가 그 역할을 수행할 능력이 부족하다는 것이 아니라 우리의 영향력이 오히려 더없이 강력하다는 데 있다는 주장(Williamson, 1992)을 나는 믿는다.

내게 있어서 개별화는 그런 힘을 수용한다는 선언이며, 매일 교실로 찾아오는 아이들 한 명 한 명의 매우 특별한 필요를 외면하고 싶지 않다는 의지의 선언이다. 그러한 필요에 대응하겠다는 다짐, 가끔은 주저하며 또 자주 불완전하겠지만, 그래도 항상 젊은이들에게 이렇게 말해주겠다는 나의 다짐이다. "나는 너를 보고 있다. 너를 염려한다. 너를 위해 내가 여기 있다. 나를 의지하거라."

개별화수업을 계획하는 데 지침이 되는 도구

도구 1

효과적인 개별화수업을 위한 요소, 특징 및 수업전략

도구 1에서는 다양한 교실에서 수업을 어떻게 개별화할 것인가를 고려하기 위한 일반적인 모델을 제시한다. 먼저 모든 학습자가 반드시 경험해야 할 양질의 학습내용, 학습과정(즉, 의미 만들기 활동), 학습결과물(최종 과제 또는 다른 참평가(authentic assessment))의 특징을 요약한다. 이 필요조건들은 교사가 반 전체를 대상으로 하든, 특정한 학생의 학습준비도, 흥미 또는 학습양식에 부응하든, 어떻게 학습내용을 제시하고, 학습과정을 개발하며, 학습결과물로서 숙제를 낼 것인지를 계획할 때 그 중심에 있어야 한다.

다음의 각 필요조건 세트는 학습준비도, 흥미 또는 학습양식에 부응해 학습내용, 학습과정, 학습결과물을 개별화할 때 교사들이 사용할 수 있는 수업전략 샘플이다. 제시하는 이 목록이 가능한 전략의 총망라는 아니지만, 효과적인 교육과정에 대한 최신 이해를 반영하고 있다. 모든 수업전략은 내용요건과 학생의 필요 둘 다에 적합해야 함을 유의하라.

효과적인 개별화: 요소, 특징, 수업전략

	학습내용	학습과정	학습결과물
필요조건	• 지식, 이해 및 스킬 (know, understand, do, KUDs)에 대한 명확한 목표 • 개념과 이해에 기반할 것 • 관련성이 높을 것 • 매력적일 것 • 일관적일 것 • 전이 가능할 것 • 효과가 클 것 • 교과 본질에 충실할 것 • 복수의 교수방식과 학생 '이해(intake)' 방식	• 학습내용 KUDs와 긴밀하게 연계된 지식, 이해 및 스킬에 대한 명확한 목표 • 개념과 이해에 기반할 것 • 초점이 명확할 것 • 수준이 높을 것 • 목적의식이 있을 것 • 전이를 목표로 할 것 • 비판적 사고와 창의적 사고의 균형 • 메타인지를 촉진할 것 • 복수의 표현방식	• 학습내용 KUDs와 긴밀하게 연계된 지식, 이해 및 스킬에 대한 명확한 목표 • 개념과 이해에 기반할 것 • 계획수립 스킬을 가르치고 그 사용을 요구할 것 • 학습결과물 생산 스킬을 가르치고 그 사용을 요구할 것 • 모든 핵심 내용 KUDs를 통합하고 전이할 것을 요구할 것 • 실제 문제와 실제 청중을 대상으로 할 것 • 복수의 표현방식
개별화전략	• 복수의 교과서와 보조 유인물 자료 • 다양한 인터넷 자료 • 다양한 시청각 자료 • 읽기를 지원하는 다양한 기제 • 모델 제시 및 시연 • 다양한 시간 배분 • 흥미에 기반한 자료 • 소모둠 수업 • 미니 워크숍 • 복수의 교수방식 • 기타	• 층위별 과제 • 학습센터 • 흥미센터 • 그래픽 오거나이저 • 삼원지능수업 • 복잡도가 다른 학습모델 • 다양한 탐구와 표현방식 • 다양한 작업배치 • 학습계약서 • 시뮬레이션(모의실험) • 복합수업과제 • RAFT과제 • 문학/토론 서클 • 웹퀘스트와 웹기반 탐구학습 • 기타	• 복합수업 학습결과물 • 삼원지능수업 선택지 • 다양한 작업배치 • 다양한 자료 선택지 • 공동체 기반 학습결과물 • 멘토 활용 • 독립연구 • 궤도학습 • 단계적인 평가기준 • 다양한 표현방식 • 다양한 미디어 사용 • 층위별 학습결과물 과제 • 다양한 스캐폴딩 • 웹퀘스트와 웹기반 탐구학습 • 기타

도구 2

이퀄라이저(equalizer)

이 도구는 오디오기기에서 청취자가 음색, 볼륨 및 밸런스 등을 조절하기 위해 좌우로 밀어 움직이는 조절장치를 본떠 만든 것으로, 학습준비도를 기준으로 개별화수업을 고려하고 계획하는 데 유용한 모형이다. 이퀄라이저에 있는 연속체들은 교사가 개별 학습자에게 가장 적절한 도전과제 수준을 찾으려 노력할 때 조정할 수 있는 '설정'내용을 나타낸다.

특정한 과제에 대한 학습준비도 수준 차이에 맞춰 개별화하려면 교사는 항상 교육과정과 수업이 반드시 견실하고 초점이 명확하고 의미가 있어야 한다는 목표로부터 시작해야 한다. 즉, 도구 1에 명시된 필요조건을 충족하는 학습내용, 학습과정 및 학습결과물을 목표로 해야한다. 이렇게 목표를 확립하면, 교사는 이퀄라이저의 조절장치를 한 칸이상 좌(기초적) 또는 우(복합적)로 옮겨야 할지 생각해서 학습자의 시작지점에 맞춘 첫 과제의 수준을 조정할 수 있다. 예를 들어, 행성을 잘 알고 읽기에도 뛰어난 학습자가 내일 발표를 하려면 비교적 복잡한 탐구자료를 사용해야 할 것이다. 읽기를 잘하지 못하고 행성에 대한 배경지식도 그리 많지 않은 학습자에게는 발표준비를 위해 더 기초적인 탐구자료가 필요할 것이다.

이퀄라이저: 학습준비도에 기반한 개별화수업계획 도구

1. 정보, 개념, 자료 및 응용

기초적 ├────────────┤ 변형적

2. 표현, 개념, 활용, 교재

구체적 ├────────────┤ 추상적

3. 자료, 조사, 논점, 문제, 스킬, 목표

간단한 ├────────────┤ 복잡한

4. 교과목 연계, 지도방향, 발달상태

단면적 ├────────────┤ 다면적

5. 적용, 통찰, 전이

작은 약진 ├────────────┤ 큰 약진

6. 해결, 결정, 접근법

구조적 ├────────────┤ 개방적

7. 과정, 연구 및 결과에서

명확하게 정의된 문제 ├────────────┤ 애매하고 불분명한 문제

8. 계획, 설계, 모니터

구조적 ├────────────┤ 개방적

9. 학습속도, 사고속도

느린 ├────────────┤ 빠른

오디오의 이퀄라이저처럼 모든 조절장치 항목을 동시에 조정할 필요는 없다. 다만, 주제나 스킬을 처음 시작할 때 왼쪽으로 움직인 몇 개의 이퀄라이저 조절장치가 필요한 학생들에게는 단원이 진행되면서 이들의 성장을 반영하고 또 추가적인 성장을 지원하기 위해 조절장치를 오른쪽으로 움직이는 그 변화를 지속적으로 반영하는 활동과 학습결과물이 필요하다. 이는 학습주제에 대한 진입지점이 다른 모든 학생에게 해당된다.

위의 이퀄라이저 연속체상 항목이 전부는 아니라는 점에 주목하라. 사실, 교사가 자신이 가르치는 다양한 학생들에게 적합한 과제를 만들려면 무엇을 해야 할까를 고민한 다음 이퀄라이저 연속체상의 항목을 추가해서 맞춤화하는 것도 생각의 힘을 기르는 데 좋은 연습이 될 것이다.

도구 3

이퀄라이저 기술자(descriptor)

이 도구는 교사와 교육과정 개발자가 학습자의 학습준비도에 부응하기 위해 이퀄라이저의 다양한 연속체를 활용해 교육과정과 수업을 조정하는 방식을 고민해볼 수 있도록 고안된 것이다. 예를 들어, 어떤 학생이 특정 아이디어나 스킬을 어려워하면, 교사는 그 학생을 위한 기초적(foundational) 수준의 과제를 만든다. 학생이 정신적 연관성을 형성하거나 응용활동을 완수할 수 있게 하는 핵심은 학생이 친숙한 방식으로 아이디어나 스킬을 학습하도록 하는 것이다. 친숙한 방식이란 대체로 교과서에 나오거나 수업시간에 토의한 예시와 같을 수도 있고, 개인적인 경험과 유사할 수도 있다. 그런데 같은 교실에서 이미 그 아이디어나 스킬을 익숙하게 이해한 학습자는 이를 변형한 (transformational) 방식, 즉 교과서나 수업시간에 든 예시 또는 개인적 경험과는 거리가 먼 방식으로 적용할 준비가 된 것이다.

학습준비도를 기반으로 한 개별화의 목적은 학생들에게 의미가 풍부한, 즉 이해에 초점을 맞춘 학습활동, 학생들이 전력을 다해야 하는 도전수준으로 설정한 학습활동을 제공하는 것임을 기억하라. 동시에 교사는 학생이 도전을 완수해 새로운 상위단계에 도달하기 위해 필요한 한시적이고 점진적 지원전략, 즉 스캐폴딩(scaffolding, 비계)을 계획해야 한다. 학생이 이를 달성하면 이퀄라이저 조절장치를 오른쪽으로 움직여, 다시 한 번 도전과제의 수준을 도달하기 약간 어려울 정도로 올리면서 또 다시 적절한 지원이나 스캐폴딩을 통해 모든 학생이 성공적으로 학습할 수 있도록 해야 한다.

재차 말하지만, 이런 기술자(descriptor)들은 확정적인 것이 아니며 교사는 과제를 자기 교실 안의 다양한 학습자에게 적합하게 하려면 무엇을 해야 할지 고민함으로써, 그리고 학습준비도를 토대로 과제의 난이도를 조정하는 자신의 방식을 반영하는 기술자를 추가함으로써, 여기 있는 기술자를 확장하고 자신만의 새로운 맞춤형 이퀄라이저를 만들기를 권장한다.

이퀄라이저 생각하기

1. 정보, 개념, 자료 및 응용

기초적 ├──────────────┤ 변형적

• 교과서 또는 경험과 밀착됨	• 교과서 또는 경험과 유리됨
• 아이디어와 스킬을 비슷하거나 친숙한 상황으로 전이	• 아이디어와 스킬을 의외이거나 낯선 상황으로 전이
• 핵심 아이디어와 스킬만 사용	• 주요 아이디어와 스킬을 무관한 아이디어 및 스킬과 함께 사용
• 기초적인 스킬과 지식을 강조	• 기초적인 스킬과 지식을 사용하되 그 이상의 발전을 추구함
• 개념과 스킬의 제한적 치환	• 개념과 스킬의 보다 잦은 치환

2. 표현, 개념, 응용, 교재

구체적 ├──────────────┤ 추상적

• 몸과 손을 사용하는	• 정신을 사용하는
• 만질 수 있는(유형의)	• 만질 수 없는(무형의)
• 문자 의미 그대로	• 상징적 또는 비유적
• 신체적 조작	• 정신적 조작
• 사건 기반	• 개념 기반
• 사건에서 원리로	• 사건 없이 원리만
• 시연을 동반한 설명	• 시연과 설명 없음

3. 자료, 조사, 논점, 문제, 스킬, 목표

간단한 ├──────────────┤ 복잡한

• 학습하는 아이디어와 스킬 사용	• 현재 학습하는 아이디어와 스킬을 과거 학습한 것과 혼합
• 추상개념은 없거나 하나 또는 극소수	• 다수의 추상개념
• 적절성 강조	• 정밀성 강조
• 상대적으로 적은 독창성 요구	• 상대적으로 많은 독창성 요구
• 다수의 평범한 어휘	• 다수의 상급 어휘
• 접근이 쉬운 읽기난이도	• 상급 읽기난이도

4. 교과목 연계, 지도지침, 발달상태

단면적 ├────────────┤ 다면적

• 적은 부분 • 적은 단계 • 적은 시기	• 많은 부분 • 많은 단계 • 많은 시기

5. 적용, 통찰, 전이

작은 약진 ├────────────┤ 큰 약진

• 모르는 것이 적음 • 대부분 요소와 상대적으로 친숙 • 익숙한 요소를 바꿀 필요성 적음 • 유연한 사고 필요성 적음 • 요구 지식과의 적은 차이 • 점진적인	• 모르는 것이 많음 • 대부분 요소와 상대적으로 생소 • 익숙한 요소를 바꿀 필요성 많음 • 유연한 사고 필요성 많음 • 요구 지식과의 상당한 차이 • 혁신적인

6. 해결, 결정, 접근법

구조적 ├────────────┤ 개방적

• 많은 지침과 정확한 지침 • 많은 모범사례 • 상대적으로 적은 학생의 선택권	• 적은 지침 • 적은 모범사례 • 상대적으로 많은 학생의 선택권

7. 과정, 연구 및 결과에서

명확하게 정의된 문제 ├────────────┤ 애매하고 불분명한 문제

• 모르는 것이 적음 • 공식화된 법칙을 따르는(algorithmic) • 허용되는 반응과 접근법의 범위가 좁음 • 관련 데이터만 제공 • 구체적인 문제점	• 모르는 것이 많음 • 체험적인(heuristic) • 허용되는 반응과 접근법의 범위가 넓음 • 추가 데이디 제공 • 구체적이지 않거나 애매모호한 문제점

8. 계획, 설계, 관찰

구조적  개방적

• 교사의 지도와 관찰이 더 많음 – 문제 확인 – 목적 설정 – 일정 시간표 수립 – 일정 시간표 엄수 – 자료 확보 – 자료 사용 – 성공 기준 – 학습결과물 형성 – 평가 • 교사가 스캐폴딩을 더 많이 제공 • 독립성에 필요한 스킬 학습	• 교사의 지도와 관찰이 더 적음 – 문제 확인 – 목적 설정 – 일정 시간표 수립 – 일정 시간표 엄수 – 자료 확보 – 자료 사용 – 성공 기준 – 학습결과물 형성 – 평가 • 교사가 스캐폴딩을 더 적게 제공 • 독립성이 발휘되는 스킬 시연

9. 학습속도, 사고속도

느린 ▭ 빠른

• 많은 학습시간 • 많은 연습 • 많은 지도와 재지도 • 체계적인 진행 • 폭넓고 깊은 탐색	• 적은 학습시간 • 적은 연습 • 적은 지도와 재지도 • 빠른 진행 • 요점만 공략

참고문헌

Allan, S. (1991, March). Ability-grouping research reviews: What do they say about grouping and the gifted? *Educational Leadership, 48*(6), 60-65.

Arnow, H. (1954). *The dollmaker.* New York: Avon.

Ayres, W. (2010). *To teach: The journey of a teacher.* New York: Columbia University Press.

Barell, J. (1995). *Teaching for thoughtfulness: Classroom strategies to enhance intellectual development.* White Plains, NY: Longman.

Bauer, J. (1996). *Sticks.* New York: Yearling.

Bauer, J. (1997). Sticks: Between the lines. *Book Links*, 6(6), 9-12.

Beecher, M., & Sweeny, S. (2008). Closing the achievement gap with curriculum enrichment and differentiation: One school's story. *Journal of Advanced Academics, 19,* 502-530.

Ben-Hur, M. (2006). *Concept-rich mathematics instruction: Building a strong foundation for reasoning and problem solving.* Alexandria, VA: ASCD.

Berliner, D. (1986). In pursuit of the expert pedagogue. *Educational Researcher, 15*(7), 5-13.

Berte, N. (1975). *Individualizing education by learning contracts.* San Francisco: Jossey-Bass.

Bess, J. (Ed.). (1997). *Teaching well and liking it: Motivating faculty to teach effectively.* Baltimore, MD: The Johns Hopkins University Press.

Bluestein, J. (Ed.). (1995). *Mentors, masters and Mrs. MacGregor: Stories of teachers making a difference.* Deerfield Beach, FL: Health Communications.

Bondy, E., & Ross, D. (2008, September). The teacher as warm demander. *Educational Leadership, 66*(1), 54-58.

Brandwein, P. (1981). *Memorandum: On renewing schooling and education.* New York: Harcourt Brace Jovanovich.

Brown, M. (1949). *The important book.* New York: Harper & Row.

Burris, C., & Garrity, D. (2008). *Detracking for excellence and equity.* Alexandria, VA: ASCD.

Caine, R., & Caine, G. (1994). *Making connections: Teaching and the human brain* (Rev. ed.). Menlo Park, CA: Addison-Wesley.

Caine, R., & Caine, G. (1997). *Education on the edge of possibility.* Alexandria, VA: ASCD.

Cohen, E. (1994). Designing groupwork: *Strategies for the heterogeneous classroom* (2nd ed.). New York: Teachers College Press.

Csikszentmihalyi, M., Rathunde, K., & Whalen, S. (1993). *Talented teenagers: The roots of success and failure.* New York: Cambridge University Press.

Daniels, H. (2002). *Literature circles: Voice and choice in book clubs and reading groups.* Portland, ME: Stenhouse.

Danielson, C. (2007). *Enhancing professional practice: A framework for teaching* (2nd ed.). Alexandria, VA: ASCD.

Duke, D. (2004). *The challenges of educational change.* Boston: Pearson.

Dweck, C. (2000). *Self-theories: Their role in motivation, personality, and development.* Philadelphia: Psychology Press.

Dweck, C. (2008). Mindset: *The new psychology of success.* New York: Ballantine.

Earl, L. (2003). *Assessment as learning: Using classroom assessment to maximize student learning.* Thousand Oaks, CA: Corwin.

Erickson, H. (2007). *Concept-based curriculum and instruction for the thinking classroom.* Thousand Oaks, CA: Corwin.

Evans, R. (1996). *The human side of school change.* San Francisco: Jossey-Bass.

Fleischman, P. (1996). *Dateline: Troy.* Cambridge, MA: Candlewick Press.

Fullan, M. (1993). *Change forces: Probing the depths of educational reform.* Bristol, PA: Falmer Press.

Fullan, M. (2001a). *Leading in a culture of change.* San Francisco: Jossey-Bass.

Fullan, M. (2001b). *The new meaning of educational change* (3rd ed.). New York: Teachers College Press.

Fullan, M. G., & Stiegelbauer, S. (1991). *The new meaning of educational change* (2nd ed.). New York: Teachers College Press.

Gamoran, A. (1992, October). Synthesis of research: Is ability grouping equitable? *Educational Leadership, 50*(2), 11-17.

Gamoran, A., Nystrand, M., Berends, M., & LePore, P. (1995). An organizational analysis of the effects of ability grouping. *American Educational Research Journal, 32*, 687-715.

Gardner, H. (1991). *The unschooled mind: How children think and how schools should teach.* New York: Basic Books.

Gardner, H. (1993). *Multiple intelligences: The theory in practice.* New York: Basic Books.

Gardner, H. (1997). Reflections on multiple intelligences: Myths and messages. *Phi Delta Kappan, 78*, 200-207.

Grigorenko, E., & Sternberg, R. (1997). Styles of thinking, abilities, and academic performance. *Exceptional Children*, 63, 295-312.

Hattie, J. (2009). *Visible learning: A synthesis of over 800 meta-analyses relating to achievement*. New York: Routledge.

Hattie, J. (2012). *Visible learning for teachers: Maximizing impact on learning*. New York: Routledge.

Howard, P. (1994). *The owner's manual for the brain*. Austin, TX: Leornian Press.

Jensen, E. (1998). *Teaching with the brain in mind*. Alexandria, VA: ASCD.

Kennedy, M. (2005). *Inside teaching: How classroom life undermines reform*. Cambridge, MA: Harvard University Press.

Knowles, M. (1986). *Using learning contracts*. San Francisco: Jossey-Bass.

Konigsburg, E. L. (1996). *The view from Saturday*. New York: Atheneum Books for Young Readers.

Kulik, J., & Kulik, C. (1991). Ability grouping and gifted students. In N. Colangelo & G. Davis (Eds.), *Handbook of gifted education* (pp. 178-196). Boston: Allyn & Bacon.

Lasley, T. J., & Matczynski, T. J. (1997). *Strategies for teaching in a diverse society: Instructional models*. Belmont, CA: Wadsworth.

Lowry, L. (1993). *The giver*. Boston: Houghton Mifflin.

Madea, B. (1994). *The multiage classroom: An inside look at one community of learners*. Cypress, CA: Creative Teaching Press.

Marsh, H., Tautwein, U., Ludtke, O., Baumert, J., & Koller, O. (2007). The big-fish-little-pond effect: Persistent negative effects of selective high schools on self-concept after graduation. *American Educational Research Journal*, 44, 631-669.

McTighe, J., & Wiggins, G. (2013). *Essential questions: Opening doors to student understanding*. Alexandria, VA: ASCD.

National Research Council. (1999). *How people learn: Brain, mind, experience, and school*. Washington, DC: National Academies Press.

National Research Council. (2005). *How students learn: History, mathematics, and science in the classroom*. Washington, DC: National Academies Press.

National Research Council. (2012). *A framework for K.12 science education: Practices, crosscutting concepts, and core ideas*. Washington, DC: National Academies Press.

Oakes, J. (1985). *Keeping track: How schools structure inequality*. New Haven, CT: Yale Press.

O'Connor, K. (2011). *A repair kit for grading. 15 fixes for broken grades* (2nd ed.). Boston: Pearson.

Ohanian, S. (1988). On stir-and-serve recipes for teaching. In K. Ryan & J. M. Cooper (Eds.), *Kaleidoscope: Readings in education* (pp. 56.61). Boston: Allyn & Bacon.

Paterson, K. (1977). *Bridge to Terabithia*. New York: HarperCollins.

Paterson, K. (1991). *Lyddie*. New York: Dutton.

Phenix, P. (1986). *Realms of meaning: A philosophy of the curriculum for general education.* Ventura, CA: Ventura County Superintendent of Schools Office.

Rasmussen, F. (2006). *Differentiated instruction as a means for improving achievement as measured by the American College Testing* (ACT) (Unpublished doctoral dissertation). Loyola University of Chicago School of Education.

Reis, S., Burns, D., & Renzulli, J. (1992). *Curriculum compacting: The complete guide to modifying the curriculum for high ability students.* Mansfield Center, CT: Creative Learning Press.

Reis, S., McCoach, B., Little, C., Muller, L., & Kaniskan, R. (2011). The effects of differentiated instruction and enrichment pedagogy on reading achievement in five elementary schools. *American Educational Research Journal, 48*, 462-501.

Robb, L. (1997). Talking with Paul Fleischman. *Book Links,* 6(4), 39-43.

Saint-Exupery, A. (1943). *The little prince.* New York: Harcourt, Brace & World.

Santangelo, T., & Tomlinson, C. (2009). The application of differentiated instruction in postsecondary environments: Benefits, challenges, and future directions. *International Journal of Teaching and Learning in Higher Education, 20*, 307-323.

Sarason, S. (1990). T*he predictable failure of educational reform: Can we change course before it's too late?* San Francisco: Jossey-Bass.

Sarason, S. (1993). *The case for change: Rethinking the preparation of educators.* San Francisco: Jossey-Bass.

Schiever, S. (1991). *A comprehensive approach to teaching thinking.* Boston: Allyn & Bacon.

Seaton, M., Marsh, H., & Craven, R. (2010). Big-fish-little-pond effect: Generalizability and moderation. Two sides of the same coin. *American Educational Research Journal, 47*, 390-433.

Sergiovanni, T. (1999). *Rethinking leadership.* Glenview, IL: Lab Light.

Sergiovanni, T. (2005). S*trengthening the heartbeat: Leading and learning together in schools.* San Francisco: Jossey-Bass.

Siegel, J., & Shaughnessy, M. (1994). Educating for understanding: A conversation with Howard Gardner. *Phi Delta Kappan*, 75, 564.

Sizer, T. (1992). *Horace's school: Redesigning the American high school.* Boston: Houghton Mifflin.

Slavin, R. (1987). Ability grouping and achievement in the elementary school: A best evidence synthesis. *Review of Educational Research, 57*, 293-336.

Slavin, R. (1993). Ability grouping in the middle grades: Achievement effects and alternatives. *Elementary School Journal, 93*, 535-552.

Sousa, D. (2010). How science met pedagogy. In D. Sousa (Ed.), *Mind, brain, and education: Neuroscience implications for the classroom* (pp. 8.24). Bloomington, IN: Solution Tree.

Sousa, D. (2011). *How the brain learns* (4th ed.). Thousand Oaks, CA: Corwin.

Sousa, D., & Tomlinson, C. (2011). *Differentiation and the brain: How neuroscience supports the learner-friendly classroom.* Bloomington, IN: Solution Tree.

Sternberg, R. (1985). *Beyond IQ: A triarchic theory of human intelligence.* New York: Cambridge University Press.

Sternberg, R. (1988). *The triarchic mind: A new theory of human intelligence.* New York: Viking.

Sternberg, R. (1997, March). What does it mean to be smart? *Educational Leadership, 54*(6), 20-24.

Sternberg, R., Torff, B., & Grigorenko, E. (1998). Teaching triarchically improves student achievement. *Journal of Educational Psychology, 90,* 374-384.

Stevenson, C. (1992). *Teaching ten to fourteen year olds* (3rd ed.). New York: Longman.

Stevenson, C. (1997). An invitation to join Team 21! In C. Tomlinson (Ed.), I*n search of common ground: What constitutes appropriate curriculum and instruction for gifted middle schoolers?* (pp.31-62). Washington, DC: National Association for Gifted Children.

Strachota, B. (1996). *On their side: Helping children take charge of their learning.* Greenfield, MA: Northeast Foundation for Children.

Stronge, J. (2002). *Qualities of effective teachers.* Alexandria, VA: ASCD.

Sylwester, R. (1995). *A celebration of neurons: An educator's guide to the human brain.* Alexandria, VA: ASCD.

Thomas, L. (1983). *Late night thoughts on listening to Mahler's ninth symphony.* New York: Bantam Books.

Tieso, C. (2002). *The effects of grouping and curricular practices on intermediate students' math achievement.* Hartford: National Research Center on the Gifted and Talented, University of Connecticut.

Tomlinson, C. (2003). *Fulfilling the promise of the differentiated classroom.* Alexandria, VA: ASCD.

Tomlinson, C. (2004). *How to differentiate instruction in mixed-ability classrooms* (2nd ed.). Alexandria, VA: ASCD.

Tomlinson, C., Brimijoin, K., & Narvaez, L. (2008). *The differentiated school: Making revolutionary changes in teaching and learning.* Alexandria, VA: ASCD.

Tomlinson, C., Callahan, C., Moon, T., Tomchin, E., Landrum, M , Imbeau, M., , , . Eiss, N. (1995). *Preservice teacher preparation in meeting the needs of gifted and other academically diverse students.* Charlottesville: National Research Center on the Gifted and Talented, University of Virginia.

Tomlinson, C., Callahan, C., Tomchin, C., Eiss, N., Imbeau, M., & Landrum, M. (1997). Becoming architects of communities of learning: Addressing academic diversity in contemporary classrooms. *Exceptional Children, 63,* 269-282.

Tomlinson, C., & Imbeau, M. (2010). *Leading and managing a differentiated classroom.* Alexandria, VA: ASCD.

Tomlinson, C., & McTighe, J. (2006). *Integrating differentiated instruction and understanding by design: Connecting content and kids.* Alexandria, VA: ASCD.

Tomlinson, C., & Moon, T. (2013). *Assessment in a differentiated classroom: A guide for student success.* Alexandria, VA: ASCD.

van Manen, M. (1991). *The tact of teaching: Toward a pedagogy of thoughtfulness.* Albany: State University of New York.

van Manen, M. (2003). *The tone of teaching.* New York: Scholastic.

Vygotsky, L. (1978). *Mind in society: The development of higher psychological processes* (M. Cole, V. John-Steiner, S. Scribner, & E. Souberman, Eds.). Cambridge, MA: Harvard University Press.

Vygotsky, L. (1986). *Thought and language* (A. Kozulin, Ed. & Trans.). Cambridge, MA: The MIT Press. (Original work published 1934.)

Watanabe, M. (2012). *"Heterogenius" classrooms: Detracking math and science.* New York: Teachers College Press.

Wiggins, G., & McTighe, J. (2005). *Understanding by design* (2nd ed.). Alexandria, VA: ASCD.

Williamson, M. (1992). *A return to love.* New York: HarperCollins

Willis, J. (2006). *Research-based strategies to ignite student learning.* Alexandria, VA: ASCD.

Willis, J. (2010). The current impact of neuroscience on teaching and learning. In D. Sousa (Ed.), *Mind, brain, and education: Neuroscience implications for the classroom* (pp. 44.66). Bloomington, IN: Solution Tree.

Wolfe, P. (2010). *Brain matters: Translating research into classroom practice* (2nd ed.). Alexandria, VA: ASCD.

찾아보기

저자소개

캐롤 앤 톰린슨(Carol Ann Tomlinson, EdD)은 버지니아대학교 교육대학 명예교수로, 교육 리더십·기초이론·정책 전공 학과장 및 동 대학 학업다양성연구소 공동디렉터로 재직했다. 미국 및 세계 전역에서 다양한 학습자들에게 좀 더 반응적인 교실을 만들기를 원하는 교육자들과 함께 활동하고 있다.

교육자로서 21년 간 공립학교에서 가르치며 초등학생과 중학생, 고등학생과 함께한 그녀는 고등학교에서 영어, 문학, 독일어, 역사를 가르쳤으며, 1974년에는 버지니아 주 '올해의 교사'로 선정되기도 했다. 이어 12년간은 특수교육 행정가로 일하며 학습부진 학생 및 영재학생들을 위한 학구 수준 프로그램을 주관했다.

버지니아대학교에서는 주로 교육과정 설계와 개별화교수법 분야에서 학부생과 대학원생을 가르쳤다. 2004년 커리교육대학에서 '탁월한 교수'로 이름을 올렸고, 2008년에는 '올유니버시티 티칭 어워드'를 수상했다. 책과 논문을 포함해 300편이 넘는 저작을 발표했으며, 집필한 책은 이제까지 12개 언어로 번역 출간되었다. 2014년 〈에듀케이션넥스트〉에서 집계한 교육학자 대중지명도 순위에서 심리학 분야 미국 내 가장 영향력 있는 고등교육계 인사 2인 중 한 명으로 꼽혔고, 전체 교육 관련 분야에서 가장 영향력 있는 인사 16위로 이름을 올렸다.

- 번역개정판 -

교실현장에서 가져온

개별화수업 ① 실천편

2019년 6월 28일 | 초판 인쇄
2021년 8월 11일 | 번역개정판 1쇄 발행
2024년 12월 1일 | 번역개정판 2쇄 발행

지은이 캐롤 앤 톰린슨
옮긴이 홍완기

펴낸이 이찬승
펴낸곳 교육을바꾸는사람들

편집·마케팅 고명희·박지니·서이슬·김지현·최영인
제작 류제양
디자인 All design group

출판등록 2012년 4월 10일 | 제313-2012-114호
주소 서울시 마포구 동교로 18길 20 자운빌딩 3층
전화 02-320-3600
팩스 02-320-3608

홈페이지 http://21erick.org
이메일 gyobasa@21erick.org
유튜브 youtube.com/user/gyobasa
포스트 post.naver.com/gyobasa_edu
트위터 twitter.com/GyobasaNPO
인스타그램 instagram.com/gyobasa

ISBN 978-89-97724-11-6
　　　978-89-97724-10-9 (세트)